富裕 综合减贫发展实践

FUYU
ZONGHE JIANPIN
FAZHAN SHIJIAN

侯崇智　等 ◎ 著

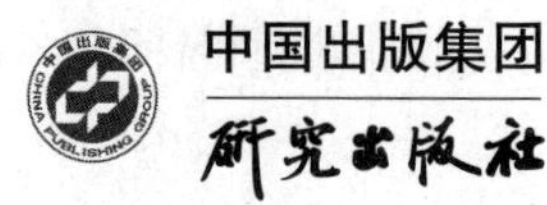

中国出版集团
研究出版社

图书在版编目（CIP）数据

富裕 ：综合减贫发展实践 / 国务院扶贫办组织编写
. -- 北京：研究出版社，2021. 6
ISBN 978-7-5199-0764-8

Ⅰ. ①富… Ⅱ. ①国… Ⅲ. ①扶贫－研究－中国
Ⅳ. ①F126

中国版本图书馆 CIP 数据核字（2021）第 051508 号

富裕：综合减贫发展实践

FUYU ZONGHE JIANPIN FAZHAN SHIJIAN

国务院扶贫办　组织编写

责任编辑：刘春雨
执行编辑：朱唯唯

研究出版社 出版发行
（10011　北京市朝阳区安华里 504 号 A 座）

河北赛文印刷有限公司　新华书店经销

2021 年 6 月第 1 版　2021 年 6 月北京第 1 次印刷
开本：710 毫米 ×1000 毫米　1/16　印张：19.5
字数：258 千字

ISBN 978-7-5199-0764-8　定价：52.00 元

邮购地址 100011　北京市朝阳区安华里 504 号 A 座
电话（010）64217619　64217612（发行中心）

《富裕：综合减贫发展实践》编写组

主　　编：侯崇智

成　　员：丁琳琳　陈秀萍　范海燕　韩启民　王　雪

王宏蕾　刘　兵　常孝国　潘小勇　欧阳易佳

前 言

党的十八大以来，以习近平同志为核心的党中央把脱贫攻坚摆到治国理政的突出位置，全面打响了脱贫攻坚战，如期完成了新时代脱贫攻坚目标任务，实现了现行标准下农村贫困人口全部脱贫，贫困县全部摘帽，消除了绝对贫困和区域性整体贫困。在“十四五”规划的嘹亮号角声中，全国上下重整旗鼓，坚守脱贫攻坚成果，接续推进巩固拓展脱贫攻坚成果同乡村振兴有效衔接，立志在全面建设社会主义现代化国家新征程中再立新功。

黑龙江省齐齐哈尔市富裕县地处东北边塞，这里有悠久的历史文化，有肥沃的土地和丰盈的物产，还有瑰丽多彩的民族文化，但实际上，这里却贴着“富裕不富”的国家级贫困县的标签。

中华人民共和国成立以来，富裕县牢记“执政为民”“共同富裕”的使命，历经国家不同时期发展阶段的风风雨雨，持续关注扶贫工作。早在1952 年，原国务委员、原国务院扶贫开发领导小组组长陈俊生同志在富裕县担任代理县委书记期间，就针对富裕县的贫困问题做了细致的调查，写出了《加强党对贫困户工作的领导——富裕县长兴村贫困户问题的调查研究》的报告，其中重点分析了致贫原因，提出了抓党建、激发内生动力、合理发展农副业等扶贫思路，至今仍振聋发聩。

随着扶贫理念和模式的演进，在脱贫攻坚阶段，富裕县严格落实中央政策，积极探索创新模式，以时不我待、勇于担当的精神成功摘帽——2018 年退出了国家级贫困县的行列，在我国扶贫开发史上留下了清晰的足迹。

综观富裕县脱贫攻坚所取得的成绩得益于精准和实干。富裕县以脱贫攻坚统揽经济社会发展全局，坚持精准为重、全力攻坚，统一全县对脱贫攻坚的认识，根据中央在脱贫攻坚上的要求和部署，制订了符合县情的“6+2”精准扶贫实施方案，全面打响并打赢了产业、劳转、教育、医疗、兜底、基础设施和公共服务六个攻坚战。

通过“6+2”政策的精准实施，富裕县探索了“政府 + 合作社（企业）+ 村集体 + 贫困户”的资产收益扶贫模式，整合涉农资金集中投向粮食仓储、奶牛养殖、光伏项目等产业，将获得的收益给全县 46 个贫困村和涉及的贫困户分红，实现稳定持续性脱贫增收。产业的发展促进了劳转和就业，富裕县还创办技能培训，对外输送务工人员，通过发放务工相关补贴，激发务工积极性。在教育扶贫上，富裕县克服财政的困境，制订落实“助贷免补”的政策，保证贫困学生都能接受教育不辍学。在医疗和兜底上，构建了 6 条保障线，逐渐扩大补贴范围，实现了农村最低生活保障和扶贫开发政策的有机衔接。

这些政策的精准落实，需要建立一套成熟的责任体系和一支心中有情、脚下有路、手上有招的扶贫队伍。富裕县在脱贫攻坚之初就成立了作战指挥部，对扶贫政策进行统筹研究，重大政策出台和重要事项的确定，先后经政府常务会和县委常委会审定，统一由扶贫开发领导小组讨论决定，变“九龙治水”为“一龙治水”。在驻村工作队的选派上，富裕县重新调整组织结构，实行了“一把手驻村”的总领队模式，并在帮扶村成立“扶贫党支部”，提高了扶贫工作的决策能力和行动效率，扶贫效果立竿见影。

在脱贫攻坚的布局中，富裕县抓住了保障民生、提高人民满意度这一目标。通过驻村帮扶，全县村庄的路、水、电、网都得到了极大的改善，生活居住环境也得到优化提高。曾经软弱涣散的基层党组织也注入了新的活力，基层党建得到加强。贫困群众的“两不愁三保障”得以实现，文化类基础设施的修建和改善，好人评选、敬老之星等一系列活动也丰富了群众对精神生活的需要。

2020 年 10 月 26 日至 29 日，党的十九届五中全会召开。全会审议通过了《中共中央关于制订国民经济和社会发展第十四个五年规划和二〇三五年远景目标的建议》，为未来 5 年乃至 15 年中国发展擘画蓝图。在这幅蓝图中，“三农”工作重心实现了历史性转移，巩固拓展脱贫攻坚成果，全面推进乡村振兴的时代已经来临。一条光明的“乡村振兴之路”正在这片充满希望的黑土地上向前伸展。

目 录

附录

第一篇 ONE

富裕县脱贫攻坚历程回顾

第一章　富裕县的基本县情

富裕县位于黑龙江省西部，松嫩平原北部、嫩江中游左岸，有“酒城乳乡”之称，同时也是“中国的漫画之乡”“中国鲜奶之乡”，国家级卫生县城和国家级生态县。富裕县境内有乌裕尔河国家级自然保护区，水草肥美、物产丰富。富裕县建政于1929年，1984年划归齐齐哈尔市，辖区面积4026平方公里，耕地面积230万亩，草原90万亩。该县辖6镇4乡，90个行政村，总人口30万人，农业人口17万人。

2010年，全县地区生产总值为37.65亿元。截至2017年，全县地区生产总值已经达到74.3亿元，公共财政预算收入3.9亿元，城镇居民人均可支配收入23560元，农村居民人均可支配收入9555元，年均增幅分别为6.68%、6.84%、8.5%、12%。地区生产总值比2010年增长近2倍。[①]

截至2017年底，全县共有建档立卡贫困村46个，贫困人口11569户、27659人。和2014年建档立卡初期相比，脱贫人口1.1万户、2.65万人，通过全面打响产业、劳转、教育、医疗、兜底、基础设施和公共服务以及加强基层党建、提高群众满意度的“6+2”脱贫攻坚战役，未脱贫人口仅剩498户、1072人，贫困发生率由2014年的16.1%降至0.63%，在黑龙江省率先实现“人销号、户脱贫、村出列、县摘帽”的目标。[②] 2018年，贫困户脱贫退出496户、1045人，新识别贫困户仅20户、48人。2019年，

① 资料来源：根据富裕县委办公室提供数据整理。

② 资料来源：根据富裕县扶贫开发服务中心提供数据整理。

经动态调整，贫困户脱贫退出 19 户、45 人，建档立卡贫困人口由 11409 户、27240 人减少至 11367 户、27110 人（自然人口变更），全部实现脱贫。

一、自然地理环境中的致贫原因分析

从中国政区图上显示，富裕县位于黑龙江省的西部，与内蒙古自治区相邻，这里有肥沃的黑土地，有优质的草地牧场，有物产丰富的湿地，这样一个土肥水美之地，却是国家级贫困县。

（一）水涝灾害是主要致贫原因

据《富裕县志》记载，富裕县地处松嫩平原西北部，地势北高南低，东高西低，最高海拔 225 米。在富裕县，有两条著名的水系：嫩江和乌裕尔河，这两条河流横贯全境。北部引嫩、中部引嫩，两条人工运河由北向南缓缓流过，年平均总流量 300 亿立方米。

其中，嫩江发源于大兴安岭北部的伊勒呼里山东麓，流经讷河，于二十里台北 3 公里处流入富裕县，自西塔哈屯南流入齐齐哈尔市，最后在吉林省松原市三岔河汇入松花江。富裕县西部的县界就是随着嫩江走向的曲折蜿蜒划定的。

在富裕县，嫩江自讷河市白露屯入境，流经友谊达斡尔族满族柯尔克孜族乡、塔哈满族达斡尔族乡，由哈拉吐海屯西向南流入齐齐哈尔市境内。境内流长 91 公里。嫩江上游来水面积 11 万平方公里，最大洪峰流量 13500 立方米 / 秒（1932 年）。1949 年后，最大洪峰流量 9810 立方米 / 秒（1969 年）。历年平均径流量 168 亿立方米。嫩江富裕江段，主河槽宽 300 ～ 400 米，河道比降 1‰ ～ 0.4‰，水深 3 ～ 5 米，弯曲系数 1.08，河谷漫滩开阔。

乌裕尔河属嫩江的支流，位于黑龙江省西部，为省内最大的内陆河。该河发源于小兴安岭西侧，流经北安、克东、克山、依安、富裕等县（市），尾端逐渐消失在齐齐哈尔市东北部、林甸县西北部和杜尔伯特蒙古族自治县北部的大片沼泽湿地之中。全长 576 公里，河宽 20 ～ 40 米，水深 0.6 ～ 2.5 米，流域面积 23110 平方公里。《清一统志》称乌裕尔河为“呼雨哩河”“呼裕尔河”，又称“乌雨尔河”“瑚裕尔河”“乌羽尔河”等，均为女真语音转而来，富裕县的县名即由此而来，“富裕”即“涝洼地”之意。

富裕县因嫩江、乌裕尔河而兴，但也要面临着洪水对他们的生产生活带来的威胁。在实地走访中，当地人一直在说，该县“以往是十年九旱，唯独 2013 年一场大水给县里带来了不小的损失”。但《富裕县志》显示，在历史上，嫩江多次发生洪水，其他灾害也时有发生。比如[①]：

1929 年 8 月，嫩江发生洪水，全县有 9 万亩耕地被淹。

1932 年 9 月，嫩江发生特大洪水，富裕县多处被淹。

1934 年 6 月 25 日，东房子屯发生冰雹灾害，最大的冰雹有茶碗大小，青苗全部被砸烂。

1948 年 5 月，全县发生春涝，乌裕尔河南大部分耕地一片泥泞，许多耕畜陷死。

1948 年 8 月，富裕县遭受严重水灾，2.4 万垧耕地被淹，占全县播种面积的 40%。

1952 年 5 月 25 日，全县农田遭受冻害。县委县政府要求抓紧补种，保证不扔一条垅。

1961 年，全县有 112 个大队遭受旱灾，受灾面积达 50%。

---

① 富裕县县志办公室：《富裕县志》，1990 年 7 月第一版，第 4—47 页。

1963年7月20日，富裕县连降大雨，降水量达265.5毫米。全县10个公社、114个大队发生涝灾，受害面积达43万亩。全县倒塌房屋920间，仓房、牛棚328间。

1964年，富裕县遭受旱、虫、冰雹、早霜等自然灾害。

1969年8月29日，嫩江发生洪水，洪水淹没草原、耕地52万亩。

1972年4月15日，富裕县发生冰凌灾。

1980年5月，全县发生草地螟灾害。

1981年8月，富裕县发生涝灾，30万亩农田和120万亩草原被淹。

1982年7月5日，富裕县40万亩农田和草原遭受虫害。

1983年4月29日，富裕县遭受一场罕见暴风雪袭击，时间长达102个小时。一些房屋倒塌，许多牲畜伤亡等，全县直接损失843万元。

1984年7月12日，富裕县发生严重涝灾。

1985年8月19日，富裕县发生严重涝灾。47万亩耕地受灾。全县房屋倒塌1511间，淹死大牲畜13头（匹），家禽8000只，经济损失2000多万元。

根据历史文献、洪水调查和实测资料分析，自1794—2018年220多年间，嫩江于1794年、1886年、1897年、1908年、1929年、1932年、1953年、1955年、1956年、1969年、1988年、1989年、1991年、1998年、2013年等发生大小或特大洪水。特别是2013年的大洪水，对两岸的经济发展和人员生命财产安全造成了一定的影响。

2013年汛期，黑龙江省出现13次较大降水过程，8月，嫩江、松花江、黑龙江等流域平均降雨量400毫米以上，有39条河流发生洪水，其中嫩江干流上游发生超50年一遇的特大洪水，嫩江、松花江发生1998年以来最大洪水。

经灾后评估，汛期黑龙江省共有126个县（市、区）以及农场分局、林业局916个乡（镇、场）541.6万人遭受洪涝灾害，死亡7人，倒塌房屋7.4万间，农作物受灾2654千公顷，直接经济损失327亿元，其中农林牧渔业损失228亿元，水利设施损失30亿元。

2013年的洪水灾害使富裕县遭受了重大损失，一些村民因此绝收，甚至到第二年春耕，一些低洼易涝的地块仍有明水。2014年1月，中共中央办公厅、国务院办公厅印发了《关于创新机制扎实推进农村扶贫开发工作的意见》，要求全国陆续在之前试点工作的基础上按照“县为单位、规模控制、分级负责、精准识别、动态管理的原则，对每个贫困村、贫困户建档立卡，建设全国扶贫信息网络系统”。4月，国务院扶贫办印发《扶贫开发建档立卡工作方案》，对建档立卡工作的目标、方法、指标、步骤等做了详细的安排，推动了建档立卡工作的开展。

同年5月，黑龙江省全省扶贫开发建档立卡政策暨数据录入培训班在哈尔滨举办。会议确定建档立卡主要任务为：将农民年人均纯收入低于国家扶贫标准的111万贫困人口和农民年人均纯收入高于国家扶贫标准、低于省扶贫标准的103万贫困人口分解到村，识别到户；分解贫困村规模到县，识别到村；分析致贫原因，摸清帮扶需求，明确帮扶责任，落实帮扶措施，发放《扶贫手册》，实施考核和动态管理。对重点县和连片特困地区进行监测、评估和分析。在2014年的建档立卡工作中，富裕县共确定了46个贫困村、9207户贫困户、29888人贫困人口。

据官方统计，在致贫原因中，因灾致贫的比例占到了34.5%。问卷调查统计显示，因病致贫的比例占调查样本数的19.0%，居致贫因素的首位（见表1-1）。

表 1-1 富裕县致贫原因问卷调查数据分析

	频率	百分比（%）	累积百分比（%）
因灾	40	34. 5	34. 5
因病	22	19. 0	53. 4
缺技术	14	12. 1	65. 5
缺劳动力	12	10. 3	75. 9
缺资金	10	8. 6	84. 5
因学	9	7. 8	92. 2
因残	7	6. 0	98. 3
缺土地	1	0. 8	99. 1
自身发展动力不足	1	0. 9	100. 0
合计	116	100. 0	

（二）地方疾病是重要致贫原因

在富裕县各项主要致贫因素的调查中，因病致贫的比例占样本数的19.0%，分别比缺资金、因学、缺劳动力、因残等原因高出 10.4、11.2、8.7、13 个百分点。而因病致贫与当地严寒干燥的气候环境、比较单一的饮食习惯等有着密切的关系。

在调查的 11 个村庄中，贫困户患病最多的是脑梗、心脏病、高血压等，其中大多数受当地地理气候及饮食习惯的影响。其中，土壤中微量元素不足是一个重要因素。我国 72% 的地区缺硒，从东北地区起斜穿至云贵高原，存在着一条“低硒地带”，而黑龙江、吉林两省都在这条低硒地带上。东北地区缺硒，和地理环境有关。由于东北土壤及水中缺硒，所生长出的农作物硒含量也不高，进而造成整个食物链中缺乏硒。同时，环境污染、工业污染、酸雨等，导致大量二氧化硫与硒化合物反应，形成不利于植物吸收的硒元素。由于硒属于微量元素，人体自身无法合成，只能从外界补充，所以导致东北地区居民存在缺硒的情况。人体缺硒的表现主要为脱发、脱甲；部分患者会出现皮肤脱皮症状；少数患者可出现神经症状及牙齿损害等问题；严重缺硒可能导致血溶性贫血、克山病、大骨节病等。由于环境、社会发展等多种原因，黑龙江省曾是国家地方病发病率较高省份。其中克山病、碘缺乏病、大骨节病、饮水型地方性氟中毒四种地方病，曾经都是困扰、威胁黑龙江省广大居民特别是农村居民健康的重要因素之一。

此外，东北地区的饮食习惯也影响着人体对微量元素的吸收，高脂肪食物摄入过多、过量饮酒都可能造成人体硒吸收量下降。富裕县属寒温带大陆性季风气候，春季多风少雨，夏季高温多雨，秋季气温变化剧烈，冬季严寒干燥，年平均气温 2℃，最冷月（1 月）平均气温零下 21.6℃，极端最低气温零下 40.3℃，最热月（7 月）平均气温 22℃，极端最高气温 39℃。年平均降水量 444 毫米，7—8 月降水量占全年的 51.4%，年平均日照 2742.8 小时，年平均无霜期 130 天。

寒冷的气候也给当地人们的饮食习惯带来一定的影响。富裕县是一个多民族地区，除了汉族之外，有满族、达斡尔族、柯尔克孜族、蒙古族、回族、藏族、苗族、彝族、壮族、布依族、朝鲜族、锡伯族、瑶族、鄂温克族、鄂伦春族、维吾尔族等 16 个少数民族，占富裕县总人口的 6%。各民族之间相互交流融合，生活习惯也相互影响。

东北地区冬季漫长，而且寒冷无比，当地人喜食猪肉，在民间还流传着“亲不过姑舅，香不过猪肉”的谚语。每年春节前，东北地区的农村居民都要杀猪，吃杀猪菜，在猪血中加入白肉片、盐、香料做成白肉血肠。

同时，火锅、烤肉也是他们的特色美食。以前，由于冬天鲜蔬短缺，为了保存蔬菜他们还将白菜腌制成酸菜，把黄豆做成大酱。这些都是高脂肪、高热量、高盐分的食物，长期摄入过多的脂肪和盐分，会增加患上心脑血管疾病的概率。在调查中，不管是贫困村或者非贫困村，所有村庄冬天采暖的方式都是烧火炕，再加上东北民居套间设计的封闭性，室内可以与室外形成 50 摄氏度的温差。当从温暖的室内走到室外，身体温度突然遇到冷温度，就会导致体内的血管骤然收缩，这种情况下就很容易诱发冠心病患者出现心绞痛，心衰患者出现感染心衰，心脑血管患者甚至严重的还可能会出现晕厥、猝死等危机。在和贫困群众交往中，他们也知道驻村工作队提倡的健康饮食，但是完全改掉这种习惯是很难的。

在调查的 11 个村庄中，贫困户患病最多的是脑梗、心脏病、高血压等。虽然这不能完全取决于气候和生活习惯的影响，但是这也应该是其中的一个重要因素。

二、历史文化中的扶贫基因分析

地处两省区交界的富裕县交通条件并不算便利，但在历史上，当地有着悠久的驿站文化和移民文化。这些文化因素中包含的开放包容、自力更生、坚强不息的内在精神，在后期矢志不渝抓发展、攻坚克难求脱贫的过程中得到充分发扬和体现。

（一）驿站文化：交通方便，思想活络

1990 年版的《富裕县志》中，简要介绍了富裕县的历史沿革[①]：

---

① 富裕县县志办公室:《富裕县志》，1990 年 7 月第一版，第 51—52 页。

先秦时代，濊貊人活动在富裕县境内的乌裕尔河流域。濊貊人“内服”于周室，生活的地方被视为周朝的领地。战国时代，濊貊族系中的北支之一，在东北中部腹地建立了奴隶制政权——夫余王国。富裕县地处夫余王国北境。汉朝时，夫余臣服于汉王朝，归玄菟郡节制。北魏初期，夫余王国受到鲜卑人和高句丽人的侵袭，国势衰微，北境地方势力乘机割据，在乌裕尔河流域建立豆莫娄政权。公元5世纪末，肃慎后裔勿吉人灭掉夫余王国，占据了夫余故地那河（今嫩江）中游两岸。夫余人南奔，降高句丽。北朝末叶，勿吉又被称为靺鞨，朝贡于北齐，归营州节制。隋唐时期，室韦乌素固部居住在乌裕尔河流域。辽代，突吕布室韦居住在乌裕尔河流域。金代，富裕属上京路管辖的蒲峪路。

元代，富裕属辽阳行中书省水达达路灰赤儿千户所管辖。灰赤儿千户所设在今富裕县祥发村。“牙剌”（今富裕县塔哈村）、“捻站”（今富裕县富宁村）是开原路通往失宝赤万户府驿道上的两个驿站。明朝时期，富裕属奴儿干都司富余卫管辖。

清代初期，富裕属宁古塔将军管辖。康熙二十二年（1683），清政府设置黑龙江将军，富裕属黑龙江将军管辖。光绪三十三年（1907），清政府设置黑龙江行省，富裕归黑龙江行省管辖。为了抗击沙俄对黑龙江流域的侵略，黑龙江将军萨布素，令从征的女真族后裔满洲八旗官兵的家属由吉林迁到黑龙江。现居住在富裕县三家子村的计、孟、陶三姓，就是这一时期由吉林水师营迁来的。17世纪中叶，由于沙俄入侵，黑龙江流域的达斡尔等民族被迫南下，定居于嫩江流域。乾隆平定新疆准噶尔叛乱后，将厄鲁特蒙古一部，迁至乌裕尔河流域驻牧。他们以其姓依克明安命名旗，称依克明安旗，旗府设在今富裕县大泉子村。清代居住在富裕的汉族人，主要是从云南发配来的三藩叛乱将士家属。

康熙二十五年（1686），清政府开辟北京至瑷珲的交通线，设置在黑龙江的19个驿站中的塔哈尔站、宁年站就在今富裕县境内。清代驿站的主要任务是递送谕令、公文，以及迎送官员和转运有关货物、邮包等。为接待公差，各站都设有站官房。驿站对保卫边疆、建设边疆起到了重要作用。

从历史沿革我们可以看出，历史上的富裕县一直是北方游牧民族活动的舞台。在频繁的臣属和征战中，元、明、清时期这里保持了相对稳定的中央集权治理。因为这里地处边疆，战略地位凸显，驿站的设置较具特色。

古代驿道的开辟和驿站的设置，主要是为了传递谕令、军情、文书，运送官差、粮秣、武器、装备、贡品和赏赐等物资，并为之提供运输工具和供应食宿。黑龙江地区（今指黑龙江省境内）最早辟建的驿道、驿站始于金代。清代，黑龙江地区的驿道和驿站，有了较大的发展，先后共开辟了10条驿道，总长10670余里，今属黑龙江省境内的有6600余里；沿途共设148个驿站，今属黑龙江省境内的有99站，其中设驿站47个，驻兵驿站52个[①]。齐齐哈尔市境内共有驿站8处，其中位于富裕县的驿站有2处：塔哈镇塔哈村站和友谊乡宁年站。

在发挥军事作用的同时，驿道和驿站还带来了人员交流和经贸往来，促进了当地的经济发展。清朝驿站的工作人员叫“站人”，大多是发配过来的汉族人，这些站人和其家属在这里开垦土地，发展农业，改变了当地游牧民族狩猎放牧的生活方式，丰富了农产品的种类，也提高了农作物的产量。对富裕的产业结构、饮食习惯等产生重要影响。清咸丰以后，黑龙江地区逐渐开放，关内的汉族沿着驿道大量迁移而来，更加速了这一地区的土地开发，促进了农业的发展；也改变了手工业的落后局面，在一些城

---

① 温洪清、李志红：《清代黑龙江地区的驿道和驿站》，《黑龙江史志》，2007年第7期，第40页。

镇出现了酿酒、制革、制碱、木制品等手工业作坊。

同时，以驿道为依托的商贸活动逐渐发展起来，逐渐形成了以瑷珲、墨尔根、齐齐哈尔、呼兰、宁古塔、三姓等大城镇为地域中心的商业网，并与吉林、盛京以及关内京广各地联系起来。除了经济往来，驿道也加快了中原文化不断输出到关外，东北各地逐渐形成了尚学的良好风气。站人和当地居民杂居相处，加速了民族间的融合，各种文化相互学习，共同促进了地区的经济、社会、文化的发展。

富裕县虽然与内地的交通不算发达，但是在东北地区却是齐齐哈尔北部乃至黑龙江西部的交通枢纽。富裕县距齐齐哈尔市 65 公里，距哈尔滨市 350 公里，111 国道和国家级嫩泰高速与齐北、富西两条铁路并驾齐驱，纵贯南北。302 省道（快速公路）跨越东西。值得注意的是，宁年和塔哈两所驿站，就在这三道南北交通大动脉上，富裕县现有的南北交通格局应该是在古驿道的基础上形成的。

（二）移民文化：开放包容，自力更生

在富裕县的人口构成中，还有一类特殊的居民——山东移民。

除了近代史上著名的移民运动“闯关东”，中华人民共和国成立以后，在实行国民经济第一个五年计划期间（1953—1957 年），富裕县按照省委省政府部署，在全县有计划地组织开展了史无前例、历时数载、声势浩大、条件艰苦、任务繁重的大规模垦荒移民和新村建设工作，堪称富裕县乃至松嫩平原开发建设史上的伟大壮举。1956 年 4 月至 1958 年 12 月，富裕县共接收安置山东籍移民及家属（嘉祥县、邹县、滕县等）计 3 万余人，新增耕地面积 69.8 万亩，建成新村 67 个①。

① 仇福海、刘颖、徐国军：《富裕县“一五”时期大规模垦荒移民始末》，《世纪桥》，2012 年第 18 期，第 47 页。

1955年，党中央、国务院在全国农业合作化基本完成之后，发出了《关于垦荒移民增产粮食的指示》。1955年6月，中央民政部提出了“将山东省部分农民移往黑龙江，在荒原较多的县份建立移民新村”的要求。为此，黑龙江省委省政府召开了全省垦荒移民工作会议，富裕、林甸、甘南、肇东、安达、郭后旗等地确定为全省垦荒移民的重点地区，对富裕县下达了两年内建设55个移民新村，每个新村开垦荒地300公顷，安置1.1万名移民的任务。

1955年12月9日，黑龙江省制订了“垦荒移民规划及1956年开荒移民方案”，对垦荒的计划和方式、接收移民的方法、建场建村问题、移民新村的建设问题、移民开荒的经费问题、各个部门分工问题、开荒移民工作的领导问题做了详细的计划和安排。

为完成接收移民的任务，富裕县委县政府从1955年7月起，就按照省里要求集中力量进行了以开垦荒地为重点的安置移民的各项准备工作。

根据方案的要求，保证开荒速度、质量和降低成本，富裕县主要采取了建立拖拉机开荒队常年为移民开荒的方式，即“由国营农场、拖拉机站、先来的移民和当地居民把荒地开好，再大批移民来耕种”。据中共富裕县委党史研究室仇福海等人的研究，1955年9月，黑龙江省农业机械厅在富裕火车站成立了黑龙江省富裕拖拉机垦荒站（直属省厅），下设12个机耕作业队，队员包括农建二师复员军人、参加省厅克山培训的驾驶员、农具手、从国营农场调来的技术人员。在垦荒期间，机耕作业队实行定额管理，开展劳动竞赛，按月评比奖励，充分调动了职工的积极性。1956—1957年，富裕拖拉机垦荒站发扬艰苦奋斗的精神，保质保量完成了开荒任务，名列全省第二名。

有了土地，还要为建立新村做好计划和准备。富裕县安排县政府副县长巴图具体负责移民安置和新村建设工作，1955年10月，又在县民政局组建了移民科，专门负责移民工作的领导组织、协调服务。还从各相关部门抽调了 83 名干部，负责并参加土地勘测、新村设计、打饮水井、购买物资等各项移民前的准备工作。

从 1956 年 4 月中旬开始，来自山东省嘉祥、邹县、滕县、曲阜、东阿、薛城、峄县、金乡、渔台等地的移民，分批乘火车抵达富裕县，受到富裕县上下的热情欢迎。移民到达各新村后，很快建立起党团组织。全县 55 个新村成立了 54 个党支部，支部书记绝大多数由山东籍移民中带队的党员干部担任。有党员 720 名，团员 1328 名，形成了新村领导核心。移民到达后，迅速开展了以春播、建房为中心的工作。从 4 月至 7 月初，仅用了三个月时间就建起住房 3098 间，播种粮食作物 25 万亩。

为加强新村工作的领导，1956 年 6 月 17 日，富裕县向全县每个移民新村派出两名干部（县、乡干部各一名）长期驻村指导，协助当地党支部开展工作。在驻村期间，帮助新村管理生产，发展副业，增加收入。还积极做新村移民的思想工作，鼓励他们要积极乐观向上，用勤劳的双手开辟幸福生活。为了缓解他们的思乡之情，还专门定期到各村放电影，组织村民排练山东快书、吕剧等节目，丰富他们的文化生活。

在各级党委政府的关怀支持下，经过新村干部群众的艰苦创业，全县垦荒移民工作取得了巨大成绩，实现了当年开发、当年播种、当年有收成的建设目标。历时三年的大规模垦荒移民获得了成功，使富裕县耕地、农户及向国家交售的商品粮数量分别比垦荒移民前增长了 30%、35% 和 50% 以上。

实地调查中，在繁荣乡的移民村永丰村村民广场上，立着一块石碑，上面写着（见图 1–1）：

图 1-1 富裕县繁荣乡永丰村村民广场上的“移民文化”碑

弘扬移民文化，建设美丽村庄

永丰村又称43号，是1956年从山东滕州、金乡等地整建制移民至富裕县的67个山东移民新村之一。在当年人口稀少、房舍简陋、一片荒芜的黑土地上，几代拓荒人自力更生、艰苦奋斗建起了环境优美、生态宜居、民富村强的幸福家园。60年来，移民人远离故土，根植富裕，在长期繁衍生息的进程中，将山东传统文化与北方游牧文化相融合，形成了独具魅力的富裕垦荒文化，并成为广大移民宝贵的精神财富，代代传承。现在移民人决心继续努力奋斗，用他们的勤劳双手和聪明才智，书写新的美好明天。

这就是富裕县内生潜在的开放包容、自力更生、脱贫致富精神的有力证明。

三、社会经济中的脱贫条件分析

事实上，富裕县具有发展经济、脱贫致富的经济优势和文化基因。富裕县有耕地面积 230 万亩，草原 90 万亩，土地资源和草场资源比较丰富，易于发展传统农业和畜牧业。富裕县是优质高粱的生产基地，本地的特色产业“富裕老窖”白酒，在全国具有一定的知名度。另外，由于本地是草原民族聚集区，畜牧业比较发达，被称为“中国鲜奶之乡”。再加上历史上的驿站文化、移民文化反映出来的交流融合、艰苦奋斗、自力更生的精神，使富裕县的脱贫攻坚工作拥有了经济和文化上的条件和实力。

（一）传统种植业基础牢固

对于中国大多数县来说，农业是一地产业的传统和支柱。富裕县的自然条件适于多种农作物生长。中华人民共和国成立以来，由于不断改善农业生产条件，改革管理体制，调整生产结构，引进优良品种，推广科学技术，加强植保工作，种植业有了很大的发展。富裕县农作物种类较多，有玉米、水稻、小麦、谷子、大麦、糜子、荞麦、大豆、高粱等粮食作物；有甜菜、向日葵等经济作物；有茄子、黄瓜、萝卜、白菜等蔬菜作物。

根据《富裕县国民经济统计资料》（2013—2017）的数据显示，2013 年，富裕县虽然遭受严重低温洪涝灾害，但大灾之年不减产，实现粮食产量 83.9 万吨。农林牧副渔业总产值实现 42.2 亿元，增长 4.7%。种植业结构不断优化，水稻面积增至 50 万亩，比上年扩大 11.9%。种植水平和效益显著提高。

2014 年，富裕县种植业获得一个大丰收年，实现粮食产量 92.75 万吨，同比增长 10.5%。农林牧渔业总产值实现 48.7 亿元，增长 15.3%。种植业结构不断优化，水稻面积增至 60 万亩，比上年扩大 23.4%。玉米面积 154.4 万亩，同比减少 7.2%，大豆面积近 9 万亩，比上年增加 71.2%。玉米面积减少，大豆面积增多，这是多年没有出现的现象。

2015 年，实现粮食产量 92.9 万吨，同比增长 0.2%。水稻面积增至 68.2 万亩，比上年扩大 13.7%。

2016 年种植业克服了各种自然灾害，实现粮食产量 87.5 万吨，同比下降 5.8%。

到 2017 年，富裕县不断深化农业改革，调整农业种植结构，现代农业稳步发展。当年的粮食总产量达到 89.45 万吨，同比增长 2.2%。成为全国第二批基本实现主要农作物生产全程机械化示范县。种植业结构调整取得成效，进一步优化粮食种植结构，水稻面积 46803 公顷，同比增长 34.4%，玉米面积 103416 公顷，同比减少 4.2%；大豆面积 6950 公顷，同比增长 109.7%。同年，农村土地确权完成 86 个村内外业绩公示工作，确权颁证有序推进。建成“互联网 + 农业”高标准示范基地 40 处、13.7 万亩。新建农业物联网监控系统 9 处、1.5 万亩，达到 22 处，4.76 万亩；新增绿色有机食品原料基地面积 1.5 万亩，达到 18.5 万亩；新增绿色有机标识 5 个，达到 41 个（见表 1–2）。

表 1–2　富裕县粮食作物生产情况表（2013—2017 年）

年份（年）	2013	2014	2015	2016	2017
粮食播种面积（公顷）	148747	144865	152852	152242	158841
粮食总产量（万吨）	83.9	92.75	92.9	87.5	89.45
百分比（%）		+10.5	+0.2	–5.8	+2.2

资料来源：《富裕县国民经济统计资料》，2013—2017 年。

在近几年的发展中（2013—2017 年），第一产业始终是富裕县的支柱产业，占地区生产总值的比重分别是 40.4%、45.6%、47.7%、44.1%、44.2%（见表 1–3）。

表 1–3　富裕县地区生产总值表（2013—2017 年）

年份（年）	地区生产总值（亿元）	第一产业增加值（亿元）	百分比（%）
2013	61.53	25.17	40.4
2014	62.76	28.65	45.6
2015	66.7	31.8	47.7
2016	70.03	30.86	44.1
2017	74.34	32.83	44.2

资料来源：《富裕县国民经济统计资料》，2013—2017 年。

（二）粮食加工业实力提升

富裕县是高粱的优质产地，粮食加工业也有很大的发展，主要体现在酿酒业上。高粱酿酒是当地的一项经济产业，其中以“富裕老窖”最为知名。

黑龙江省富裕老窖酒业有限公司是民营股份制企业，始建于 1915 年，由杨贵棠兴办的酿酒作坊“小酹”，后发展为“鸿源涌烧锅”。中华人民共和国成立后改为国营富裕县制酒厂，1995 年更名为黑龙江富裕酿酒有限责任公司，2001 年企业改制成为民营股份制企业。公司占地面积 20 多万平方米，年产白酒能力为 5 万吨，品牌价值 36 亿元。有注册商标 45 枚，其中中国驰名商标 2 枚；有中国酿酒大师、中国白酒首席品酒师 1 人，国家级特邀白酒评酒员 1 人，国家级白酒评委 3 人，省级白酒品酒师 11 人。

富裕老窖酒业有限公司是地方财政支柱企业（见表 1–4），是东北白酒行业排头兵，黑龙江省民营纳税 50 强。先后荣膺“全国五一劳动奖状”“全国轻工行业先进集体”“全国酿酒行业百名先进企业”“全国轻工业卓越绩效先进企业”“国家守合同重信用”“中华老字号”“国家 A 级绿色食品”“国家地理标志保护产品”“全国食品行业质量效益型先进企业”等殊荣。先后获世界名酒名饮协会、中华名酒名饮澳门博览会金奖、美国全美第 58 届食品博览会金奖等国内外多项殊荣。在全国同行业名优产品大赛中，荣获芝麻香型产品全国第一名，被授予全国酒类产品质量安全诚信推荐品牌。2011 年，富裕老窖绿色食品“东方巨龙”酒在全国白酒评比中荣获第四名，被授予“中国白酒技术创新典范产品”。

表 1–4　黑龙江省富裕老窖酒业有限公司主要经济指标（单位：千元）

年份（年）	主营业务收入	主营业务税金及附加	应交增值税	利润总额	工业总产值
2013	212846	52647	13305	13892	285902
2014	108723	26226	11096	9226	156970
2015	115143	27124	11988	4394	191387
2016	106260	24759	11970	53539	149834
2017	111684	27511	12015	14805	119480

资料来源:《富裕县国民经济统计资料》，2013—2017 年。

企业发展不忘回馈社会，积极履行社会责任，扶贫助弱帮残。先后向“圆梦工程”“春蕾工程”“抗震救灾”“抗洪抢险”和“助残工程”捐款捐物。近年来，富裕老窖积极开展产业扶贫，采用“公司 + 合作社 + 农户”的方式，在二道湾镇力合村与“富裕县永颐水稻种植专业合作社”建立了 2000 亩高粱原料基地。该合作社共有入社成员 51 户，其中贫困户 31 户，占比 60.8%。高粱收获后，富裕老窖以高于市场价 0.05 元的价格收购高粱，实现“供、产、销”一体化经营，农民实现月收益 3350 元，带动了贫困户增收。

（三）畜牧业养殖优势明显

富裕县还有优质的畜牧业资源。17 世纪 50 年代，移居到富裕境内的达斡尔等少数民族，主要从事畜牧业生产。1904 年以后，汉族人涌入富裕地区，畜牧业生产逐步发展起来。中华人民共和国成立后，富裕县对畜牧业生产十分重视，提出保护牲畜，增加畜力，严禁屠宰耕畜，开放家畜交易市场等政策和措施，使以饲养役畜和猪禽为主的畜牧业生产得到恢复和发展。1955 年，富裕县实行大牲口定额管理，超产奖励制度，畜禽生产稳步上升。1963 年，富裕县进一步完善发展畜牧业政策。1976 年，富裕县被黑龙江省确定为半农半牧县，1977 年，被列入国家商品牛生产基地县。

十一届三中全会以后，富裕县结合实际，从三个方面调整农业生产结构，调整农牧结构，全县划分为“以牧为主、半农半牧、以农为主”三种类型。调整农作物种植比例，变粮食作物、经济作物二元结构为粮食作物、经济作物、饲料作物三元结构，饲料作物面积由过去的 10% 增加到 20%。调整畜牧业内部结构，变以养猪为首为以养牛为主，提出“一大（奶牛）带三小（猪、羊、禽）”的畜牧业发展方针。经过调整，全县养牛业迅速发展，特别是奶牛数量实现新的突破，1983 年奶牛发展到 4262 头，是 1976 年的 22 倍。

1984年，富裕县被黑龙江省定为牧业县。县委县政府认真贯彻党在农村的各项方针政策，深入进行农村产业结构调整，把发展畜牧业作为全县经济工作的战略重点和农村脱贫致富的根本措施，抓住不放，大力开展黄牛改良，走出冻精配种、母牛挤奶、公牛育肥这样一条低成本、见效快的新路子，开创黄牛变奶牛，改良促发展的畜牧业发展新局面。

为了调动广大群众多养畜养好畜的积极性，富裕县制订了一系列发展畜牧业的具体措施。1982年根据有关规定，农民每养1头奶牛划给3亩饲料地，1头改良牛划给2亩饲料地，1头黄牛划给1亩饲料地。1985年各增加一亩。地随牛走，谁养谁种。1头猪2亩饲料地，10只羊1亩饲料地。交售2公斤鲜奶，粮食部门供应0.5公斤平价饲料粮。对专业村和家庭养牛厂实行“三扶持、四优先”，即在技术服务、资金投放、物资分配上扶持；在繁育配种、防疫灭病、划分饲料地、良种畜分配上优先。县乳品厂每年从税后利润中拿出一部分资金奖励卖奶户。为方便奶牛户交售鲜奶，千方百计增设鲜奶收购站（点），形成以县乳品厂为中心的遍布城乡的鲜奶收购网。1984年，富裕县成立牧工商公司，各乡、镇设分公司，积极开展畜产品收购、供应饲料添加剂和兽药等工作。从1981年开始，富裕县大幅度增加对畜牧业生产投资，平均每年投资650万元，约占农业总投资的37%。

如此悠久的奶业发展历史塑造了富裕县牧业大县、牧业强县的地位。富裕县自1982年实行牲畜作价承包发展畜牧业专业化生产以来，全县畜牧业专业化生产规模不断扩大，专业化生产水平不断提高。富裕县奶牛产业化也形成较好基础。

1994年全县牧业产值1.91亿元，占农业总产值的44.3%，牧业总收入首次突破1亿元，人均牧业收入651.8元，占农业人均收入的43.4%，全县人均肉、蛋、奶、羊毛产量分别为50.23公斤、24.9公斤、178.24公斤、

1.52公斤，畜牧业发展势头强劲[①]。2009年，富裕县奶牛存栏达到14万头，实现商品奶量28万吨[②]。

关于富裕县牧业的总体情况，据有关研究显示[③]，2014年，县内以光明乳业为龙头及其他3家乳品加工企业并存，日处理鲜奶能力1400吨，对基地形成较强的拉动能力（见表1–5）；基础牛群数量稳步扩张，奶牛存栏和鲜奶产量始终位居全市各县区之首；全县210个机械化榨乳站遍布村屯，机械化榨乳率达到100%；实施了奶牛电子档案建设，启动了奶业信息平台建设，开展了生鲜乳第三方检测，奶业安全保障水平有效提升；推进奶业持续健康发展的长效机制逐渐形成、相关政策日趋完善、综合措施日益配套。

富裕县奶业企业的代表是黑龙江省光明松鹤乳品有限责任公司。该企业1996年11月1日正式运行，是光明乳业股份有限公司与富裕乳品厂联合组建的合资企业。公司占地面积68291平方米，拥有3个乳品生产车间，11条从瑞典引进的超高温灭菌奶生产线，3条从丹麦引进的奶粉、奶油生产线。主要从事超高温灭菌奶和奶粉、奶油生产。设计年产能力30万吨，是光明乳业下属的大型生产加工基地之一。

自1998年成功建设了黑龙江省第一个机械化挤奶站以来，按照“公司＋农户”的模式实行“分散饲养、集中挤奶、以质计价、全程服务”，建成了优质奶源基地，找到了企业发展与奶农受益的最佳形式。现在，公司已拥有130多个机械化挤奶站，每天收购优质、新鲜的无抗生素牛奶。收奶量、产销量和销售收入增长速度持续保持在30%以上。

---

① 吴晓东:《富裕县畜牧业生产走上专业化道路》,《中国畜牧杂志》，1996年第3期，第51页。

② 孟宪宝，等:《富裕县奶牛产业化发展初探》,《黑龙江畜牧兽医》，2011年第8期，第20页。

③ 蒋寅峰:《加快推进富裕县奶业提档升级》,《中国畜牧业》，2014年第15期，第70页。

表 1-5　黑龙江省光明松鹤乳品有限责任公司主要经济指标（单位：千元）

年份（年）	主营业务收入	主营业务税金及附加	应交增值税	利润总额	工业总产值
2013	761473	2018	20105	23778	745471
2014	791217	1047	5346	61692	846502
2015	1241891	1383	5346	53430	1474895
2016	1810427	1326	11970	53539	2085830
2017	1982909	5880	32336	119395	807327

资料来源:《富裕县国民经济统计资料》，2013—2017 年。

合资以来，公司不仅自身获得了发展，同时也产生了良好的社会效益。累计生产乳制品 36 万吨，创利税 3 亿多元；奶源基地建设带动了 2 万多农户脱贫致富，累计为农民发放奶资 11 亿元；企业的发展创造了几千个就业岗位，同时带动了交通运输、饲料、兽药、保险等相关产业的发展，推动了当地农业产业化进程，受到社会的广泛称赞。[①]

① 资料来源：齐齐哈尔市绿色食品网站，http://www.qqhr.gov.cn/lssp2015/010.htm.

第二章　富裕县扶贫工作回顾

作为政治、经济、文化等众多落后因素的共同表征，贫困问题自始至终都是世界性难题，中国集中攻克这一难题也经历了很长的历程。

1978 年，十一届三中全会召开后明确提出中国存在大量的贫困问题。农村经营制度改革极大地激发了农民的劳动热情，为解决农村的贫困问题打开了出路。1986 年，我国成立了专门的扶贫工作机构，安排专项资金，制订专门的优惠政策，确定了开发式扶贫的方针。从此，中国政府在全国范围内开展了大规模有计划、有组织的开发式扶贫。1994 年，《国家八七扶贫攻坚计划》公布，要力争用七年左右的时间，基本解决农村贫困人口的温饱问题。2000 年底，国家八七扶贫攻坚目标基本实现。2001 年，《中国农村扶贫开发纲要（2001—2010 年）》颁布，使扶贫工作更加有组织、有计划地开展。2011 年《中国农村扶贫开发纲要（2011—2020 年）》颁布，确定了新时期“两不愁三保障”的脱贫目标，以集中连片特殊困难地区为主战场，以综合性扶贫开发为战略，开展扶贫开发工作。

从中华人民共和国成立后到 2012 年，富裕县也在一直关注扶贫，根据地方经济特色，发展产业，提高人口素质，做出了一定的成绩。

一、富裕县早期扶贫工作简述

（一）一份珍贵的“1952年贫困村调查报告”

富裕县对农村贫困人口和扶贫工作关注比较早。在调查中，我们查阅《富裕县志》，在“大事记”一章，发现原国务院扶贫开发领导小组组长陈俊生同志曾在富裕县做过代理县委书记。

《富裕县志》记载，1952年4月，当时的富裕县委书记高甫洛调离，陈俊生代理县委书记。同年11月30日调离。在这8个月时间里，陈俊生同志十分关注农村贫困人口的形成原因和帮扶路径，通过对一个村的实地调查研究，写出了《加强党对贫困户工作的领导——富裕县长兴村贫困户问题的调查研究》的报告，并于10月4日在县里下发。掌握此条线索后，我们安排人专门到县档案馆进行查找，很幸运地找到了这篇报告[①]。

这是中国当代扶贫史上一份很珍贵的文献。这篇报告是手写稿，除个别名字和方言不好辨别以外，报告整体保存非常完整。报告分为四部分，分别为“贫困户的基本情况”“贫困户存在的基本原因”“关键问题是加强党对贫困户的工作的领导”“加强对贫困户领导具体工作”。

报告中说，长兴村是富裕县经济基础比较差的一个村子，现全村182户，过中农生活水平的有131户（包括旧地主、富农），占全村户72%以上，其中过富裕中农生活水平的占中农25.9%。贫困户户数是32户，占全村户数19.8%，人口111人（其中女性49人），占全村人口15.5%。贫困户的贫困表现为生产力不足，详细分析了劳力、土地、畜力、农具的不足，吃、住、穿都低于当地一般农民的水平。这里的调查非常细致，连贫

① 资料来源：《富裕县志》，富裕县档案馆、富裕县委办公室工作人员在档案查找中给予极大的配合与帮助。

困户家有没有房，有没有床，几个人挤在炕上，做了什么衣服，有几床被子、几床褥子都调查得清清楚楚。同时，报告中还发现贫困户在村中经济上受到一定的剥削，政治地位比较低，全村 12 名党员，贫困户党员人数为零。贫困户绝大多数不负行政职责，因此全村会议很少有他们参加，即使有个别人参加了，但由于自身经济地位低，在会上很少发表意见。

在掌握了长兴村贫困户基本情况的基础上，报告又分析了“贫苦户存在的基本原因”，报告先提出村中富裕户对贫困户的看法。现在农村有部分人（包括部分党员干部）说：“贫困户所以受穷是因他们都是懒蛋子、二流子。”或者说：“是因为他们计划不周，不会过，好浪费才穷的。”他们所以这样说，理由是土地改革时同样分的斗争果实，因为他们懒不会过才穷的。也有人说：“正是由于他们懒不会过，所以怎样扶助也不能过富裕了——穷坑没有填满。”

报告从长兴村的具体事实的分析中得出 6 条致贫原因，指出了以上这种认识的错误之处。这 32 户的致贫原因分别为：因天灾的 7 户、因病的 7 户、因劳力不足的 12 户、做小买卖捣动穷的 1 户、因与家庭分家而净身出来的 1 户、劳动不好和浪费的 4 户。

由以上情况可以看出：贫困户的存在 81.1% 是由天灾、劳动力不足等原因造成的，真正属于劳动不好或过日子有些铺张浪费的只占 12.5%。所以那种认为“贫困户都是懒蛋子、二流子”等认识是不符合事实的，因而也是错误的。

报告中有很明显的时代背景特点，对村中富农、村干部政治上排斥歧视贫困户，经济上剥削贫困户的行为进行了分类列出，有理有据有节。这种剥削主要采取雇工，高利贷和在劳动互助组中进行变相剥削等隐蔽形式，如上所述长兴村贫困户几年来受这种剥削的占 56.2%。具体情况为：受雇工（榜青）和马工剥削的 12 户（其中榜青 6 户），占受剥削 66.6%，受高利贷剥削的6户占33.33%。

比如，报告中提到，贫困户“名为参加互助组成员，实为雇工，程度严重，如梁文秀哥儿俩去年都给人家榜青，梁文秀去年贷一匹马，名义上是参加郑文耀（现在的副村长团员）生产互助组，实际上连人带马都是抗活，从正月十五上工，干到十一月初，一干九个半月，马干了十个月，所得的代价是：地不零租，人马吃地主，另外种了三垧六亩地，中间宋文秀欠工四十三天半（其中忙工十七个）又被扣去一石谷子，三斗小麦，就超过了有的旧封建地主的剥削。”

对于这些问题，报告中提出要“加强党对贫困户工作的领导”。报告中的分析很精彩：“只要我们加强工作，贫困户经济上升会很快的。有一些干部认为，‘贫困户总这样扶助，也不能过富了——穷坑没个填满。’因而不去积极领导，反而歧视排斥，是一种忘本思想，他们忘记了自己也正是在共产党领导下与扶助下，由穷变富的，而且今天的贫困户也正在我党的领导下，逐渐上升，这是不可忽视的事实。另外也有一种人，认为今天农村不应该有任何贫困户，看见有贫困户产生了‘担忧’或急躁情绪，这也是不对的，应该正确认识到，一方如上所述，土地改革后农民中间一定成（程）度的分化是不可避免的，企图一个早晨消灭了贫困户是不对的。”

“县里也是同样对贫困户工作注意不够的，至今我们还没有把贫困户的问题重视起来，存在一般号召多、具体工作少的现象。有些人嘴里也说，贫困户工作重要但他们很少注意解决贫困户生产生活中一些具体困难，有的下乡还不愿到贫困户家里，怕贫困户提出‘麻烦问题’不好解决，有的甚至嫌弃贫困户家埋汰，这次我们调查时贫困户见我们到他们家很亲热，因为他们‘很久不见工作人员到他们家了’。”

这些观点、看法和认识，在当今扶贫工作中，仍是有深刻意义的。最后报告针对贫困问题提出 5 项具体工作意见：

第一，加强贫困户的生产生活的计划性。应当使每个贫困户在农副业生产以及生活上的收支，都有一个长期的打算，不要光顾眼前，现在就应该帮助贫困户计划下一年的家庭收入与支出情况，然后根据可能尽量动员与组织他们买马添置农具，解决生产工具（特别是畜力），具体解决贫困户困难的基本问题。一定要注意教育贫困户不分散资金，一些暂时不必要办的事，没必要忙着办，特别是在日常生活上注意节约，集中精力发展生产，现在就应着手帮助贫困户计划今冬副业生产和明年农业生产问题，早计划早做准备。

第二，建立农村信用合作社或信用部工作。通过各种合作经济形式，根据国家金融政策在群众自愿原则下，吸收与组织农村的余粮款，办理信贷业务，以发展农业生产，活跃农村经济解决农民困难，避免高利贷剥削，因此开展信用合作就是在农村贯彻走新道路的主要内容之一。现在我县农村信用社合作工作很薄弱，应根据省委指示，在第四季度，农村有计划、有条件的要普遍建立信用部工作，县区党委必须加强对这一工作的领导。

第三，在政治上注意提高贫困户的任务地位。首先在村人民代表中应坚持省政府规定的有四分之一贫困户参加。在政府委员以及行政组中也应增加贫困户成分。在丰产小组中不召集无马户开会是不对的，贫困户在生产组中，应据情况负一定责任，尤其是讨论互利等问题上必须注意听取贫困户的意见，不可单纯注意有问题产生的一面。

第四，还必须对贫困户进行勤劳教育，特别是提高农业的教育，使他们充分发挥劳动积极性，对个别不劳动的必须进行批评，使他们很好从事劳动。

第五，加强国家对贫困户在经济上、技术上适当的帮助。

综上所述，这篇报告以本县长兴村贫困户的实际情况为研究对象，分析了贫困户致贫的原因，改变了人们对贫困户固有的“贫困户都是懒蛋子、二流子”的刻板印象，揭露了在当时社会背景下农村存在的一些不良现象，并提出要加强党对贫困户的领导，县区干部要对贫困户格外关注，不要嫌弃贫困户，要深入贫困户，了解贫困户，真心扶助贫困户的观点。在当时的历史背景下，虽然这个报告里涉及阶级剥削、参加互助组等一些历史概念，但对当今的扶贫工作仍具有重大借鉴价值。

（二）富裕县早期扶贫实践：从救济式到开发式

一般认为，救济式扶贫的典型时期为 1949—1985 年。在中华人民共和国成立后很长一段时间内，救济对象是农村五保户、特困户和其他特困群体。救济形式是政府给贫困者提供实物，扶贫目的是缓解绝对贫困。这个时期，社会救济在农村是通过五保户制度和集体合作医疗制度，为广大农民提供了程度较低但却较为有效的基本生活和卫生保障。这些救济机制本质上是一种集体主义下的福利制度。这个时期扶贫工作的特点是缓解绝对贫困，体现政府直接责任。福利保障的提供者是集体和单位，救济范围和程度有很大局限性。

十一届三中全会后，富裕县的扶贫工作开始有了大的起色，尤其是农村经济体制改革对缓解富裕县农村贫困、减少农村贫困人口发挥了巨大作用。1982 年 1 月 1 日，中共中央转批《全国农村工作会议纪要》，指出农村实行的各种责任制，包括小段包工计酬，专业承包联产计酬，联产到劳，包产到户、到组，包干到户、到组，等等，都是社会主义集体经济的生产责任制。1983 年，中央下发文件《当前农村经济政策的若干问题》指出，联产承包责任制是在党的领导下，我国农民的伟大创造，是马克思主义农业合作化理论在我国实践中的新发展。1983 年底，中共中央召开农村工作会议，提出把以家庭联产承包为主的责任制，统分结合的双层经营体制，作为我国乡村集体经济组织的一项基本制度长期稳定下来，并不断充实完善。随着承包制的推行，个人付出与收入挂钩，使农民生产的积极性大增，解放了农村生产力。

在此过程中，富裕县立足县域实际，充分利用国家的政策，鼓励指导全县人民发展农业生产，调整农业产业结构，育良种、搞养殖、挖塘养鱼等，为贫困户广开致富门路，大力提高群众收入。

优良的种子是增产增收的关键。富裕县在工作中大力推广良种的种植。1982 年，富裕县在龙生、永太两个县办集体良种农场建立 856 个种子专业户，玉米制种面积达到 3870 亩，生产玉米杂交种 75 万多斤。到 1986 年，富裕县良种繁育基地发展到 20 处，面积扩大到 3200 公顷。全县农民推广应用良种种植面积达到 370 万亩，增产粮食 1. 79 亿公斤，农民增加收入 4930 万元。富裕县忠厚乡原来是全县有名的贫困乡。1986 年，全乡粮食总产达到 1. 1 万吨，人均收入 355 元，分别比上年增长 1. 2 倍和 1. 7 倍，甩掉了贫困乡的帽子。1987 年新年前夕，忠厚乡党委、乡政府代表全乡人民，给富裕县种子公司赠送了一面锦旗，上面绣着“扶贫结硕果，友谊开新花”。①

养牛业是富裕县的传统产业，1980 年，富裕县就制订计划，挖掘农户的潜在生产积极性，鼓励家庭养牛。当时的登科村、东吉村是富裕县草原多、水源充足的少数民族聚居村。县里根据村情大力开展家庭养牛业，既可增加鲜奶产量，又能增加村民收入。为此，县里帮助村里解决牛源，统一组织放牧、配种，统一安排打草场地，还在村里建立兽医室，进行免费防疫。为了方便村民就地交奶，县乳品厂在这两个村各建立一处鲜奶收

---

① 矫海:《建好良种基地为农民谋利益》,《种子世界》，1986 年第 6 期，第 7 页。

购点。村民的经济效益非常可观，比如 1980 年，登科村养牛户张玉加家共养 5 头牛，全年卖奶 13500 斤，收入达到 2700 元。[①]

20 世纪 90 年代，富裕县二道湾乡东盛村，全村 540 户，2648 口人，耕地 129 公顷，草原 334 公顷。本村重视养鹅生产的发展，1990 年养鹅 3300 余只，饲养 30 只以上鹅的大户占 20%，户均 6 只，已形成远近闻名的白鹅村（一直发展到现在）。通过养鹅丰富了市场肉类品种，改善了群众的肉食结构，增加了农民经济收入。[②]

这段时间，富裕县依据县域优势，确立了“以牧为主、粮牧结合”的发展农业战略。并把以养牛业为主的畜牧业作为实现富县强民、振兴经济的主导产业进行精心培植，使其发育成为县域经济建设中最具活力的环节。1997 年，全县牧业产值完成 29515 万元，比上年增长 10.2%，占农林牧渔业总产值的 50%，占全县国内生产总值的 42.8%。畜牧经济成为农村经济的半壁江山。

除了发展产业，富裕县还制订了相关政策进行包村帮扶，一些乡镇和村集体也探索了一些扶贫经验。

加强党和政府的领导是扶贫工作的重中之重。1985 年 6 月，富裕县委县政府发布了《关于扶持农村贫困户发展生产治穷致富的决定》，文件提出，各乡镇党委和政府要加强领导，把扶贫工作纳入农村经济和社会发展总体规划中去。为贫困户发展生产治穷致富积极创造条件，使扶贫工作得到开展，做出成效。要建领导席领导小组，由党委和政府的主要领导挂帅，吸收有关部门参加，形成强有力的指挥系统，把贫困户登记造册，建立档案，真正把扶贫工作拿到各级党政领导的手上。

---

① 王永丰：《社员家庭养牛大有可为——关于富裕县登科、东吉两个大队社员养牛的调查》，《黑龙江畜牧兽医》，1982 年第 1 期，第 25 页。

② 王秋生：《建立白鹅村发展养鹅业——富裕县东盛村发展养鹅调查》，《黑龙江畜牧兽医》，1992 年第 10 期，第 32 页。

同时，考核乡镇干部的工作成绩要与扶贫效果相联系，确定村干部的报酬要与贫困户的脱贫程度及当地人均收入水平相适应，使各级干部热心于扶贫。乡镇村干部和农村党员要按员定户，实行“包一带二”的办法，即每人包一户贫困户，带两户贫困户，限期脱贫。帮助贫困户制订脱贫规划提供信息，传授技术，搞好服务，解决他们难以解决的实际困难。[①]

1989年2月，富裕县为了进一步改进领导方式，强化城乡工作，实行了县级领导联系乡（镇）厂、经济杠杆部门联系企业，22个局包贫困村和组织支农服务队的工作制度。投放四股力量，分城乡两条战线，抓好全县改革和经济建设等项工作。其中规定，22个局包贫困村要经常深入所包村，帮助其落实各业生产计划，解决农业生产中遇到的实际困难，为贫困村、贫困户发展生产献计献力。并从长远出发，帮助他们广开致富门路，发展兼业生产，尽快摆脱贫困，走上富裕之路。[②]

在村里，一些村自主帮扶的好办法也涌现出来，比如“扶贫联合体”。1990年3月，二道湾镇三合村成立了“三合村扶贫联合体”，选派了威信高、能力强的村治保主任谭佩军担任领导。其中有7名成员，有5人是智力不全，1名是聋哑人，还有1名是患有严重哮喘病的老病号，他们平均年龄52岁，年龄最大的70岁。

扶贫联合体成立后，村委会投资2万元，对他们的生活进行了安排，购买3间砖土结构房屋，安排他们居住。又花了近千元，为每人购买了生活必需品和劳动工具。为了丰富他们的文化生活，还花了近千元，为他们购买了电视机、收音机等。同时，每人每月还按时发给30元现金作

---

① 中共富裕县委文件:《关于扶持农村贫困户发展生产治穷致富的决定》，富发〔1985〕42号，1985年6月30日。

② 中共富裕县委文件:《县委关于县级领导联系乡厂、经济杠杆部门联系企业、二十二个局包贫困村和组织支农服务队的通知》，富发〔1989〕3号，1989年2月27日。

表 2-1　22 个局包贫困村名单（1989 年）

乡镇	贫困村	扶贫局	乡镇	贫困村	扶贫局
忠厚乡	大犁村	农机局	塔哈镇	东塔哈村	粮食局
	荣生村	水利局		曙光村	交通局
	太和村	民政局		富丰村	统战部
	蓬生村	乡企局		十五里村	电业局
友谊乡	五家子村	民委		大哈柏村	县社
	树克村	科协	龙安桥镇	后雅洲村	水产局
	三家子村	畜牧局		东大荒村	科委
二道湾镇	三合村	劳动局	富海镇	富胜村	外贸局
	平安村	计委	富路镇	宝山村	物资局
	富兴村	武装部		兴旺村	商业局
绍文乡	得好村	林业局		兴隆村	农业局

资料来源：《县委关于县级领导联系乡厂、经济杠杆部门联系企业、二十二个局包贫困村和组织支农服务队的通知》，富发〔1989〕3 号。

为零用钱。150 元的医药费，平时发生重病也由村里解决药费。每年逢五月节、中秋节、春节时给每人发鸡蛋和月饼等。他们的穿衣问题除了民政部门给解决一部分外，其余部分均由村里统一解决。根据这些人具有一定劳动能力的实际，村委会给他们安排了力所能及的工作。让他们担任养路工、护林员，还把 50 亩的苗圃交给他们经营。他们各自发挥特长，能干什么就干什么。1991 年联合育杨树苗 30 亩、15 万株；1992 年育杨树苗20亩、7万株，育松树苗1万株，总产值9万余元，为壮大集体经济做出了贡献。另外他们还养路护林，使村里没有发生过一起乱砍滥伐的现象。村屯路宽阔平坦，畅通无阻，为商品流通和搞好经济创造了较好的条件。

（三）富裕县扶贫工作的三个“分水岭”

2001年，国家的贫困线标准进行了调整，在2000年625元的基础上，提高到872元。全国的贫困人口也相应的从2000年的3209万人，增加到9029万人，一下子增长了5820万人。富裕县也在2001年被评为省级贫困县，从此开启了从“戴帽”向“摘帽”不断努力奋进的征程。

2003年7月，齐齐哈尔市委召开经济工作会议，提出了大力推进“四个换位”（即种植业向畜牧业换位；国有向非国有换位；劳动力由一产向二、三产业换位；农业向工业换位）的经济发展战略。

通过“种植业向畜牧业换位”富裕县大力发展奶牛业，2004年全县农民仅奶资一项就收入2.6亿元，与两年前比，增长了53%。牧业产值占农业总产值的比重已达到61.5%。通过劳动力换位，富裕县打造劳动力品牌，成立了农村劳动力转移培训基地，对学员普及业务、礼仪、职业道德知识，进行法制教育和创业教育，使富裕县的“服装缝纫”和“保安”成为响当当的品牌。2004年，一次性向杭州输出缝纫工170名。2005年上半年，全县外出打工已有4万多人。此外，富裕县还鼓励农民向二、三产业转移，对农民开办小作坊、做小买卖的，实行“放水养鱼”政策；外出打工的农民原土地承包期不变，可由村组织发包或托人代耕。通过国有向非国有换位，富裕老窖实行“经营者持大股，职工持股”的民营化改革，效益逐年攀升，2005年上缴税金1680万元。松鹤乳业“嫁”给上海光明乳业八年来，累计向农民发放奶资 8.3 亿元，向地方财政缴纳税金 1.3 亿元。[①]

“当时各地为什么要争取戴上贫困县这个‘帽子’？就是因为上级给政策、给钱、给项目，我们那时又穷，所以就要争取，就为了能有项目、有待遇，明显的就是孩子上大学可以单招”，这个时期的扶贫工作，“只有贫困县这个说法，具体是谁，不知道，贫困县的‘帽子’下没有具体人”[②]，富裕县委书记刘海城对之前的扶贫工作有着深刻体会。在这种情况下，没有“精准”的扶贫工作也只能像“撒胡椒面”一样，也上了一些项目，做了好多工作，可经济社会发展的成果没能精准到更多的贫困人口身上。

从 2001 年至 2010 年，全县五批 54 个贫困村实施扶贫开发工作，先后投入财政扶贫资金 4471 万元，购买奶牛 3228 头，为贫困户贷款进行贴息 3741 户，建设村级卫生所（计生室）38 个，安装有线电视 8153 户，修建 4. 5 米宽水泥路 40 公里，安装自来水 6818 户，修建砂石路 28. 1 公里，修建农田路 8. 8 公里，新建围栏 1. 34 万延长米，新打抗旱井 96 眼，购买大型拖拉机 22 台，安装路灯 20 盏，新建畜牧站 26 个，新打人畜饮水井 1 眼，新建过路涵 1 座，等等。[③]

2011 年又是一个新的分水岭。这一年，国家的扶贫标准线由 2010 年的 1274 元，提高到 2536 元，全国贫困人口增长到 1. 2 亿人。2011 年，《中国农村扶贫开发纲要（2011— 2020 年）》颁布实施，对国家重点扶持的县进行了第三次调整。提出了，到 2020 年，要稳定实现扶贫对象不愁吃、不愁穿，保障其义务教育、基本医疗和住房。贫困地区农民人均纯收入增长幅度高于全国平均水平，基本公共服务主要领域指标接近全国平均水平，扭转发展差距扩大趋势的总体目标。纲要第十条明确指出：国家将六

① 郭树人：《“四个换位”让富裕县真正富裕了》，《人民论坛》，2005 年 09 期。

② 资料来源：中共富裕县委书记刘海城在富裕县扶贫工作“百日会战”启动大会上的讲话，2017 年 5 月 18 日。

③ 富裕县扶贫开发服务中心：《全县扶贫开发整村推进工作汇报提纲》，2011 年 12 月 21 日。

盘山区、秦巴山区、武陵山区、乌蒙山区、滇桂黔石漠化区、滇西边境山区、大兴安岭南麓山区、燕山—太行山区、吕梁山区、大别山区、罗霄山区等区域的连片特困地区和已明确实施特殊政策的西藏、四省藏区、新疆南疆四地州，共计 689 个县作为扶贫攻坚主战场。富裕县被国家列入大兴安岭南麓山区连片特困地区。

大兴安岭南麓山区是全国 14 个集中连片特殊困难地区之一，覆盖了黑龙江、内蒙古、吉林三省（区）5 个市（盟）19 个县（旗）。黑龙江省有齐齐哈尔市、大庆市、绥化市，齐齐哈尔市有龙江县、泰来县、甘南县、富裕县、克东县、拜泉县（见表 2–2）。

表 2–2　大兴安岭南麓山区连片特困地区

<table>
<tr><td rowspan="6">大兴安岭南麓山区（19）</td><td>内蒙古（5）</td><td>兴安盟</td><td>阿尔山市、科尔沁右翼前旗、科尔沁右翼中旗、扎赉特旗、突泉县</td></tr>
<tr><td>吉林（3）</td><td>白城市</td><td>镇赉县、通榆县、大安市</td></tr>
<tr><td rowspan="3">黑龙江（11）</td><td>齐齐哈尔市</td><td>龙江县、泰来县、甘南县、富裕县、克东县、拜泉县</td></tr>
<tr><td>绥化市</td><td>明水县、青冈县、望奎县、兰西县</td></tr>
<tr><td>大庆市</td><td>林甸县</td></tr>
</table>

资料来源：《关于公布全国连片特困地区分县名单的说明》，2012 年 6 月 14 日。

2012 年党的十八大召开以后，富裕县的扶贫工作进入一个新的历史阶段。这个时候，扶贫开发工作开始加压、升温，围绕到 2020 年“我国现行标准下农村贫困人口实现脱贫、贫困县全部摘帽、解决区域性整体贫困”的目标任务，推进精准扶贫、精准脱贫的力度加大。在扶贫制度体系不断健全、力度不断加大的同时，富裕县脱贫攻坚的重点也从“大水漫灌”

转向“精准滴灌”，而精准脱贫的基础就是精准识别——建档立卡工作。是不是贫困县，一定要看有没有明确的贫困村和贫困户。富裕县的精准扶贫，从明确贫困村和贫困户、建档立卡开始。

二、富裕县精准扶贫工作历程

党的十八大以后，我国的扶贫工作又迎来了新的历史跨越，脱贫攻坚成为全面建成小康社会的底线任务和标志性指标，纳入“五位一体”总体布局和“四个全面”战略布局，以前所未有的力度推进。

为了“让贫困人口直接受益”，增强扶贫开发工作的针对性，准确掌握贫困人口状况，确实瞄准贫困群体，将扶贫开发的政策、措施真正落实到户，提升扶贫攻坚成效，富裕县按照国务院扶贫办《关于进一步加强贫困人口建档立卡和扶贫动态监测工作的通知》，尤其是2014年1月印发的《中共中央办公厅 国务院办公厅关于创新机制扎实推进农村扶贫开发工作的意见》（以下简称《意见》）要求，开展贫困人口建档立卡工作，以期为我国扶贫开发工作提供更准确、更全面的基础数据，并成为落实扶贫项目、帮扶措施和扶贫优惠政策的重要依据。

根据《意见》，全国陆续在之前试点工作的基础上，按照“县为单位、规模控制、分级负责、精准识别、动态管理的原则，对每个贫困村、贫困户建档立卡，建设全国扶贫信息网络系统。”2014年4月，国务院扶贫办《扶贫开发建档立卡工作方案》印发，对建档立卡工作的目标、方法、指标、步骤等做了详细的安排，推动了建档立卡工作的开展。

这一过程中，黑龙江全省积极行动。2014年5月，全省扶贫开发建档立卡政策暨数据录入培训班在哈尔滨举办，要求将农民年人均纯收入低于国家扶贫标准的111万贫困人口和农民年人均纯收入高于国家扶贫标准、低于省扶贫标准的103万贫困人口分解到村，识别到户；分解贫困村规模到县，识别到村；分析致贫原因，摸清帮扶需求，明确帮扶责任，落实帮扶措施，发放《扶贫手册》，实施考核和动态管理。按时完成现有统计在册的214万贫困人口建档立卡工作，为精准扶贫奠定坚实的基础。9月，全省完成了对1800个贫困村、214万贫困人口的识别确认工作，“三表一册”的填写工作也基本完成。并在10月底前完成建档立卡数据录入并实现省内联网运行。

从2014年开始，富裕县按照中央、省市关于精准扶贫精准脱贫的部署，持续开展了脱贫攻坚会战。从2014年到2018年的五年里，富裕县围绕到2020年全面建成小康社会的总目标，确定了到2018年率先实现脱贫的目标。

五年来，富裕县精准扶贫、精准脱贫共经历了三个阶段，开展了六大战役:（1）第一阶段（2014—2017年）：开展了“进百村走千屯入万户”脱贫攻坚会战。（2）第二阶段（2017—2018年）：开展了“百日会战”“百日攻坚”、决战决胜“最后一公里”。三个“百日会战”取得了决定性胜利，使得富裕县于2018年8月实现了脱贫摘帽。（3）第三阶段（2018年摘帽之后）：巩固提高会战。进一步巩固脱贫攻坚成果，保持全县上下扶贫力度，瞄准频道不换，驻村队伍不撤帮扶措施不变，确保2020年彻底摘掉贫困县帽子。

（一）富裕县精准扶贫建档立卡三次“回头看”

2014年，富裕县根据中央和省市的要求，开展了扶贫开发建档立卡工作。县政府制订了《2014年全县建档立卡工作实施方案》[①]，方案规定了

① 中共富裕县委办公室、富裕县人民政府办公室:《关于印发富裕县扶贫开发建档立卡工作实施方案的通知》，富办发〔2014〕15号，2014年5月20日。

建档立卡工作的主要任务：将农民年人均纯收入低于国家扶贫标准 2300 元（相当于 2013 年的 2736 元）的贫困人口 32628 人和农民年人均纯收入高于国家扶贫标准、低于省扶贫标准 2800 元（相当于 2013 年 3331 元）的贫困人口 18630 人分解到贫困村，识别到户。分解贫困村规模到县，识别到村。分析致贫原因，摸清帮扶需求，明确帮扶责任，落实帮扶措施，发放《扶贫手册》，实施考核和动态管理。按时间节点要求，2014 年 10 月 15 日前如期建成与国家联网的全省扶贫开发建档立卡对象电子信息档案和信息网络系统。

富裕县按照国家和省扶贫标准，采取因素法测算全县贫困人口 56258 人，其中低于国家扶贫标准 37628 人，低于省扶贫标准 18630 人；按全县 90 个行政村的 51% 控制，贫困村识别规模为 46 个。

按照国家和省方案的要求，富裕县结合自身情况，坚持公开、公平、公正的原则，根据控制规模，严格按照自愿申请、民主评议、审定公告、结对帮扶、制订规划的程序，开始了贫困户、贫困村的识别和重点县和片区县建档立卡。2014 年 5 月上旬完成规模分解；6 月 1 日前完成初选对象；6 月 15 日前完成公示公告；6 月 25 日前完成结对帮扶；7 月 5 日前完成计划制订；7 月 15 日前完成手册填写；8 月 10 日前完成数据录入；10 月 15 日前完成联网运行。贫困户的信息要及时更新。此步骤在省扶贫办指导下，由县政府负责，县扶贫开发服务中心和乡镇政府共同组织村委会和驻村工作队于次年 1 月 15 日前完成。

富裕县是 14 个省扶贫开发重点县和 11 个片区县之一，全县建档立卡。县扶贫开发服务中心负责填写《贫困县监测表》，包括基本情况、发展状况、基础设施、公共服务、帮扶情况和扶贫成效六个方面内容。监测的标准时间为 2013 年 12 月 31 日，标准时期为 2013 年 1 月 1 日至 2013 年 12 月 31 日。《贫困县监测表》还要录入全国扶贫信息网络系统，并进行数据审核。2013 年数据于 2014 年 10 月底前完成，录入并试运行。此后每年数据于次年 2 月 15 日前完成更新。

2001 年富裕县被黑龙江省政府确定为省级贫困县时，全县贫困村 54 个，有贫困户 1.3 万户，贫困人口 4.5 万人，贫困村占行政村总数达到 60%。2014 年的建档立卡工作确定了全县 46 个贫困村，占行政村总数的 51%；贫困户 1.7 万户，占农户总数的 29%；农村贫困人口 56223 人，占农村人口的 29%，其中国家标准贫困人口 29888 人，省级标准贫困人口 26335 人。

1. 第一次：保证建档立卡的准确性

2015 年 11 月，中央扶贫开发工作会议在北京召开。习近平总书记就“扶持谁”“谁来扶”“怎么扶”三个关键性问题做了重要论述，特别是对“扶持谁”的问题再一次提出“要确保把真正的贫困人口弄清楚。把贫困人口、贫困程度、致贫原因等搞清楚，以便做到因户施策，因人施策。”[①]

为进一步深入贯彻落实党中央、国务院以及黑龙江省扶贫开发领导小组关于精准扶贫、精准脱贫的总体部署和要求，富裕县开展了建档立卡动态调整、“回头看”及贫困户再识别工作。

2015 年 12 月 7 日，富裕县召开了全县建档立卡动态调整会议，会议强调把握关键，务必保证开展建档立卡动态调整工作的准确性。调整过程中要坚持“三个不变”和“一个减少”原则。“三个不变”就是，2014 年建档立卡 46 个贫困村不变。精准识别的参照标准原则上国家扶贫标准低于 2300 元（相当于 2014 年的 2800 元）；省级扶贫标准低于 2800 元（相当于 2014 年 3409 元）不变。精准识别的程序步骤要严格按照 2014 年《全县建档立卡工作实施方案》执行，做到程序不变。“一个减少”就是，在

① 《脱贫攻坚战冲锋号已经吹响 全党全国咬定目标苦干实干》，《人民日报》，2015 年 11 月 29 日第 1 版。

保证国家标准贫困人口数量的基础上，减少省级标准贫困人口数量。

准确把握建档立卡动态调整工作的方法步骤。一是首先识别“三类”贫困人口。把贫困村和非贫困村有劳动能力，符合标准条件的低保、五保、残疾“三类”贫困人口精准识别出来，将他们确定为国家标准的贫困人口，将贫困村同等数量的国家标准贫困人口进行替换，标注为省标贫困人口。二是彻底清洗贫困系统数据。贫困村清洗确认出来的11种类型贫困户、已实施的贫困村中脱贫的省标贫困户、贫困村中部分脱贫的省标贫困户，均整户取消贫困户资格，并从建档立卡系统中删除。把这部分贫困人口数量作为待分解存量，分解到非贫困村。三是精准识别非贫困村贫困人口。非贫困村按照分解到村贫困人口规模，严格依照识别的标准、规定的识别程序步骤，整户据实识别国标和省标贫困户、贫困人口。对不符合条件的对象，一个不能进，对符合条件的一个不落地识别出来。

会议要求准确把握建档立卡动态调整工作的关键环节，严格履行“两公示一公告”的工作程序。村委会根据入户调查情况，经过村民代表大会民主评议后在当地群众活动的主要场所进行第一次公示，群众若无异议，乡镇政府再审核把关，合格后集中进行第二次公示。每次公示期不得少于7天。公示无异议后，县扶贫办集中在政府网站公告。

2. 第二次：进村入户识别，完成动态调整

2016年，富裕县开展了精准扶贫结对帮扶活动，开始向全县90个行政村派驻村工作队。1月5日，富裕县召开贫困村第一书记建档立卡工作培训会，对贫困户精准识别和精准建档工作做出安排。会议确定组建以贫困村第一书记为组长，各包村干部为成员的检查组，对全县各乡镇贫困村，贫困户建档立卡工作进行检查，组织乡村两级工作人员加强对所在村开展建档立卡动态调整工作质量和标准进行入户检查，按照工作程

序和具体办法筛查出不符合条件的贫困户，进一步做好贫困户精准识别和精准建档工作。

这一期间，驻村工作队开展了大量工作，形成数据定期汇交和上报机制。其中的要求包括把握工作标准，做到敞口退出，谨慎纳入；手续要健全，群众要认可，等等。

2016 年 11 月 19 日，富裕县召开扶贫对象动态调整和贫困户退出启动大会，按标准全面完成动态调整数据采集工作。经过新一轮的建档立卡据实识别，2016 年共清出不符合条件的贫困户 9629 户、30066 人，新纳入符合条件的贫困户 8438 户、19221 人。[①]

3. 第三次：确保不漏一户，不落一人

2017 年 5 月，黑龙江全省开展了脱贫攻坚工作“回头看”。富裕县也从 2017 年 5 月开始，启动了脱贫攻坚“三大战役”——“百日会战”“百日攻坚”“决战决胜‘最后一公里’”。只有把握好精准识贫的第一道关口，确保不漏一户，不落一人，百姓认账，才能为精准扶贫打下良好基础。

按照省里精准识别精准退出“回头看”的工作要求，富裕县把精准识别作为第一重点任务。既把住识贫的入口，又把住退出的出口，回到原点重新开展精准识别精准退出工作。采取“三个招法”进行精准识别。第一个招法是“一二三四五”工作法，即一进：包村干部、村级组织驻村工作队和帮扶责任人逐户调查走访，摸清底数。二看：重点查看家庭“两不愁三保障”情况，十一类人的情况要慎重识别。三算：按照标准逐户测算收入和支出，算准每户人均纯收入，算支出大账深度分析，找准找实每户致贫原因，为精准施策打基础。四议：对照标准，综合考量，逐户评议。拟

---

① 资料来源：2016 年 11 月 3 日，富裕县扶贫开发领导小组办公室给黑龙江省委的汇报，富裕县扶贫开发服务中心提供。

正式推荐为扶贫对象的，必须获得绝大多数村民认可，必须向村民公示、公告。五定：正式确定为扶贫对象的，由村两委推荐确定，乡（镇）党委政府核定。第二个招法是“审计综合信息系统比对”。第三个招法是“四议两公开”民主评定，即“四议”：党支部会提议、“两委”会商议、党员大会审议、村民代表会议或村民会议决议；“两公开”：决议公开、实施结果公开。通过这些工作做到“三个精准”，即农民人均纯收入标准执行精准、统筹考虑“两不愁三保障”精准、慎重甄别十一类人精准。

2017年6月4日，富裕县又召开了精准识别精准退出“回头看”现场推进会。10个乡镇党委书记、90个驻村工作队总领队（或第一书记）、90个村支书等200余人参加了会议。

综上所述，2014年建档立卡初期，全县有46个贫困村，9207户贫困户，29888人，经2015年、2016年、2017年三次动态调整“回头看”工作[①]。全县共有贫困户11569户、27659人，其中因灾致贫占28%，因病致贫占20%，缺劳动力占15%，因残致贫占10%，因学致贫占7%，其他原因致贫占20%，在全县10个乡镇，90个行政村均有不同比例的分布。

精准扶贫的十一类人

（一）精准扶贫建档立卡贫困人口中的大病患者；（二）特困供养人员；（三）最低生活保障家庭成员；（四）享受抚恤补助的优抚对象；（五）计生“两户”家庭成员；（六）二十世纪六十年代初精减退职老职工；（七）艾滋病人和艾滋病机会性感染者；

① 注：第一次“回头看”启动是在2015年12月7日，2016年1月开始正式培训和入户核查。2015—2016年度动态调整“回头看”可以看作同一个阶段。

（八）家庭经济困难的精神障碍患者、肇事肇祸精神障碍患者；（九）低收入家庭中的重病患者、重度残疾人以及老年人；（十）因医疗自付费用过高导致家庭无力承担的患者；（十一）县级以上人民政府规定的其他特殊困难人群。

资料来源：国务院办公厅《关于进一步完善医疗救助制度全面开展重特大疾病医疗救助工作的意见》，国办发〔2015〕30号，2015年4月21日。

（二）调查部署：进百村走千屯入万户

1. 扎实开展结对帮扶活动

2013年11月3日，习近平总书记到湖南省湘西土家族苗族自治州的十八洞村考察扶贫开发工作，首提“精准扶贫”。2014年，精准扶贫的战略意义进一步得到明确，并被正式确定为中国扶贫开发的基本方略。[①] 这一时期扶贫政策的着力点主要在于探索满足扶持对象精准、项目安排精准、资金使用精准、措施到位精准、因村派人精准，以及脱贫成效精准要求的有效实施安排。

富裕县在2014年开始了建档立卡工作，精准识别了贫困村、贫困人口，为精准扶贫打下基础。2015年10月12日，富裕县委印发了《下派优秀干部到贫困村和软弱涣散村任第一书记工作实施方案》的通知。第一书记下派到村，要在建强基层组织、推动精准扶贫、为民办事服务、提升农村治理水平上下功夫。下派第一书记从2015年开始，每2年一轮，总的要求是，完不成任务目标，包扶单位不脱钩、第一书记不撤回。第一书记在建档立卡、“回头看”等工作中发挥了重要作用。

2016年4月28日，富裕县委召开十六届七十六次常委会，会议讨论并原则通过了《富裕县精准扶贫帮扶工作实施方案（征求意见稿）》，强

---

① 扶贫蓝皮书：《中国扶贫开发报告》，社会科学文献出版社，2017年版，第78页。

化精准扶贫结对帮扶工作的任务和力度。第二天（4 月 29 日），县委县政府召开全县精准扶贫帮扶对接工作会议，下发了《精准扶贫队结对帮扶工作实施方案》。县委书记刘海城结合实际，从实施精准扶贫对谁做、谁来做、怎么做、做到什么结果等方面对全县精准扶贫结对帮扶工作进行了部署。从出真招、使真劲、得真果等方面进行了具体指导，并就精准扶贫结对考核等方面提出具体意见。对精准扶贫结对帮扶工作人员进行了专门培训。

会议确定了脱贫攻坚工作目标，从 2016 年起组织动员全县 90 个单位定点帮扶 90 个行政村，县、乡镇、村三级干部结对帮扶 16267 户贫困户，做到每个贫困村都有帮扶单位，每个贫困户都有帮扶责任人。到 2018 年底实现贫困户脱贫，贫困村出列，到 2020 年稳定实现扶贫对象不愁吃，不愁穿，保障义务教育、基本医疗和住房的总体目标。

根据《富裕县驻村扶贫工作队及驻村干部管理办法》的规定，驻村工作队队长由单位主要领导担任，工作队员由 2 ～ 3 名德才兼备的优秀干部组成。工作队到村以后，全面了解帮扶村的基本情况、贫困原因、存在问题、群众意愿等实际情况，通过分析研究帮助村子制订旨在改善发展条件、提升发展能力的脱贫计划和年度计划。帮扶人也进一步核实了被帮人的家庭人口、资源状况、贫困现状、致贫原因、劳力状况、技能技术等情况，逐一分析出他们的致贫原因，登记造册，制订切实可行的脱贫措施。重点围绕产业增收、转移就业、新型主体带动、金融扶贫、医疗救助、发展教育、社会保障兜底等七项脱贫措施开展帮扶工作。

2016 年 8 月 13 日，富裕县召开了全县精准扶贫结对帮扶工作推进会，要求各乡镇、包扶部门、包扶责任人要提高认识、明确职责、制订脱贫措施要具体，可操作，能复制。一村一业、一村一企或一村一社要务求实效。

8 月 23 日，针对本阶段工作的督查巡查启动，《富裕县“进百村走千屯入万户”脱贫攻坚督查巡查工作实施方案》也同时印发。根据方案对“进百村走千屯入万户”阶段中的结对帮扶工作、六大攻坚战等工作开展全面系统、深入持续和扎实有效的督查巡查，准确掌握扶贫政策落实和结对帮扶工作的现状，促使帮扶单位和包扶干部自我加压、进村入户、真帮实扶。进一步推动脱贫攻坚工作深入落实，最终实现贫困户如期脱贫。

2. 全面启动“六大脱贫攻坚战”

2016 年是“十三五”规划开局之年，也是贯彻落实中央扶贫开发工作精神实施攻坚的第一年。这一年，各地都把精准扶贫作为当前工作的重中之重。

对于富裕县来说，目前的精准扶贫已经有了很好的准备。建档立卡已经完成，第一书记已经配备，驻村工作队和帮扶人员也已经到位，精确了贫困村和贫困人口，摸清了贫困情况和致贫原因，下一步该如何练兵“出实招”？

6 月 29 日，县委书记刘海城到联系点富路镇就如何在脱贫扶贫中发挥党员领导干部先锋模范作用开展调研，提出“坚决打赢六大扶贫攻坚战”的要求，即产业扶贫攻坚战、转移就业攻坚战、教育扶贫攻坚战、医疗扶贫攻坚战、兜底扶贫攻坚战、基础设施和公共服务攻坚战。

打赢“六大扶贫攻坚战”的配套实施方案也很快出台。8 月 15 日，富裕县委召开十六届八十六次常委会，会议讨论并原则通过了《富裕县 2016 年打赢产业带动脱贫攻坚战实施方案》《富裕县 2016 年转移就业脱贫攻坚战实施方案》《富裕县 2016 年打赢教育脱贫攻坚战实施方案》《富裕县 2016 年打赢医疗救助脱贫攻坚战实施方案》《富裕县 2016 年打赢保障兜底脱贫攻坚战实施方案》《富裕县 2016 年打赢基础设施和公共服务脱贫攻坚战实施方案》。

在产业带动脱贫上，重点抓好专项扶贫产业、立村增收产业、乡村旅游产业、光伏扶贫产业等项目的同时，各乡镇要结合实际，鼓励引导贫困户自身发展特色项目。各乡镇及驻村扶贫工作队要紧密衔接，逐户核对，确保产业扶贫精准到户。在转移就业扶贫上，要摸实富裕县转移就业相关数据，摸清富裕县转移就业规律，将转移就业扶贫工作做实做靠，做出特色。在发展教育脱贫上，要执行国家关于教育脱贫的相关政策，实现所有贫困家庭学生应助尽助、应贷尽贷。在医疗救助脱贫上，有效衔接贫困户大病救助与低保医疗救助政策，让每个贫困户享受到与低保户同等的基本医疗保险、大病保险、医疗救助等政策。

方案印发后，8 月 19 日，富裕县委召开了打赢“六大脱贫攻坚战”推进会议，实施三年脱贫攻坚计划，完成中央提出的脱贫目标。

2017 年 4 月中旬，富裕县组织干部前往全国率先脱贫的河南兰考、江西井冈山进行考察学习，认真学习和吸取他们扶贫脱贫的好经验和好做法，提出四个方面的建议措施。

第一，精准识别，精准退出。借助省里开展“脱贫攻坚精准识别、精准退出”的有利契机，在全县范围内重新识别贫困户、重新核查脱贫户、重新核查退出村、规范贫困户档案，使我县脱贫攻坚工作达到“四个 100%”（贫困户和非贫困户对建档立卡政策、程序和标准知晓率达到 100%；贫困户退出准确率达到 100%；贫困村退出准确率达到 100%；贫困户档案填写准确率达到 100%）。

第二，局村联手，驻村帮扶。建立“345”驻村工作制度，即包乡县级领导每月驻村不少于 3 天 3 夜，乡镇党政正职和县直部门单位“一把手”每周驻村不少于 4 天 3 夜，其他驻村干部每周驻村不少于 5 天 4 夜，其他定点包保重点对象的机关干部可根据工作需要驻村，宣传讲解扶贫政策，解决生产生活问题，算准收入支出账，让百姓认账服气，以作风转变的实际行动和良好党员干部形象，使群众满意度达到100%。

第三，聚焦扶贫，完善政策。对照《中共中央、国务院关于打赢脱贫攻坚战的决定》和《中共黑龙江省委、黑龙江省人民政府关于打赢脱贫攻坚战的实施意见》，按照《富裕县六大脱贫攻坚战方案分解明细表》规划要求，以脱贫攻坚为龙头引领，以六大脱贫攻坚战方案为骨架，结合我县实际，充实方案内容，完善政策体系，特别要厘清贫困户、五保户、低保户等群体间的区别联系，要出台方案文件明确认定标准和否决条件，保证政策符合规定、简单明了、便于操作、真正受益；要在充分调研基础上，通过确定非大病、非慢病的常见病种刚性药品额度，财政给予适当补贴，减少病患家庭支出；此外，全县各部门要分别制订脱贫攻坚方案，保证上级扶贫政策100%落实。

第四，发展产业，精准到户。各乡镇要深入谋划贫困村村级特色产业，确保年末之前至少做成1个带动能力强、受益范围广的致富项目；对有致富项目和能力的贫困户，各乡（镇）、村“两委”、帮扶责任人、驻村工作队要积极对接贫困户，利用县里“两贷一补”政策，逐户帮助研究脱贫致富项目，对没有合适项目的贫困户，可采取“户贷统用统还”“户贷统用户还”等方式，入股龙头企业（包括光伏等）、合作社等新型经营主体，确保每户都有增收门路。

考察结束后，富裕县选择龙安桥镇雅洲村进行深入调研，解剖“麻雀”，集中利用两天时间，走遍了村屯的每家每户，彻底摸清村和户的基本情况，系统梳理致贫原因，深入分析扶贫工作中存在的问题。然后以点带面，再次深入10个乡镇开展调研。对六大攻坚战方案进行了再修改、再完善、再细化，将教育、医疗、低保等政策进行深挖横扩，丰富了“毛细血管”，出台了《关于深化打赢六大脱贫攻坚战赢得群众满意实施方案》和《关于保障打赢六大脱贫攻坚战强化农村党建实施方案》，形成了“6+2”

扶贫战略体系。这些政策力度更大，针对性更强，作用更直接，效果更持续，打通了政策精准到户到人的最后一公里，真正做到靶向施策定向解决难题。为精准脱贫提供了有力保障和坚强支撑。

（三）“四大战役”：脱贫攻坚渐次推进

这一阶段，富裕县经过学习、试验、查找不足，尤其是在总结“进百村走千屯入万户”脱贫攻坚经验的基础上，对照中央要求的脱贫目标和任务，领会精准扶贫的要义，从“六个精准、五个一批”出发，完善了脱贫攻坚的重点战略，把之前的“六大脱贫攻坚战”升级为“6+2”脱贫攻坚战略体系，既注重具体项目抓落实，也注重扶贫成效考核和干部队伍的锻炼，成为富裕县脱贫攻坚、摘帽的指导和方向。

在“6+2”脱贫攻坚战略的指导下，2017 年 5 月开始，富裕县以脱贫摘帽为目标开展了“百日会战”“百日攻坚”“百日决战”“最后一公里”等脱贫战役，在 2018 年 8 月成功摘帽。

1.“百日会战”（2017 年 5—8 月）

2017 年 5 月 18 日，富裕县“百日会战、千人帮扶、万户脱贫”扶贫工作“百日会战”启动大会在富裕县南体育馆召开。在职副县级以上领导，各乡镇党政班子成员，督查组成员，90 个行政村“老三位”，驻村工作队长、第一书记和帮扶责任人，部分人大代表、政协委员、个体工商业户和企业负责人等近 2200 人参加了会议。

会上，刘春峰副县长宣读了《富裕县关于开展精准脱贫“百日会战”实施方案》，县老干部局长张秀芹代表驻村工作队总领队做了表态发言。同时，第一书记、乡镇党委书记、村支部书记、企业代表做表态发言。

此次“百日会战”的核心，是富裕县提出的“6+2”战略。县委书记刘海城在“百日会战”启动大会上说：“‘6+2’什么意思？就是我县前期出台的6大战役方案和上次常委会研究的2个深化方案，这8个方案就是我们的总纲，以它为牵动，打响‘三大战役’‘三个百天’，今天是第一个百天第一天，5月到7月叫脱贫攻坚‘百日会战’，‘百日会战’后达到的标准，就是7月我们这些村、户都能达到国家脱贫验收的标准；8～10月要搞一个‘百日攻坚’，还有什么难点一定要拿下；最后11月、12月和明年1月份，开展‘百日决战’，决战决胜。”

用什么机制去推这个事儿？刘海城说：“要用‘345’的工作机制，即县级领导每月至少驻村工作3天3夜；县直部门单位‘一把手’每周至少驻村4天3夜；驻村工作队员每周至少驻村5天4夜。这实际上是我们转变一个观念，如办公地点，像我们县领导，就是把办公地点由县委县政府挪到村里，没有什么了不起的，上村里办公不一样吗？有什么事儿就电话联系了，原先你办公地点在县里，回家住，这回呢，你办公地点在村里，回村里住，不耽误工作，就是办公和家都在村里、户里，一体化了，原来办公和家是分开的，现在让它一体了。为什么先让‘一把手’下去，这是因为头等大事没有‘一把手’上是不行的，‘一把手’都有丰富的领导经验和实践能力，你上这个村，走几户就知道什么问题了，特别是许多局长都在乡镇当过党委书记，经验很丰富，很快就把这事儿了解了。”

启动会的第二天（5月19日），富裕县召开全县脱贫攻坚包扶责任人培训会议。全县各单位、乡镇负责人包扶人员，各工作队负责人员参加培训会。刘春峰副县长就当前包扶责任人的职责和任务进行了讲解，就精准扶贫、精准脱贫、驻村帮扶、结对帮扶、扶贫项目落实、资金使用、农村基础设施建设等相关内容对参会人员进行了培训。县委组织部从包扶责任人和驻村工作队两方面提出要求：在入户频次上，包扶责任人每周入包扶户不少于一次，直至脱贫攻坚结束。包扶人要带着计划入户，要带着感情入户，要带着目标入户。还就驻村工作队及驻村干部关于“345”工作制度，关于请假程序和要求，关于签到的审核监督，关于月中公布请假人员及月末通报出勤情况的具体操作等方面内容提出要求。会议强调，在扶贫攻坚工作中，乡镇、村管理出现问题的，一律点名通报；驻村干部未请假，擅自离开工作岗位的，一律点名通报。

同日，富裕县人民政府扶贫开发领导小组还下发了《关于成立富裕县脱贫攻坚指挥部的通知》。富裕县脱贫攻坚指挥部指挥长由县委书记刘海城、县长邹浩担任；副指挥长由县委副书记马天帅，县委常委、宣传部长杨荣华，县委常委、纪检委书记王其林，县委常委、组织部长荆德成，副县长刘春峰，县委组织部常务副部长付文军担任。指挥部的成员为 10 个乡镇及相关行业部门。指挥部下设办公室，办公室主任由扶贫中心主任徐阳同志担任。办公室下设政策指导组、产业增收组、项目推进组、材料综合组、数据监测组、宣传教育组、督查巡查组、组织保障组。全县联动脱贫攻坚。

这次会议是富裕县历史上规模最大的扶贫开发启动大会，拉开了“百日会战”“百日攻坚”“百日决战”三个战役的序幕。以此次启动大会为节点，全县上下认识上来了，干部下去了，思路清晰了，任务更具体了，政策更完善了。

“百日会战”启动后，为了确保帮扶对象更加精准，富裕县在驻村帮扶工作中又做了一次建档立卡数据“回头看”，一边抓帮扶对象的调整工作，一边抓六大战役的推动落实。从县级领导到各部门、各乡镇、各驻村工作队、帮扶干部、村干部都能心往一处想，劲往一处使，九牛爬坡各个努力，用汗水换来了实实在在的工作成果。

行业部门付出了努力。扶贫办、教育、人社、低保、水务、财政、危改办、劳转办等，这些部门与乡镇、村干部共同奋战在一线，辛苦认干没有怨言。行业部门的“一把手”还要担任驻村工作队总领队，既抓村里扶贫工作，又要统筹推进县委重点工作和部门日常工作，保证两手抓、两手硬，任务繁重，工作辛苦。扶贫干部管理督查巡查部门付出了努力。组织部干部选派精准、制度构建科学、工作考核合理，纪检委督查巡查到位、跟踪问效及时、推动落实有力，宣传部宣传报道工作也较为突出。驻村工作队员和帮扶责任人付出了努力。他们带着感情和责任心工作，全县 90 个行政村有 102 个驻村工作队，449 名干部，其中包括省市 12 个驻村工作队，33 名干部。蹲点驻村抓扶贫，与乡镇党委，村“两委”共同推进扶贫工作。这次驻村扶贫就是一个战场，是检验作风、锻炼干部的主战场；是一次密切党群关系，再走群众路线的实践。

专栏 2-2

驻村工作队在“百日会战”期间为村里办实事

公安局工作队为村里购买了价值 1 万多元的涵管。为 2 户贫困户安装了动力电，每户节省 2000 多元的费用。

农行为永进村种植大户冯同生投放贷款 70 万元。

地税局、劳动就业局等工作队为所在村购置电脑，打印机等办公设备。

宣传部开展敬老爱老弘扬传统美德走访活动。

县城管局驻富裕镇杨屯村工作队帮助村里修路灯 9 处，节省资金 4000 元。

……

资料来源：富裕县脱贫攻坚档案、调查。

“百日会战”期间，富裕县的各方面工作都在统筹推进。比如，2017年6月25日，齐齐哈尔市脱贫攻坚农村危房改造工作推进会在富裕县召开。会议学习了富裕县危房改造经验，县住建局介绍了富裕县农村危房改造工作情况。富裕县经过对90个行政村全面排查，共有危房9232户，在准确辨别危改户身份的基础上，7月末完成改造任务。6月28日，富裕县政府召开了全县危房改造现场会，与会人员参观了龙安桥镇小河东村、忠厚乡春生村、忠厚村新建及修缮加固样板房，对全县的危房改造工作进行了安排。

2.“百日攻坚”（2017年9—11月）

这个阶段的工作目标，是按照县委坚决打赢“三个百日”战役的总体部署，巩固第一阶段“百日会战”工作成果，实现脱贫攻坚顺利转段。以贫困村贫困户精准退出为目标，以专项评估检查办法为标尺，以社会认可群众满意为导向，瞄准“贫中贫、困中困、难中难、坚中坚”的深层次问题。坚持从严从实，聚焦重点难点，敢于较真碰硬，攻克难关，解决难题，确保全面打赢精准脱贫“百日攻坚”战。工作任务主要完成两项：第一，在村达标上攻克难关。主要包括攻克产业带动脱贫难关、攻克基础设施建管难关、攻克村屯环境整治难关、攻克村级组织建设难关。第二，在户达标上解决难题。主要是解决精准管理难题、解决稳定增收难题、解决水房改造难题、解决真帮实扶难题。

2017年9月28日，富裕县委召开了扶贫攻坚百日推进会议。会议的主要任务是总结第一个“百日会战”的成绩，安排后两个战役的任务。这次会战是攻坚拔寨的冲刺期，各部门以评估验收退出作为终极目标，对照贫困县退出程序、标准和内容，明确工作任务，全面掌握新形势新政策，在贫困村、贫困户和非贫困户三个层面统筹抓好各项政策落实、基础设施建设等工作，加大扶贫力度，加快脱贫步伐，确保按时完成“人销号、户脱贫、村出列、县摘帽”的目标。

在“百日攻坚”阶段，富裕县已经开始为评估验收做准备了。面对史上最严考核，这个阶段需要做好下面几件事[①]。

第一，增加收入要到户。贫困户识别和退出第一看的就是收入，然后统筹考虑“两不愁三保障”。目前大多数贫困户一般是发展种植、养殖，收入渠道单一，收入也不稳定，产业扶贫参与程度低。要抓县级产业资产收益，在巩固已成型的奶牛养殖、乡村旅游、特色养殖、粮食仓储的产业成果的基础上，发展光伏产业和食用菌产业。做好家庭增收项目，发展庭院经济。利用致富技能培训，做好各种形式的劳动力转移就业，摸清劳动力的底数。村里没有集体经济的积累就谈不上带领群众脱贫致富，只有村里有钱了，公益事业才能做起来，集体经济发展不仅是考核指标，还是群众持续增收的保障。

第二，政策落实要到户。做好危房、医疗、低保、教育等政策的落实，真正让贫困户知晓政策，使用政策。

第三，帮扶工作要到户。县乡领导要多下去，别坐在办公室里乱指挥，而且不能只到村，还要入户，发现具体问题和共性问题，发挥好指挥员的作用。行业部门研究政策要入户，一户一户地看，遇到问题马上研究，把政策落实下去。驻村干部和帮扶责任人要带着感情扶贫，把政策揣在兜里、记在脑里，到百姓家去研究事，帮扶一定更要精准。还要利用社会力量，主要是企业帮扶，一个村一个产业。

第四，扶贫扶志要到户。主要针对等靠要、不满足、不文明的问题进行。

第五，非贫困户认可要到户。国家验收评估，不单单是到贫困户，非

① 根据 2017 年 9 月 28 日，富裕县委书记刘海城在扶贫“百日攻坚”推进会议上的讲话整理。

贫困户也要去，这涉及漏评率和认可度的问题。所以非贫困户也要做工作。做到让没纳入的要服气，被清除的要认账，对扶贫的政策要认可。

随着工作的开展，“百日攻坚”工作的成绩逐渐显现，一些驻村工作的典型也脱颖而出。在县委县政府的指挥下，全县各乡镇村也针对扶贫相互学习，取长补短。

2017 年 10 月 27 日，富裕县在二道湾镇平安村召开脱贫攻坚现场推进会，各乡镇和驻村工作队负责人一起参会，全面了解平安村在推进脱贫攻坚中的做法和经验。平安村是县教育局的帮扶村，在驻村工作队入村开展工作后，全面落实各项政策，结合当地实际，全力推进脱贫攻坚工作。先后为平安村组建了广场舞队，通过各种方式让贫困户住上安全房，进行村屯环境整治，引导种植结构调整，帮助村民提高收入。整个村脱贫工作有声有色，面貌一新，还创造出一些工作方式方法，得到上级认可，受到当地群众好评。

在此阶段，富裕县根据扶贫工作整体进展，开始进行退出国家级贫困县的自评和申请。2017 年 11 月 18 日，黑龙江省扶贫开发领导小组印发了《2017 年黑龙江省国家级贫困县退出实施方案》。富裕县按照此方案的要求，开始实施贫困人口、贫困村、贫困县的退出工作。

3. “百日决战”（2017 年 12 月—2018 年 3 月）

从 2017 年 12 月至 2018 年 3 月，是富裕县三年扶贫攻坚最关键的阶段。进入 2018 年后，脱贫检查评估的大考期限渐近，工作压力重大。

2017 年 12 月 21 日，富裕县召开精准脱贫“百日决战”大会，会议总结前段脱贫攻坚工作，安排下一步工作。县委书记刘海城说，在全县上下共同努力下，富裕县脱贫攻坚工作取得了一定的成效，在全省的排位靠前，这是共同努力的结果，但是不能停留在成绩上，与其他先进地方比还有一定差距，要进一步找短板，推进各项工作进一步细化，整体有效提升。之所以有这样的成绩，主要得益于我们有一个好的指挥体系，指挥有方；得益于驻村工作队都是各部门“一把手”，集中优势推进；得益于非贫困村也有驻村工作队在工作。就下一步工作，村里方面要做好公共设施的管理，设施要充分利用起来。对贫困群众一定要用情、用心、踏实做事，打理好村内外、屋内外的环境，贫困户要有精气神。本着拿百姓当兄弟姐妹，把百姓的事当自己家的事去做，就一定能做好。要进一步明确任务，明确各项工作都由谁来干。进一步强化领导，成立临时党支部推进各项工作。

在这关键的节点，稳定队伍鼓励士气，确保各级干部用心、用情、用力开展扶贫工作尤为重要。12 月 22 日，在“百日决战”启动后的第二天，富裕县委办公室印发了《富裕县扶贫干部激励机制》。在坚持相关政策的前提下，注重在扶贫一线发现干部、锻炼干部、培养干部和选拔干部，树立起凭能力选干部、以实绩论英雄的用人导向。

在这个阶段，富裕县的工作得到了上级的认可。第一，通过齐齐哈尔市的初审，黑龙江省的核查审定，在全省五个县中率先脱贫。第二，在 2016 年的全省脱贫成效考核当中是 A 级档次，全省第二位。第三，由于县脱贫的办法和党建结合的成绩突出，排名全省唯一一个去中组部汇报经验的县。2016 年、2017 年富裕县的扶贫做法和经验先后在《人民日报》《经济日报》刊登。黑龙江省委书记王宪魁做出批示“很好”。产业扶贫和医疗扶贫，在媒体上都得到报道。

这个阶段的扶贫工作，最终的体现就是老百姓从中受益。46 个贫困村出列，11007 户、26587 人脱贫。村里的“三通三有”变化很大，特别明显。村庄普遍都修上了路。村卫生室、文化站这些设施都达到了标准。这种环境的改善体现了“三通三有一整洁”。老百姓的收入增长。2017 年县里整合资金将近 2 亿元。2018 年还有三四亿元的整合资金。2017 年资产收益达到 11400 万元，每个贫困村集体收益 4 万元。国家规定要求“十三五”规划结束之后，村里的集体收入达到 5 万元。现在富裕县的村集体收益达到了 4 万元。2017 年的“两贷一补”政策受益人群将近上万人，打工的 5000 户左右，种植业养殖业 5000 户左右，这些人都通过县里的“以奖代补”政策激发了内生动力。金融扶贫投入将近 8000 多万元，4000 多人受益，在全省进入前三位。通过危房改造，住房情况得到改善，将近 4000 户获益。医疗保障方面，通过“没病的防好，小病的看好，大病的治好”这三条线，所有的贫困户都得到了保障。在教育方面，按照不同的标准进行各种各样的资助。没有出现因为贫困而辍学的学生，全县有 4000 多人因此受益。

4.“最后一公里”（2018 年 3—8 月）

这个阶段的工作是以脱贫退出为目标，以问题短板为切入点，整合县乡村及社会各方力量，瞄准目标精准发力，力争通过两个月集中攻坚，确保短板全部补齐、问题全部解决，顺利通过国家第三方评估验收。

2018 年 3 月 10 日，富裕县委召开了全县打通“最后一公里”决胜大会。会议明确了下一步三个方面的九项任务。

在人居环境方面，一要确保住房安全达标；二要确保村容村貌整洁；三要确保屋里院里干净。在强化基本保障方面，一要确保收入吃穿全达标；二要确保大病救助全覆盖；三要确保义务教育全保障。在完善机制措施方面，一要确保资金整合全合规；二要确保八类人群全帮扶，即低保户、危房户、重病户、残疾户、散居户、偏远户、外来户、无劳力户等八类重点人群；三要确保村户档案全规范，按照《黑龙江省建档立卡村户档案设置规范通知》要求，围绕贫困村退出“三通三有”、精准识别、精准退出、贫困户“两不愁三保障”和人均纯收入达标，进一步明确各级责任，加大自查自纠、督查指导等力度，对现有贫困村、贫困户档案进行规范，实现档案管理精细化、标准化、规范化，做到四账合订本、扶贫手册、系统信息、上墙表、实际信息“五个一致”。

在这次会议中，富裕县提出了“五子到家”。一是房子的安全要到家。二是村子的整洁要到家。三是票子的收入要到家。四是单子的政策要到家。五是册子的无误要到家。“五子到家”的问题解决了，那么脱贫问题就解决了。在具体工作中，从包乡领导、驻村工作队员、各乡镇和村干部帮扶责任人都围绕“五子到家”开展工作，掀起了走进农户，帮助农户打扫卫生、培训政策、算经济账，一户一户排查，一个问题一个问题分析，一个事情一个事情解决，保证了脱贫工作的顺利验收。

2018 年 4 月 28 日，全县脱贫攻坚决战决胜大会召开，下发了《富裕县脱贫攻坚决战决胜实施方案》。会议总结了上一阶段脱贫攻坚工作，对下一步工作进行了部署。确定保证 5 月 20 日之前，严格对照脱贫标准，据实补齐问题短板，完成所有工作任务，必须顺利通过国家第三方评估，实现“三个确保、两个明确、一个严查”。“三个确保”是房子确保安全、环境确保干净、群众确保满意。“两个明确”是明确责任、明确时限。一个严查是纪检委、组织部全程跟踪，责任落实完成进度和实际质效。对发现的各类问题严肃查处，追责问责，绝不姑息。4 月 29 日，各乡镇都召开了决胜决战大会。

在 2018 年 7 月 2 日召开的县委第十七届三十五次常委会议上，通过了《驻村工作队及工作队员、帮扶责任人管理办法》。当日，县委组织部下发了《关于进一步做好驻村工作的通知》。通知要求，从 7 月 3 日开始，省、市、县三级工作队正常驻村工作。县派驻村工作队必须保证 1 名队长兼第一书记和 2 名队员驻村开展工作，每周驻村不少于 5 天 4 夜。驻村工作队成员签到、工作纪实、工作报告、请假审批、督查考核、廉洁自律等各项规定按原管理办法执行。涉及考勤 APP 签到的驻村干部，要按规定在 APP 上进行操作。乡镇要做好驻村工作队的日常管理工作，督促村里做好签到考勤工作，按时上报缺勤情况，指导工作队做好各项驻村工作任务。

（四）巩固提升：摘帽之后不松劲

退出贫困县序列，富裕县的脱贫攻坚工作转身进入巩固提升的新一阶段。富裕县委县政府表示，摘帽之后并不等于脱贫工作就此终结，要想保住脱贫的胜利果实，确保脱贫群众继续向美好生活迈进，还不能忘记久久为功地持续巩固提升。

2018 年 6 月 15 日至 21 日，由国家扶贫开发领导小组委托第三方评估组来到富裕县，采取随机抽查和入户访谈的形式，对 10 个乡镇、29 个村户进行了评估。7 月 26 日，国务院扶贫开发领导小组办公室给黑龙江省扶贫开发领导小组办公室反馈了富裕县等五县市退出贫困县专项评估检查结果。该结果显示：富裕县综合贫困发生率 0.63%，错评率—（问题不显著），漏评率—（问题不显著），群众认可度 93.96%；并要求黑龙江省扶贫开发领导小组在 8 月 10 日前，完成富裕等 5 县市的退出批准程序，并向社会公布。

8 月 9 日，黑龙江省政府公布了《同意甘南县等五县市脱贫摘帽的批复》（黑政函〔2018〕61 号）。富裕县正式退出大兴安岭南麓特困片区县。省委要求，按照国务院扶贫开发领导小组和省委省政府的工作部署，继续抓好脱贫攻坚各项工作，防止出现松劲、懈怠，始终保持攻坚态势。要加大对剩余贫困人口的帮扶力度，继续巩固发展脱贫成果，确保全面完成攻坚任务。在脱贫攻坚期内国家和省原有扶贫政策保持不变，继续给予扶持，确保脱贫退出的稳定和可持续性。强化监督管理，确保脱贫攻坚成果经得起历史和人民的检验。

8 月 16 日，黑龙江省委省政府召开了全省打赢脱贫攻坚战三年行动电视电话会议，富裕县等五个县市区在会上作了表态发言。

9 月 30 日，富裕县召开 2018 年度扶贫对象动态管理工作培训会。会议传达了《全省2018年度扶贫对象动态管理工作方案》，为全面做好全县2018年度扶贫对象动态管理工作，会议从动态管理的程序和标准、主要工作内容、工作进度安排对与会人员进行了培训。会议要求，要充分认清2018年度扶贫对象动态管理的总体形势，准确把握程序标准，加强组织领导，严格执行工作要求，严把工作质量。确保2018年度扶贫对象动态管理工作任务如期完成。11月19日，经富裕县委县政府主要领导研究同意，全县优秀扶贫干部表彰大会召开。县领导为获得先进扶贫干部称号的人员颁奖。

转身投入巩固提升工作中，富裕县制订了一系列详细的工作任务清单，强化责任。2018年11月1日，富裕县委组织部、富裕县扶贫开发服务中心联合下发《关于下发脱贫攻坚“巩固提升”阶段帮扶任务清单的通知》（以下简称《通知》）。《通知》指出，按照县扶贫开发领导小组要求，为持续做好帮扶工作打赢打好脱贫巩固提升攻坚战，今后将定期下发脱贫攻坚“巩固提升”阶段帮扶任务清单。

《通知》要求各乡镇、各驻村工作队抓好工作落实。今后每季度制订下发一次脱贫攻坚“巩固提升”阶段帮扶任务清单。遇有特殊情况随时下发。明确阶段性重点工作任务、工作要求和完成时限。驻村工作队和帮扶责任人要按照任务清单做好相关工作，保质保量地完成好各项工作任务。做好工作纪实留痕，留存相关佐证资料备查。县扶贫开发领导小组对表现不好、工作不力的点名通报批评。对弄虚作假、推诿扯皮的严肃追责问责。各乡镇、各驻村工作队要加强沟通协调，及时研究解决工作推进中遇到的问题，不能解决的要逐级汇报。注意发现总结好经验好做法，及时上报县扶贫开发领导小组和县驻村办，以便在全县复制推广，推进帮扶工作取得实效。

第二篇 TWO

富裕县脱贫攻坚的主要做法

根据以上的回顾，富裕县精准扶贫精准脱贫工作经过了有组织、有节奏、有实效的过程。富裕县严格贯彻执行国家的政策，也摸索出了自己的一些做法，这些做法实事求是、行之有效，富裕县的扶贫工作也干出了自己的成绩。

第三章　“6+2”扶贫体系：脱贫攻坚精准战略

2017年春节前夕，习近平总书记赴河北张家口看望慰问基层干部群众时指出，“要因地制宜探索精准脱贫的有效路子，多给贫困群众培育可持续发展的产业，多给贫困群众培育可持续脱贫的机制，多给贫困群众培育可持续致富的动力。”[①] 同年12月18日，习近平总书记在中央经济工作会议上再一次指出，“打好脱贫攻坚战，关键是聚焦再聚焦、精准再精准，采取更加集中的支持、更加有力的举措、更加精细的工作，瞄准特定贫困群众精准帮扶。对有劳动能力的，要通过产业扶持、转移就业等办法实现脱贫；对丧失劳动能力的，要确保他们病有所医、残有所助、生活有兜底，要通过最低生活保障及其他政策措施，确保他们基本生活有保障，实现脱贫。”[②] 习近平总书记的讲话强调了扶贫要精准、要因地制宜。

富裕县在深入学习习近平总书记一系列扶贫论述的基础上，针对贫困现状和存在问题，确定以“6+2”战略体系为总抓手，实现三个目标（户脱贫、村出列、县摘帽），抓住三个环节（精准识贫、精准扶贫、精准脱贫）

---

① 中共中央党史和文献研究院编：《习近平论述摘编》，中央文献出版社，2018年版，第74页。

② 中共中央党史和文献研究院编：《习近平论述摘编》，中央文献出版社，2018年版，第81页。

强力推进扶贫工作，走出了具有特色的扶贫发展之路，为全面建成小康社会和全面振兴发展奠定了良好基础。

“6+2”战略体系，“6”即产业带动、转移就业、教育扶贫、医疗救助、兜底保障、基础设施和公共服务。“6”为工作项目，产业带动、转移就业是促进增收的；教育扶贫、医疗救助是减少支出的；兜底保障、基础设施和公共服务是提供保障的。前五项是精准到户、特惠于人，后一项是精准到村、普惠于众，做到了因户施策、因人施策、精准扶贫。“2”即提升群众满意度、加强农村党建，“2”为工作保障。

一、投资入股 + 优势产业：形成持续收益

产业扶贫是贫困地区、贫困人口脱贫的最根本措施。富裕县把培育和壮大产业作为持续增收、脱贫致富的治本之策，出台了《打赢产业带动脱贫攻坚战实施方案》《2017 年“两贷一补”扶贫政策》，坚持“抓两头，带中间”的原则，大头重点发展县级扶贫产业，小头重点发展家庭产业，中间着力发展村级特色产业，形成大中小产业齐头并进，能持久、有活力、全覆盖的产业体系。

（一）专项资金搞仓储变资产

富裕县积极探索资产收益扶贫模式，充分发挥扶贫资金效益最大化。2015 年 12 月 10 日，富裕县绍文乡的绍文村、立新村、团结村、胜利村、全好村、民乐村 6 个行政村的村民委员会与富裕县扶贫开发服务中心签署了专项扶贫资金使用协议书。协议将这 6 个行政村 2015 年每村下拨的 191 万元扶贫资金（共计 1146 万元）整合起来，注入富裕县百米江种植合作社联社，由合作社统一负责资金的使用。投资建设粮食仓容 5.8 万吨暂存

库。投资项目达产后总收益按贫困村数量计算，平均分配到6个村。每村所得收益，按村集体与贫困户2∶8的比例分配。20%集体应得的收益，必须用于村级公共或者公益事业，使用前需向县扶贫开发服务中心请示，批准后方可实施。80%贫困户应得的收益，作为贫困户分红，由各贫困村自行制订分配方案，报县扶贫开发服务中心备案后实施。通过这种方式，每个贫困村一年可以获得红利116万元，直接涉及1610户贫困人口，每户每年能分700多元。

2016年，富裕县又整合专项扶贫资金打捆使用，集中投入富海镇10万吨的粮食仓储项目建设，采取“资产租赁”的经营模式，每年实现收益200万元，带动贫困户2178户、6139人增收脱贫，实现户增收918元。

除了投资仓储，在富裕县的优势产业奶牛养殖上也有专项资金注入。2016年，县里利用扶贫专项资金850万元，重点扶持二道湾镇林业村发展奶牛产业，采取“折股量化”的经营模式发展奶牛规模养殖。2016年为适应期，年分红6万元；2017年为过渡期，年分红41万元；2018年以后为稳定期，年分红85万元。带动林业村贫困户379户、1129人增收脱贫，实现3年户均增收3480元。

二道湾镇林业村奶牛养殖产业扶贫项目

2016年7月，林业村奶牛养殖产业扶贫项目开工建设，该项目投入产业扶贫资金850万元，占地28000平方米，新建设标准化牛舍2栋、草库等设施，新购奶罐车、青贮取料机等机械配备，优质可繁奶牛200头。10月末建成投入使用。

该项目建成后，奶牛养殖牧场产权归二道湾镇林业村集体所有，采取“折股量化”经营模式，发展奶牛规模养殖。

一是管理方式上，实行产业扶贫项目资产资金与林业村现有的兴业奶牛专业合作社共同参股的形式统一经营，形成总资产1265万元（奶牛存栏300头）的奶牛养殖合作社，村集体与原合作社各占股67.2%和32.8%。二是分红方式上，根据奶源市场环境影响，扶贫效益分红资金采取“三期”法平稳运行：2016年为适应期，分红6万元；2017年为过渡期，分红41万元（利润达到6%）；2018年以后为稳定期，分红85万元。三是效益分配上，扶贫效益资金按村集体与贫困户2:8分配，村集体年均收益8.8万元，带动379户贫困户人均增收930元。通过产业带动开发式扶贫，确保贫困户持续增收，稳定脱贫。同时不断壮大村集体经济，促进立村产业发展、基础设范和公共服务建设。

资料来源：富裕县扶贫开发服务中心、二道湾镇政府。

依据农业县的土地资源特点，富裕县还把专项资金利用在水田开发上。统筹利用县内盐碱地、机动地，支持合作社、村组织涉农企业等主体，积极开发水田。财政给予补贴，使贫困户从土地流转、利益分红、组织带动、外出务工模式实现增收脱贫。繁荣乡永丰村利用扶贫资金193万元用于流转810亩土地的水田项目开发建设。友谊乡利用专项资金589万元开发水田4600亩，二道湾镇利用专项资金310万元对东盛村盐碱地水田进行改造，开发水田3100亩。

专栏 3-2

繁荣乡永丰村“旱改水”项目

繁荣乡永丰村是2015年扶贫开发实施村，位于繁荣乡政府北1.5公里，总面积2800公顷，耕地24006亩。总户数620户、人口1736人，其中贫困户240户、贫困人口751人。

依托繁荣乡永丰村集体领办的繁荣永丰农业生产专业合作社，共投入扶贫资金193万元。一是投入109.35万元，一次性支付810亩（450元/亩）集体土地的3年流转金，二是投入83.65万元，用于流转810亩土地的水田项目开发建设。项目建成后，将810亩水田以每年每亩500元的保底价格，流转给新发现代农机专业合作社，期限3年，一次性收回资金121.5万元，其中，土地增值收入12.15万元。同时，将收回的扶贫资金109.35万元作为股金，投入新发现代农机专业合作社，与合作社签订保底分红、项目资金管理协议，每年按股金10%的比例保底分红，可收入10.935万元。2016年土地增值和入股分红2项收入合计23.085万元，全村贫困户户均收益962元。第二年和第三年村集体入股分红共计21.87万元，全村贫困户可收益911元。

资料来源：富裕县扶贫开发服务中心、繁荣乡政府。

（二）立村产业项目强村富民

富裕县坚持“一村一品”的产业扶贫发展思路，采取“村申报、乡把关、县备案”的方式鼓励引导贫困村组建村集体领办的种养殖合作社，探索“合作社 + 贫困户”的产业项目经营模式，积极吸纳贫困户广泛参与经营。

在《富裕县2016年打赢产业带动脱贫攻坚战实施方案》中，富裕县设计了10个适合村发展的项目：富路镇长发村发展肉驴养殖；繁荣乡丰年村发展肉牛养殖，龙山村发展林下经济产业；塔哈镇吉斯堡村发展光伏发电产业；忠厚乡农乐村发展肉牛养殖；友谊乡宁年村发展乡村旅游；富裕镇杨屯村发展马铃薯种植；富海镇大泉子村、富海村发展蛋鸡养殖、肉牛养殖；二道湾镇林业村发展奶牛养殖。这10个村产业发展辐射带动476户贫困户、1336人实现户增收1365元。项目都在顺利进行中。

在2017年、2018年的脱贫攻坚中，又有一些规划项目得到落实和发展，比如繁荣乡丰年村的中草药种植产业，繁荣乡新立村的木耳种植产业，二道湾镇的湖羊养殖产业等。

富裕县二道湾镇把产业扶贫作为脱贫攻坚的关键之举，形成了“因地制宜发展扶贫产业，以产业发展带动脱贫致富”的思路，因地制宜，适应市场，发展肉羊产业，使农民有了稳定收入。

经过多次研究相关文件、市场调查和农民发展意愿调研，镇政府发现：一是我国羊肉消费市场火爆，养羊业因实行严格的禁牧政策，养殖规模逐年萎缩，出现了严重的产销失衡现象，特别是在东北地区，冬季天寒地冻，人们都有吃火锅、吃牛羊肉的习惯，仅富裕县内的羊肉还需从县外运进；二是养羊收入较高，市场上成年活羊每只1400元左右，在只喂青贮不喂精饲料的情况下，从羔羊饲养到出栏只需6个月的时间，每只肉羊饲养成本仅540元，纯收益达300元，经济效益十分可观；三是二道湾镇有多年的养羊经验，肉羊最好的饲料是玉米青贮，而本地农民具有多年种植青贮的经验和习惯，农民有很高的饲养热情。经综合分析，发展养羊业，条件适宜，风险最小，收入较高，最终确定把肉羊养殖作为立村产业之一进行推进。

经实地考察，专家探讨，湖羊体态匀称，肉质鲜美，深受消费者青睐，其羊肉产品在江西、浙江、深圳、广州一带供不应求，而且适应环境能力极强，既适合规模养殖，也适合农户散养，优良肉羊湖羊被确定为饲养品种。

2017年，在镇党委政府的协调指导下，永生村通过招商引资的方式，总投资2000万元，租赁村集体175亩地势低洼的盐碱废弃地用于养羊，分三期（三年）建设，计划建设标准化羊舍30栋、羊总存栏可达1万只，建设1200平方米的肉羊屠宰场及鲜肉加工车间一个，建设1000平方米的冷藏库一处、建设占地面积50000平方米的牲畜交易市场一处，全力打造黑龙江省西部地区最大的牲畜交易中心。

该项目已投资800万元，建成标准化羊舍9栋，每栋500平方米，建成钢筋水泥青贮壕一座、钢架结构草料间一座，硬化场区水泥路300延长米，引进了太湖流域优良肉羊品种湖羊300只，通过近一年的繁殖和购进，存栏已达1000多只。

为了让永生村的贫困户、农户都参与到肉羊养殖项目中来，分享红利，二道湾镇确定了以润盛肉羊养殖场领办，永生村青贮玉米生产合作社协办，贫困户和其他村民积极参与的“企业+合作社+贫困户”的经营模式，在多方受益的前提下，重点让贫困户和其他村民收入稳步提高。

一是订购青贮稳增收。润盛肉羊养殖场与青贮玉米种植合作社及其农户签订青贮回收合同，回收保底价每吨300元，1亩可收入900元；10户贫困户组建青贮玉米生产合作社，种植青贮350亩，5户农户自行与养殖场签订合同，种植青贮50亩。

二是领养统销稳增收。村“两委”协调贫困户，到润盛肉羊养殖场领养羔羊，养殖场把羔羊按每市斤24元的价格赊销给贫困户养殖，并负责免费防疫灭病和防疫技术指导，待成羊时以每斤同样价格回收，贫困户也可留母羊继续饲养繁殖。2018 年，10 名贫困户作为示范户，领养羔羊 50 只，贫困户在代养中得到了收入，养成后，扣回所赊销的羔羊款和养殖成本，每只获利 350 元，如果留母羊继续繁殖，预计每只效益可达 1000 元。在示范户获得利益的前提下，2019 年在全村推开肉羊养殖业。

三是劳转就业稳增收。在养殖场一期工程建设过程中，20 个贫困劳动力到润盛肉羊养殖场务工，场方与其签订用工合同，工资每月保底 2000 元，场方负责给务工者上缴务工期间的劳动养老保险，养殖场建成后，需要用工近百人，人均年收入一万元以上。

专栏 3-3

繁荣乡丰年村“党领办＋地入社＋拿奖补”产业发展模式

近两年来，繁荣乡丰年村在脱贫攻坚实践中，在乡党委打造药材小镇战略指引下，借助葵花药业入驻的大好机会，因势利导，借势而上，充分发挥本村种植历史久远、土壤结构适宜、气候条件适合等诸多优势，与大企业达成共识、联手共创道地北柴胡种植基地；背靠大企业这棵大树，将种植结构逐渐从玉米调到药材上来，逐渐将药材种植打造成立村产业和特色品牌，依托大集团这条大船，引领农户对接市场降低风险，提高效益，增加收入，使药材种植产业成为推进适度规模经营、带领农民脱贫致富、带动集体经济壮大的有力支撑，初步探索出了一条符合发展方向、农民十分接受，具有特色、充满活力的“党领办＋地入社＋拿奖补”的产业模式和农业新路。

一、主要做法

一是党领办。为了把党带领群众共同致富的作用充分发挥出来，既让集体富，也让农民富，村里对原有的丰年村种植合作社进行"红色改造"，转型为村集体领办的股份制合作社，由既是致富带头人又是村书记的苏成海担任理事长，让这个"三位一体"的当家人真正成为集体经济的领路人和农民利益的代言人。将扶贫资金100万元注入合作社，购买了拖拉机、药材打杆机、药材收获设备，折资入股合作社，使集体股份占据主导地位。合作社作为法人代表直接跟葵花药业"对话"，合作社管前端的生产，在企业提供种子、技术指导的帮助下，对药材生产的各个环节，实现统一管理、统一整地、统一种肥、统一种植、统一收获；企业管终端的销售，订单收购合作社生产的药材，解决了农民担心的销售和市场风险问题，企业与合作社在产业链条上形成了利益紧密相连的"契约关系"。

二是地入股。为了改变一家一户分散经营，改变土地流转"一转了之"的普遍现象，乡村两级大力引导农户带地入社，让农民变为股民，让土地变成股份，形成真正意义的风险共担、利益均沾的股权型新型经营主体。在入社模式上采取"保底收益+按股分红"的办法，农户与合作社签订入股协议，到年底，每亩地保证450元的收益，在此基础上进行二次定额分红，每亩150元，这样每亩地仅入股收入就达到了600元，风险小、经营好、收益高，让农民真正通过合作社这一纽带，参与到药材种植产业当中来，共享全产业链条带来的增值红利。丰年村带地入社的农户有106户（贫困户64户），占村民总数227户的46%。

三是拿奖补。为了保证入社农民的直接利益，每亩地除了股份收入（经营性收入资产性收入）外，还有转移性收入，该拿的补贴，该享受的政策一个也不落，做到应拿尽拿，应得尽得。给予以奖代补，针对贫困户凡是中草药种植规模达 5 亩以上的，县里每年秋后给予 800 元奖补；给予小型稳定规模经营补贴，针对贫困户，凡是种植药材达到 20 亩以上的，县里都给予 3000 元的经营补贴，丰年村 2018 年共有 31 户得到了补贴。

二、发展成效

一是土地成规模了。在龙头企业的带动下，调整了种植结构，发展了特色种植，对接了市场，见到了效益，带动了农民分散的土地向合作社集中，实现了连片种植和规模经营，使土地产生了规模效应，农业生产的机械化、科技化和标准化水平大大提高，土地的劳动生产率、产出率和综合生产能力不断提升。丰年村规模最大的地块达到 1000 多亩，100 亩以上的规模地块近 10 片。

二是集体有收入了。通过集体领办的合作社，村级集体经济收入有了可靠的来源，有了宽阔的路径，主要有服务、劳务、补贴三项收入。在服务收入上，葵花药业以每公斤 3 元的标准给合作社服务费，以每亩收获 70 公斤柴胡计算，每亩可得 210 元，4150 亩柴胡全部收获后，村集体增收 87 万元。在劳务收入上，合作社的拖拉机以及药材播种、收药设备，每亩机械耕种可获净收入 50 元，4150 亩可获利 20 万元。在补贴收入上，按照《富裕县 2018 年贫困户小型稳定规模经营补贴政策》规定，对当年规模经营面积占全村耕地总面积 50% 以上，且能带动本村 30% 以上贫困户参与的村集体，给予 20 万元补贴。

三是村民能致富了。通过带地入社、实现规模经营、参与药材特色种植，百姓的收入多了，腰包鼓了，日子好过了，很有幸福感和获得感。每亩地既有保底收入，有定额分红收入，还有玉米种植补贴收入，亩收入可达 629 元。远远高于玉米种植收入。除此以外，农民还可以在合作社打工，实现务工收入，合作社年用工近 50 人，每人每天 120 元，每年工期 40 天，人均年收入可达 4800 元。

资料来源：富裕县委组织部、市畜牧局驻繁荣乡丰年村工作队。

除此之外，富裕县还大力发展芦苇编织产业，形成了能人牵头领办、村民广泛参与、村集体入股、辐射全镇的劳动密集型产业。2020 年，带动全县近 2000 农户实现“居家式”就业，户均年增收近 3000 元。二道湾镇依托长兴现代农机合作社，打造辣椒种植产业，全镇农户发展“一亩园”庭院辣椒经济，164 户贫困户年均增收 4000 元；繁荣乡努力打造柴胡、防风等中草药种植基地，农民通过流转土地、入股分红、入社打工、生产加工等环节实现增收，650 户贫困户年均增收 5000 元。

（三）乡村旅游开发增收促就业

富裕县是个民族县，拥有大量的湿地资源，富裕县以此为依托，推进乡村旅游扶贫产业项目的发展。2016 年 6 月，齐齐哈尔市、富裕县两级政府与中航工业通飞公司在富裕县塔哈镇达成了共同建设航空示范区的共识，编制了以“一条主线、两翼齐飞、四大板块”为核心内容的《齐齐哈尔市通航集聚示范区产业及空间布局规划》。该示范区项目以通航产业为引领，打造通航运营服务、航空运输保障、临空城市配套、航空高端延伸四大产业板块，实现通用航空与支线航空融合发展。

富裕县抓住航空产业集聚示范区建设的契机，整合行业部门资源和社会融资，重点推进龙腾庄园度假村、东塔哈达族风情园、五家子柯族风情园等旅游产业建设。在继续做好“旅游龙头企业＋合作社＋贫困户”的旅游扶贫入资分红模式的同时，鼓励引导旅游景区、旅游宾馆、农业观光采摘园、旅游娱乐景区等旅游用工单位，采取就近、就便原则，优先安置贫困人口就业，辐射带动周边贫困村 423 户贫困户、1110 人实现增收脱贫，实现户增收 1418 元。

专栏 3-4

龙安桥镇龙腾生态温泉度假庄园旅游带扶贫和特色养殖带扶贫

龙腾生态温泉度假庄园坐落在富裕县龙安桥镇小河东村，位于扎龙国家级湿地保护区边缘，占地 3500 公顷，规划总投资 4.56 亿元，已完成投资 2.6 亿元，包含湿地公园、温泉度假、绿色采摘和特色养殖四大板块，初步形成了以生态湿地游、温泉度假游于一体的特色游，被评为国家级湿地公园、国家级 AAAA 景区、中国乡村旅游示范户、“金牌农家乐”，已入选全国旅游扶贫示范项目。

近年来，富裕县坚持以“能人办旅游，旅游带扶贫”为切入点把龙腾生态温泉度假庄园作为载体，通过发展旅游和特色养殖产业，辐射带动了贫困户持续增收。

在旅游产业带扶贫上，整合小河东、东塔哈和五家子 3 个村扶贫试点项目资金 600 万元，采取打捆使用、集中投放的办法，入股企业参与旅游开发，探索扶贫资金按股分红模式，村集体每年按 10% 保底分红，每村每年能从企业利润中分红 20 万元，带动 3 个村 423 户贫困户，每年户均可增收 1135 元。

在特色养殖产业带扶贫上，富裕县依托龙腾生态温泉度假庄园成立喜利特种养殖合作社，养殖大雁 2 万只；每年免费为 20 户贫困户提供 500 只雁雏，年底以保护价收购，贫困户年均增收 2500 元；小河东村利用 700 万元扶贫资金建大雁养殖场，规划面积 7.6 万平方米，目前已完成工程进度的 80%。雁场建成后租赁给龙腾生态温泉度假庄园，三年内可实现租金收入 75 万元，150 户贫困户受益，户年均可增收 1600 元。

与此同时，成立了绿岛种植合作社，吸纳 15 户贫困户入社，流转土地 750 亩，每亩租金 500 元，通过种植绿色蔬菜和水稻，户年均增收 1920 元。据统计，龙腾生态温泉度假庄园在绿色食品种养、餐饮住宿展务、旅游商品加工、基础设施养护等环节，共有饲养员、服务员、售票员、保洁员、司机、保安等多个工种，目前已安排 348 人就业，其中贫困人口 167 人（含残疾人 8 人），贫困人口年均收入 1.7 万元，工资总额达 283 万元。

龙腾生态温泉度假庄园推动旅游产业和扶贫开发互动互促三产融合发展，年可带动贫困户增收 340 万元，为富裕县打赢“六大脱贫攻坚战”奠定了坚实基础。

资料来源：富裕县扶贫开发服务中心。

2020 年，富裕县重点打造的龙安桥镇龙腾生态温泉度假庄园旅游扶贫产业，安置贫困劳动力就业 125 人，年人均收入达到 1.5 万元。

（四）光伏扶贫带来持续收益

光伏扶贫是通过在光能丰富的贫困地区建设光伏发电站，将所得收益用于建档立卡贫困村和贫困人口的脱贫，实现贫困户、贫困村集体有长期稳定、可持续的资产性收入的一种脱贫方式。光伏扶贫的实施对象分贫困村和贫困户两类，即没有集体经济收入或集体经济薄弱、资源缺乏的贫困村，以及无劳动能力、无资源、无稳定收入来源的“三无”贫困户。建档立卡贫困村均可享受光伏扶贫政策。

按照《国家发改委、国务院扶贫开发领导小组办公室、国家能源局、国家开发银行、中国农业发展银行等五部委关于实施光伏发电扶贫工作意见》（发改能源〔2016〕621号）（以下简称《意见》）要求，在2020年之前，重点在前期开展试点的、光照条件好的16个省的471个县约3.5万个建档立卡贫困村，以整村推进的方式，保障200万个建档立卡无劳动能力贫困户（包括残疾人）每年每户增加收入3000元以上。黑龙江省有20个县纳入，其中齐齐哈尔市有6个县：富裕县、泰来县、拜泉县、甘南县、克东县、龙江县。《意见》要求省级以下地方能源主管部门会同扶贫部门以县为单元编制光伏扶贫实施方案，初审后报送国家能源局，国家能源局会同国务院扶贫办对各地区上报的光伏扶贫实施方案进行审核并予以批复。

富裕县根据情况，把塔哈镇的吉斯堡村和肖屯村定为光伏扶贫项目的实施村。

2016年6月22日，富裕县与华润电力（风能）开发有限公司签订了塔哈500MWp集中地面电站项目和吉斯堡1MWp屋顶光伏项目合同书，项目总投资45亿元。合作的主要条件：一是将1MWp屋顶光伏项目产权无偿赠给塔哈镇；二是自行投资8000万元建设一座220V变电所，解决集中地面电站长期送出问题；三是编制扶贫方案费用由华润公司负责。2016

年 10 月底，富裕县与华润电力开发有限公司共同委托省林业设计研究院编制 200.985MWp 光伏扶贫实施方案上报。2017 年 2 月 21 日前，华润电力公司完成了 1MWp 吉斯堡村光伏屋顶电站项目和 200MWp 地面集中光伏电站项目可研报告的编制，并通过了专家评审。

在塔哈镇吉斯堡村建设“分布式”屋顶光伏产业扶贫项目，带动 197 户贫困户、562 人；在塔哈镇肖屯村盐碱地块建设“集中式”光伏发电站一座，光伏企业将通过售电收入直接扶持全县 10 个乡镇、90 个行政村、8000 户贫困户、19985 人实现脱贫，持续获益 20 年，户年均增收 3000 元。

专栏 3-5

塔哈镇吉斯堡村屋顶光伏项目

一、项目概况

新建吉斯堡村屋顶分布式光伏发电站项目计划装机规模为 1MW，按照两个分项目实施，一是 10kV 变电所和高压送出部分项目。该项目有一个 1MW 发电单元，发电单元拟配 30 个 33kW 逆变器和一台 1000kVA 升压交压器，光伏系统电力经各自的逆交器后，通过 1 台 1000kVA 升压交压器将电压升至 10kW，接入新建 10kV 交电所 10kV 母线，由电缆引出至新建架空线路，然后 T 接到 10kV 塔东 1 # 线吉斯堡分 8 # 杆并入 10kV 公用电网。二是屋顶光伏安装和 400V 线路汇集至 10kV 变电所项目。

二、投资及效益

该项目计划总投资估算约为850万元，采取租用村民屋顶发电全额上网的并网方式，按照年总发电约1386小时，含增值税上网电价0.75元/kWh计算（2017年1月1日起执行），年发电含税收入约104万元。20年总收入可实现2080万元，其中缴纳税金220.48万元，租屋顶农民增收714万元，运行维护提供就业岗位增收200万元，计提设备折旧400万元，壮大村集体经济465.52万元。

吉斯堡村1MWp光伏屋顶项目覆盖152户，其中贫困户70户，每个安装户按照100元／块／年租金计算，70户贫困户每户至少安装10块，每年每户至少可获得屋顶租金为1000元，合计约为7万元（含在屋顶租金内）；未覆盖的118户贫困户用四处村集体屋顶租金收益获得分红，每户约300元，合计3.54万元。

三、远期计划

通过吉斯堡1MWp屋顶光伏项目示范，引导全村剩余200多未安装户采取自发自用余额上网的形式安装屋顶光伏项目，每户安装12块，装机规模为3.36kW，投资约2万元，年收益约为3400元，20年收益为6.8万元。在投资方式上，探讨采取“村集体＋农户＋银行”的方式，投资比例按照1∶1∶8进行，电业、银行、村集体、农户四方签订投资还款协议。

同时，积极争取已上报国家能源局的富裕县塔哈镇200MWp地面集中光伏扶贫项目指标，按照国家能源局出台的《2017年能源工作指导意见》（国能规划〔2017〕46号），在2017年内全国计划安排光伏扶贫规模800万kW，惠及64万建档立卡贫困户。

其中村级电站200万kW，惠及40万建档立卡贫困户；集中式电站600万kW，惠及24万建档立卡贫困户。如能顺利实施，可惠及富裕县贫困户8000户，每年每户收益3000元，每年分配扶贫资金2400万元。

资料来源：富裕县塔哈镇吉斯堡村村委会。

2020年，富裕县继续推进产业扶贫，在持续巩固水田开发、光伏发电等扶贫产业的基础上，加快推进益海嘉里、牧原生猪养殖扶贫项目建设，预计年末扶贫产业项目收益2400万元，科学建立利益联结机制，带动贫困户、村集体增收。

二、“三个三”模式促进劳动力就业转移

实现就业是脱贫致富最直接的途径。富裕县通过搞培训、强技能，找门路、拓渠道，形成了促进劳动力就业转移的“三个三”模式，努力使有劳动能力、有致富愿望、有一定技能的贫困户，增加务工收入，实现就业脱贫。通过坚持内转、外转并重，着力搭建龙头企业扶贫基地、就业扶贫车间、新型农村合作社、农村公益岗位等就业平台，完善政策扶持、务工培训、就业服务等政策措施，鼓励扶持贫困劳动力通过务工实现稳定增收。2019年，全县实现贫困劳动力转移就业8600人，发放务工补贴和交通补贴330万元，实现年人均增收1.5万元以上。

（一）搭建“三”个平台，提供信息和培训

富裕县以政府为主导搭建了务工信息平台、技能培训平台和政策补助

平台（见图 3–1）。

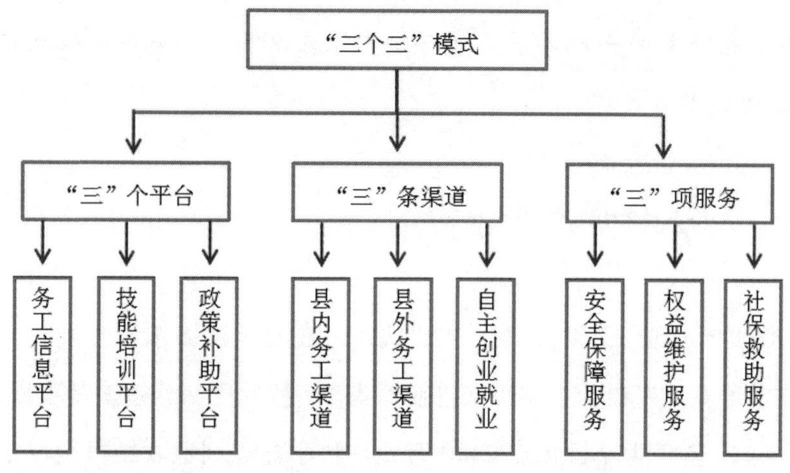

图 3–1 富裕县促进劳动力就业转移的“三个三”模式

务工信息平台是劳务对接的桥梁。富裕县相关部门广泛收集用工信息，做好备案登记，协调对接工作，通过电视台、微信群、信息网，发布用工信息。同时，建立贫困劳动力信息库，掌握有劳动能力、有劳动意愿的人员的需求，通过介绍和推荐，实现劳务供需信息对接。

如今的工作岗位，已不再是简单的体力劳动。为了使想工作的人员适应工作岗位的需要，富裕县搭建了技能培训平台，按照用工和务工两者需求，依托职业教育中心、龙头企业、专业合作社等，以现场教学的方式举办培训班 70 余个，培训内容以种植、养殖、电子商务为主，培训贫困劳动力 5526 人。

对于成功就业的贫困户，富裕县还通过政策补助平台给予补助，激励转移就业。即培训合格后，在县内就业 1 个月以上的贫困劳动力，给予每人 500 元就业补助。

（二）畅通“三”条渠道，开发公益岗位

为了拓宽贫困劳动力转移就业的渠道，实现“务工一人、全家脱贫”，政府针对县内务工、县外务工、自主创业就业三种就业渠道，采取了差别化的政策措施，拓宽就业门路，增加就业岗位，减少就业支出，增加就业收入。

针对县内务工的情况，富裕县的重点工程项目、重点产业项目、新型经营主体就业岗位，向贫困劳动力倾斜；还以政府购买服务的形式，向贫困劳动力提供公益岗位，增加贫困劳动力的就业机会，提高农村社会的公共服务水平。

公益性岗位的设置是以激发群众脱贫内生动力为着力点，让贫困群众充分认识到脱贫是靠自己努力干出来的，不能依赖政府“等靠要”。为此，富裕县针对脱贫攻坚的难点痛点，以实现困难群众就地、就近、就便就业为切入点，选出“无法离乡、不能从事重体力劳动且热心公益事业”的人员，通过“四议两公开”程序，因人定岗定责，公示后签订协议上岗，采取日常管理、监督考核等一系列规章制度管人管事。在全县 90 个行政村分别设立了“物业保洁、关爱服务和生态管护”三支公益服务队。

物业保洁队是结合人居环境整治持久战，以贫困户、低收入户为重点对象组建的，主要负责村内道路、广场等公共区域保洁和公益设施管护，采取“户定、村收、乡转运、县处理”的垃圾处理运行模式，全面清理农村生产生活垃圾，有效改善村级人居环境。

为了打赢保障兜底持久战，解决村中无人照料的、患有疾病的、鳏寡孤独等人群的需要，富裕县以收入、生活和心理等服务为重点，组建了关爱服务队。以试点村剖析、现场会推进、跟踪督查的方式，采取因村制宜，一人一策，对被关爱人、关爱内容、关爱人、监督责任人建立

监督台账，采取“一表式”闭环管理。完善“关爱谁、咋关爱、谁关爱、谁管理”的关爱服务工作机制。确保被关爱人得到有效照料，关爱人得到适当补贴。

结合转移就业持久战，富裕县充分利用国家生态林保护政策，成立了全县第一支女子生态管护队，选聘608名建档立卡贫困妇女，负责禁牧、禁伐、秸秆禁烧等工作，在打赢蓝天、碧水、净土生态环境保卫战中，实现608户稳定脱贫。

富裕县三支公益服务队在人居环境整治、生态保护、关爱互助中发挥独特作用。

物业保洁队覆盖全县90个行政村311个自然屯，3551名队员责任到人到事，做到每条村内道路和公益设施有人管有人看。有效解决了农村环境脏乱差和公益设施无人管理的问题，确保人居环境整治取得长效。

关爱服务队精准解决全县农村留守老人、妇女、儿童等困难家庭缺少收入、生活缺少照料、心灵缺少关爱等现实问题。在生活上，坚持“你有需要，我有服务”工作思路，安排烧柴员、扒炕员解决取暖难题，安排卫生员定期打扫卫生、洗衣理发等，让特殊人群感受到了特殊的关爱。在心理上，针对独居老人和“三留守”人员，按照每周造访至少一次的要求，安排专人上门唠嗑聊天，疏导心理和精神慰藉，减少孤独感，增加幸福感。554名关爱队员与736名困难群众对接关爱服务，让困难人员生活得更有质量，生存得更有尊严。

公益岗的设置，富裕县通过整合林业、扶贫和财力资金累计投入1300万元，实现4713人稳定就业（物业服务队3551人、关爱服务队554人、生态管护队608人），其中贫困户2862人，年人均增收3000元。

针对县外转移就业的情况，政府组织协调，建立外埠劳务基地，有组织、成规模地将贫困劳动力转移至北京、天津、青岛、大连等地的建筑、餐饮、家政等行业务工，打造富裕劳动力转移品牌。建设“劳转 + N”扶贫示范基地，例如“劳转 + 旅游”“劳转 + 合作社”等，通过企业、合作社等的创业带动贫困劳动力实现就业。

针对有创业意愿的，富裕县积极引导贫困户根据自身特点，发展周期短、见效快的肉羊、生猪、大鹅等牲畜、禽类家庭养殖项目，靠自身发展实现脱贫增收。

为了鼓励贫困户自身发展，富裕县实施了“两贷一补”政策，即扶贫小额贷款、妇女创业担保贷款、以奖代补。2017 年、2018 年连续两年都出台了《富裕县“两贷一补”实施方案》和《富裕县贫困户发展家庭产业以奖代补实施方案》。

2017 年 3 月和 10 月，富裕县在一年内发了两个方案，对之前政策动态进行修订。2017 年的“两贷”政策没有变化，都是贷款额度 2 万元以下的扶贫小额贷款和妇女创业担保贷款，实行 3 年以内零利率贷款政策，到期前一次性将贷款本金还清。贷款额度在 2 万～ 10 万元的妇女创业担保贷款，按照贷款行正常程序进行发放。贷款的条件为全县 20 ～ 55 周岁的具有完全行为能力的贫困妇女和 18 ～ 57 周岁的贫困户。

到 2018 年，贷款额度有所增加，扶贫小额贷款增加到 5 万元。2018 年的“两贷政策”规定：贷款额度 5 万元以下的扶贫小额贷款和 2 万元以下的妇女创业担保贷款，实行三年以内零利率贷款政策，到期前一次性将贷款本金还清。贷款额度在 2 万～ 10 万元的妇女创业担保贷款，按照贷款行正常程序进行发放（见表 3–1）。

除了这两类贷款，富裕县还鼓励贫困户利用金融扶贫政策，发展家庭特色增收项目，达到规定规模的贫困户享受以奖代补政策，每户每年只享受一种奖补政策。2017 年养殖业的奖补内容为马牛驴鹿、猪羊狗貂、大鹅、家兔、鸡鸭，2018 年去掉了鸡鸭养殖的奖补。种植业的奖补内容为杂粮、甜菜、马铃薯、中草药，2018 年，马铃薯的规模由 10 亩降低到 6 亩。具体政策见表 3– 2。

表 3–1　富裕县"两贷"政策

时间	扶贫小额贷	妇女创业担保贷款
2017 年 3 月版	≤2 万元：3 年免息	≤2 万元：3 年免息
2017 年 10 月版	≤2 万元：3 年免息	≤2 万元：3 年免息
2018 年	≤5 万元：3 年免息	≤2 万元：3 年免息

资料来源：2017 年、2018 年《富裕县"两贷一补"实施方案》和《富裕县贫困户发展家庭产业以奖代补实施方案》。

表 3–2　2018 年富裕县"以奖代补"政策

养殖业			种植业		
内容	规模（匹、头、只）	奖补（元）	内容	规模（亩）	奖补（元）
马牛驴鹿	2	1000	杂粮	10	500
猪羊狗貂	10	1000	甜菜	10	800
大鹅	100	1000	马铃薯	6 （2017 年为 10 亩）	800
家兔	30	800	中草药	5	800

资料来源：2017 年、2018 年《富裕县"两贷一补"实施方案》和《富裕县贫困户发展家庭产业以奖代补实施方案》。

（三）提供"三"项服务，保安全给补贴

为了让贫困劳动力安心外出务工，减少务工阻力，政府从安全保障、权益维护、减轻家庭负担等三方面入手，出台政策，提供服务。

在安全保障方面：县政府给予每年每人 30 元的意外伤害险补助。

在权益维护方面：（1）对贫困劳动力开展劳务纠纷、法律维权、教育医保等方面的知识培训，培训时间安排在外出务工前或返乡后；（2）回访就业基地，及时介入维权。县劳转办、扶贫办、劳动监察、公安部门，定期或不定期回访就业基地，调查了解用工企业的工资待遇、权益保障、人身安全等情况，对就业问题早发现早干预。

在减轻家庭负担方面：（1）县政府给予交通补助，对在县外务工 6 个月以上的贫困劳动力，每人每年发放 300 元，减少他们的外出务工成本，同时，帮助政府进一步了解贫困劳动力的就业和增收情况；（2）强化对留守家庭的社会保障，解除外出就业贫困劳动力的后顾之忧，使其能安心外出就业。

2017 年、2018 年富裕县根据工作中的变化，出台了相应年份的《贫困劳动力转移就业政策》。对比两年的政策我们发现，政策的规定更加细致，考虑到了劳动的年龄划分，也考虑到了佐证材料的具体明晰。

三、助贷免补：教育扶贫重抓落实

富裕县十分重视教育的发展。2016 年，富裕县顺利通过全国义务教育发展基本均衡县验收，农村教育教学条件明显改善。在此基础上，富裕县出台了《打赢教育脱贫攻坚战实施方案》（2017 年、2018 年）、《教育扶贫资助政策》（2017 年、2018 年），对幼儿园、小学、初中、特教学校、普通高中、职业高中及上大学的富裕县建档立卡贫困学生，进行“一条龙”资助。开展营养餐食堂供餐试点，2016 年在塔哈镇、龙安桥镇、绍文乡的三所学校试点，学生营养餐由课间加餐改为食堂供应午餐，每天 4 元营养餐全部补到学生的饭碗里，让学生吃得多样、吃得营养、吃得健康、吃得安全，在其他有食堂的义务教育中小学校全面推开。

（一）助贷免补：贫困学生应助尽助

富裕县针对建档立卡贫困学生、低保家庭学生、特教学校残疾学生，根据情况实施“助、贷、免、补”政策，实现贫困学生应助尽助。政策如下[①]。

助：对在富裕县幼儿园、小学、初中、高中、中职学校上学的富裕籍建档立卡贫困学生，每年按照幼儿 1000 元、小学校内住宿生 1000 元、初中校内住宿生（含特教）1250 元、高中生 2000 元、中职年级在校生 5000 元（教育部门 2000 元，县扶贫办专项 3000 元）的标准进行资助。对因病、因残等特殊情况不能在校住宿的义务教育阶段建档立卡贫困学生参照在校住宿标准给予资助。从 2017 年到 2020 年，在县参加高考（或职业高中升学），考入全日制普通高等院校的富裕籍建档立卡贫困大学生每年资助 2000 元，连续资助两年。

贷：对富裕籍建档立卡的应（往）届贫困大学生提供生源地助学贷款（学费和住宿费），本、专科生每人每年最高限额 8000 元，研究生每人每年最高限额 12000 元。

免：对普通高中及中职学校建档立卡贫困学生免收学费。

补：对义务教育、普通高中低保家庭在校住宿生给予在校就餐补助，每人每年 500 元。对县特教学校残疾学生给予生活补助，每人每年 500 元。

2017 年的《教育扶贫实施方案》还规定，县财政给予校车公司校车空驶补贴，每个贫困学生每年平均减少乘坐校车支出 326 元。

除了“助、贷、免、补”，2017 年开始试点的营养餐计划也得到推广。

---

① 富裕县人民政府扶贫开发领导小组文件：《2018 年打赢教育脱贫攻坚战实施方案》，2018 年 4 月 1 日。

2018 年继续将营养课间加餐改为食堂供应午餐，着力减轻贫困学生家庭负担。在现有学校实行食堂供餐基础上，2018 年在富路中心学校、繁荣中心学校实施食堂供餐，每天 4 元营养餐全部补到学生的饭碗里、菜盘上，让学生吃得营养健康，每个学校设计了营养食谱，加强对学生的就餐教育，安排教师进行午间管理，得到学生和家长的认可。每年可为每个贫困学生家庭减少用餐支出 800 元。

（二）控辍保学：学生一个也不能少

富裕县全面落实义务教育阶段学生控辍保学任务。完善动态监测机制和辍学学生劝返、登记和书面报告制度并严格落实责任，建立工作台账，对贫困家庭未入学适龄残疾儿童、有困难未成年人接受义务教育采取多种方式逐一安置，确保不辍学。

除了动态监测之外，富裕县还广泛宣传 4 ～ 6 周岁适龄儿童入园优惠政策、中职招生免费及资助政策、大学生生源地助学贷款政策，做到家喻户晓、深入人心，使学生和家长都了解可以享受的政策，保证完成学业。

四、“六道防线”医疗救助体系阻遏因病致贫

在富裕县的致贫原因中，因病致贫的比例占到 20%，在所有致贫因素中位居第二。按照国家精准扶贫方略和黑龙江省健康扶贫工作要求，富裕县把“医疗救助”纳入“6+2”脱贫攻坚体系，重点解决“因病致贫，因病返贫”的问题。

2017 年、2018 年富裕县出台了《打赢医疗救助脱贫攻坚战实施方案》和《农村贫困人口医疗救助政策》，全力抓好疾病预访、慢病救助、大病

救治等三项工作。统筹医疗保险、医疗救助、临时救助、慈善救助等政策和资金，构建起基本医疗保险、大病保险、兜底保险、商业补充保险、医疗救助、慈善救助 6 条保障线，最大限度地减少贫困户看病费用支出，使贫困户看得起病，看得好病。

（一）防好看好：5 年肿瘤免费查

“健康扶贫，防病先行”。在精准扶贫的大战略下，“防病”工作是医疗卫生扶贫工作的重中之重。无病早防，有病早治，能极大降低贫困群众的疾病发生率，还能节约有限的医疗资源。富裕县根据地方实际，坚持没病防好、慢病看好的工作思路，做好体检预防和大病筛查，并扩大报销范围，减轻贫困户的医疗负担。

第一，没病的防好。哈尔滨医科大学附属肿瘤医院与富裕县人民医院开展为期 5 年的精准医疗帮扶，派驻 1 名副院长和 5 名医务人员蹲点帮扶，出资 200 多万元添置超声、心电、DR 等医疗设备，县里配备流动筛查车，在全县 90 个行政村进行筛查，固定日期循环筛查，每年一遍。现已建立电子档案 10000 余份。2016 年以来，共诊疗 2.6 万人次，完成免费肿瘤筛查 1.1 万人，筛查出肿瘤患者 400 余例，其中有 213 名肿瘤患者在县人民医院由哈医大附属三院专家指导放治，转归效果都非常好，节省费用 770 余万元。

第二，慢病的看好。除了正常的住院报销以外，富裕县根据《齐齐哈尔城乡居民基本医疗保险管理办法》，将大器官移植术后、各种恶性肿瘤等 9 种慢病为门诊报销病种，享受门诊报销待遇。还针对贫困人口患有小慢病、常年用药，又不在报销目录范围内、负担较重的实际，确定了冠心病、糖尿病等 10 种农村常见的小慢病纳入县级慢性病报销范围，给予 400 ～ 1200 元不等的定额补贴。

富裕县还实行了家庭医生慢病签约服务，对用药进行科学指导，合理引导，彻底清理了药品电视广告，让贫困户买药不花冤枉钱。

（二）大病治好：6条医疗保障线

富裕县统筹使用相关政策和资金，对患病住院的人员，构建了基本医疗保险、大病保险、医疗兜底保险、商业补充保险、医疗救助、慈善救助6条保障线，确保大病治好。

第一，基本医疗保险保障线。贫困人口缴费210元/人/年，由县财政和民政分别负担84元和126元；门诊统筹年最高限额180元，用于支付县乡村普通门诊费用；在同级别医院住院，费用报销比例提高5%；将贫困残疾人9项医疗康复项目（重度残疾人运动疗法、偏瘫肢体综合训练、脑瘫肢体综合训练、截瘫综合训练、作业疗法、认知知觉功能障碍训练、言语训练、吞咽功能障碍训练、日常生活能力评定）纳入基本医疗保险报销范围。

第二，大病保险保障线。从医保基金中按31元/人/年的标准提取资金，购买中国人寿大病保险，经基本医疗保险报销后，按照市里统一标准，住院费用大病保险起付线降至3000元，自付合规费用起付线以上部分再提高5%，1万～10万元按55%、10万元以上按60%予以报销。

第三，医疗兜底保险保障线。按参保贫困人口每人每年25元标准筹集，经基本医疗保险、大病保险报销后，自付合规医疗费用在3000元以上的金额，由保险公司的大病兜底保险给予全部核销。

第四，商业补充保险保障线。由合作银行、社会捐助筹集保险资金，经基本医疗保险、大病保险、医疗兜底保险报销后，合规医疗费用报销比例不足90%的部分由补充保险补齐。

第五，医疗救助保障线。对经过基本医疗保险、大病保险、医疗兜底保险、商业补充保险等 4 项政策报销后的合规费用，医疗救助报销比例达 80%，最高救助限额 5 万元。

第六，慈善救助保障线。设立慈善救助扶贫基金，对经过以上 5 条保障线报销后自付费用过高的，起付线 3000 元以上按 50% 的比例报销，最高限额 1 万元；通过 3 道保障防线，实现合规费用再报销达 90% 以上，乡镇达 95% 以上，贫困患者报销 4169 万元，人均减少支出 1780 元。

在此基础上，对贫困人口患大病转诊到外地公立三级医院住院 15 天以上的，给予省内每天 50 元、省外每天 80 元的生活补助，最高补助 50 天。另外，县内住院实行“先诊疗、后付费”，出院当天在医院“一站式”窗口即时结算；县外住院实行政务大厅“一站式窗口”办理，20 个工作日内结清，改过去奔奔波波“跑钱”，为现在安安心心“等钱”。

五、低保扶贫两两衔接：保障兜底应保尽保

2017 年 1 月 10 日，根据《齐齐哈尔市加强农村最低生活保障制度与扶贫开发政策衔接工作实施方案》（齐政办规〔2016〕18 号）文件精神，为切实做好农村最低生活保障与扶贫开发的有效衔接工作，充分发挥农村低保在脱贫攻坚中的托底作用，协同推进精准扶贫、精准脱贫，结合县里实际，制订了《富裕县加强农村最低生活保障制度与扶贫开发政策衔接工作实施方案》。

富裕县在认定程序、认证标准、动态管理上将低保对象和扶贫对象进行了衔接，确保了符合条件的农村困难群众都能获得相应的救助帮扶。统筹扶贫对象和农村低保对象的动态管理、定期核查、定期统计和动态监测工作，将符合条件的农村贫困人口分别纳入农村低保和扶贫开发建档立卡范围，做到农村低保制度和扶贫开发政策对农村贫困人口的全覆盖。

为了更好衔接，加强乡镇公共服务中心和扶贫工作小组的定期沟通协调机制，在数据共享、人员台账对比、救助和扶贫政策衔接等方面加强协作，及时掌握农村低保家庭和建档立卡贫困家庭人口、收入、财产的变化情况，及时增发、减发、停发低保金。

在救助过程中，按照不低于上一年度农村居民人均生活消费支出的30%调整农村低保标准，进一步完善农村低保标准与物价上涨挂钩联动机制，确保困难群众不因物价上涨影响基本生活。

具体来说，第一，将符合贫困条件的低保户及时纳入贫困户。扶贫开发的对象是有劳动能力的贫困人口。富裕县按照县里动态调整的规定，将所有符合条件的低保户全部纳入贫困户中，做到应纳尽纳。第二，将符合低保条件的贫困户及时纳入低保户。对60周岁以上体弱多病的、丧失劳动能力的、有17种重大疾病的、重度残疾的、高中以上因学致贫的贫困户且承包地人均低于8亩的贫困户、贫困人口采取其他措施无法脱贫的，力争纳入低保范围，实行政策性保障兜底。第三，对低保人群统筹使用扶贫开发政策。让低保户同等享受“两不愁三保障”政策，主要享受医疗救助、教育资助、危房改造、饮水安全等政策，实现政策衔接，待遇平等。

六、基础设施和公共服务:“三通三有一整洁”

在脱贫攻坚工作中，富裕县对照贫困村退出标准，严格对标对表，加大资金投入，驻村推进、集中攻坚，在住房保障、饮水安全、“三通三有一整洁”方面努力把基础设施和公共服务的欠账补齐，提高群众的获得感和满意度。

第一，在住房保障方面。富裕县把群众最关心的危房改造问题作为工作的重点。在改造上，对建档立卡贫困户、低保户、分散供养五保户、贫困残疾人家庭4类重点对象，采取了新建、修缮、购买、租赁、幸福大院等方式进行帮助。

对于新建的住房，富裕县严格控制房屋面积，原则上1～3人户控制在40～60平方米以内，3人以上户人均建筑面积不超过18平方米，严格标准，保证质量。C级危房不允许新建。D级危房鼓励买闲置农房，适量翻建和建设幸福大院。对于修缮加固的，要针对病害进行改造，确保住得安全、改得满意。

在补助上，新建和购买的每户补助2.8万元，建幸福大院每户补助3.7万元，修缮加固户均补助1.8万元。租赁的每年补助1000元，资金由县财政砍块给乡镇，乡镇统筹使用。

非贫困户的危房改造，由县里出台政策，由财政出资，乡镇统筹改造。

第二，在饮水保障方面。富裕县对全县90个行政村315个自然屯的水质进行了专业检测，对有自来水的村，未入户的完成入户管网安装；对没有自来水的村，水质监测不合格且常住50户以上村屯，安装自来水；对水质检测不合格且常住户50户以下村屯，安装小型净水设备。通过新安装自来水，安装小型净水器，使全县所有农村人口都吃上了安全水。

第三，在“三通三有一整洁”方面。在通硬化路上，按照“四好农村路”的要求高标准建设，全县达标的村由2014年以前只有83个增加到90个，通乡通村率实现100%，客车通达率100%，好路率达到90%以上，获得首批“四好”农村路全国示范县，成为黑龙江省两个获此殊荣的县份之一。在通广播电视上，投入4324万元，加大建设力度，达标的村由2014年以前的83个增加到90个。在通宽带上，投入3580万元，开展贫困村信息化建设，全县达标的村由2014年以前的78个变为90个，让农民更多地了解外面的世界。

在有文化活动场所上，投入900万元，建设村级文化活动广场，配备音响、健身器材等文体设施，达标的村由2014年以前的30个增加到90个。在有卫生室上，投入470万元，达标的村卫生室由2014年以前的75个增加到86个。村医通过培训、考试和考核等方式，由2014年以前的仅23名乡村医生取得职业助理医师资格，增加到92名村医取得了职业助理医师及以上资格。

点上抓美丽，面上抓干净。富裕县以“三个干净”为目标，以“垃圾革命”为切入点，投入3000万元，每村30万元，开展道路修整、边沟清理、垃圾清运为重点的村屯环境卫生整治，完善保洁机制，集中解决农村环境“脏乱差”的问题，整体提升村容村貌和人居环境，实现院外干净；由帮扶责任人和驻村工作队帮助整治农户家里的环境卫生，摆放物品井然有序，实现院内干净；保持农户室内窗明几净，人的衣着整洁、状态良好，实现屋里干净。

七、两个保障：提升群众满意度和加强农村党建

富裕县的“6+2”脱贫攻坚战略体系，“6”是六项工作项目，做好“6”是为了提高群众满意度，这一切工作还需要党建来保障。

在扶贫工作中，富裕县开展了“百日会战、千人帮扶、万人脱贫”工程，打响了3个脱贫攻坚战役。“百日会战”全面完成贫困户（村）各项考核指标，达到或超过国家第三方评估标准。“百日攻坚”，继续查漏补缺，把存在的难点解决好、做好、做实。“百日决战”，巩固完善提高，做好验收准备。这些工作都是围绕“两不愁三保障”和国家第三方评估的具体标准和要求，为了让贫困户和非贫困户都达到满意展开的。另外，富裕县还

出台了《关于深化打赢六大脱贫攻坚战赢得群众满意实施方案》，开展“6个再提升工作”，回到原点再识别，提升群众对精准扶贫的满意度；改房改水再扩面，提升群众对居住条件的满意度；环境卫生再整治，提升群众对村容村貌的满意度；通村公路再延伸，提升群众对方便出行的满意度；产业到户再精准，提升群众对家庭增收的满意度；驻村帮扶再深入，提升群众对干部作风的满意度。通过落实扶贫政策，确保脱贫任务如期完成，让群众真正满意。

为了加强农村党建，使扶贫工作具有长效的保障，富裕县出台了《关于保障打赢六大脱贫攻坚战强化农村党建实施方案》，通过宣传引导、驻村帮扶、督查巡查、社会帮扶，使措施到底、责任到人、帮扶到位，进而保障六大脱贫攻坚战取得胜利。富裕县“点面结合”营造脱贫氛围。“面”上，利用电视、广播、报纸和网络全方位进行宣传，在县乡村主要街道路口制作图板、悬挂条幅、标语，让扶贫宣传无死角。“点”上，通过县乡村三级包扶队伍，乡镇村干部结合对接帮扶入户宣传，把扶贫政策贴在墙上，把扶贫手册送到贫困户手中，做到家喻户晓。

组织到位，保证干部实干。实行“国标贫困户一帮四”干部帮扶行动，2468名干部每周至少开展一次入户定向帮扶工作，与贫困户处亲戚、交朋友、解难题、办实事。派出了90个驻村工作队，416名干部蹲点驻村抓扶贫，实行“345”的工作机制。包乡到村的县级领导每月驻村不少于3天3夜，县级领导是“指挥员”，督导检查会战进展情况，研究解决会战重要问题，实施重点突破。乡镇党政正职和驻村工作队长原则上每周驻村不少于4天3夜，其他驻村干部每周驻村不少于5天4夜，驻村工作队和驻村乡镇干部是“战斗员”，围绕“两不愁三保障”精准识贫率、漏评率、退出率、错退率和群众满意度等指标逐户走访调研，摸清问题，查找原因，拿出解决问题的办法。在思想上、行动上、感情上真帮实扶，使农户真理解、真认账、真满意。

同时，富裕县还加强对驻村干部和扶贫工作的巡查。巡查到位，确保守住底线。县委成立了专门督查组，深入村屯，对驻村工作、干部工作情况进行检查监督。重点督查驻村干部工作时间够不够，群众六大脱贫攻坚战政策知晓率、“两不愁三保障”、精准识贫率、精准退出率和群众满意度情况、村屯环境卫生医疗、文化教育、住房饮水、道路电力、通信网络等基础设施服务情况。督查结果及时通报，并作为领导干部年度考核评先选优的主要依据，对单位和个人实行一票否决。

强化党建，也要发挥社会扶贫的力量，做到社会扶贫到位，形成攻坚合力。组织非公企业和“两代表一委员”等社会力量参与到扶贫攻坚上来，让他们在帮助发展生产、实行村企合作安置贫困户就业、帮助贫困户子女就读等方面发光发热，发挥作用。社会力量扶贫的工作重点就是加快村级特色产业发展，吸纳贫困劳动力到企业就业，开展爱心捐款活动和认领微心愿活动。去年社会各界已捐款 260 万元，用于解决贫困家庭的实际困难，有 96 个非公企业与贫困村结成了帮扶对子，开展定点帮扶工作。

第四章　总领队责任体系：扶贫工作队伍的组织创新

习近平总书记指出，“抓好党建促脱贫攻坚，是贫困地区脱贫致富的重要经验，群众对此深有感触。‘帮钱帮物，不如帮助建个好支部’。要把夯实农村基层党组织同脱贫攻坚有机结合起来。在乡镇层面，要着力选好贫困乡镇一把手、配强领导班子，使整个班子和干部队伍具有较强的带领群众脱贫致富能力。在村级层面，要注重选派一批思想好、作风正、能力强的优秀年轻干部和高校毕业生到贫困村工作，根据贫困村的实际需求精准选配第一书记、精准选派驻村工作队。”[①]选派扶贫工作队是加强基层扶贫工作的有效组织措施，要做到每个贫困村都有驻村工作队，每个贫困户都有帮扶责任人。脚下沾有多少泥土，心中就沉淀多少真情。工作队和驻村干部要一心扑在扶贫开发工作上，强化责任要求，有效发挥作用。对在基层一线干出了成绩、群众拥护的驻村干部要注意培养使用，让他们在扶贫开发工作中发挥更大作用。[②]

做好扶贫攻坚，核心需要一支强而有力、负责实干的帮扶队伍。富裕县按照省、市委组织部要求，择优选派县直机关优秀年轻干部成立 90 个驻村扶贫工作队，做到所有行政村全覆盖。坚持省市规定动作不走样，自选动作有创新。在保证 3 名队员的基础上，又增派 1 名县直部门“一把手”

---

① 中共中央党史和文献研究院编：《习近平论述摘编》，中央文献出版社，2018 年版，第 42 页。

② 中共中央党史和文献研究院编：《习近平论述摘编》，中央文献出版社，2018 年版，第 36 页。

任总领队，1 名乡镇副科级干部任副总领队，增强工作队力量，大大提高了工作队的决策力和执行力。坚持从严从实管理，切实担负起对驻村工作队的管理职责，成立定点驻村扶贫工作办公室，制订出台了《富裕县驻村扶贫工作队及驻村干部管理办法》《定点驻村扶贫工作经费使用管理办法》《富裕县扶贫干部激励机制》等文件，确保驻村干部下得去、待得住、干得好。

一、扶贫工作队总领队模式：精锐尽出

从 2016 年起，富裕县就开始组织动员全县 90 个单位定点帮扶 90 个行政村。到 2017 年初，县委组织赴兰考、井冈山、丰宁等地扶贫考察学习结束后，县委组织部就又开始了驻村工作队选派工作。

2016 年 5 月 18 日，全县脱贫攻坚“百日会战”启动大会后，各部门各单位积极响应县委号召，把驻村工作队选派工作作为首要任务，克服各种实际困难，坚持把优秀的干部选出来、送下去，全力投入脱贫攻坚第一线，经各部门、各单位申报、组织把关，期间进行微调和平衡。到 5 月 20 日，全县 90 个驻村工作队、416 名驻村干都全都选派到位，在驻村工作队选派过程中，主要坚持了 3 个原则：一是领导干部带头，县级领导和各部门各单位主要领导率先垂范；二是原来的驻村工作队总体上不变，尽量保持工作的连续性；三是驻村力量重点向 46 个建档立卡贫困村倾斜。

90 个驻村工作队由 100 个部门和单位单独或联合组建，其中县直部门和单位 78 个、垂直管理都门 22 个，县委办、人大办、政府办、政协办、物价局、旅游中心、公共资源交易中心、殡仪馆、排水站和邮储银行等 10 个部门和单位新组建了驻村工作队。机关局、政务中心、党史办、新闻中

心、石油公司、新华书店、人寿保险、阳光保险和人财保险等 9 个单位新选派了驻村干部。单位人数 30 人以上的公安局、检察院、法院、财政局、市场监督管理局、民政局、教育局、人社局、畜牧局、司法局和农机局等 11 个部门和单位在单独组建 1 个驻村工作队的基础上，又分别选派 1 ～ 2 名干部充实到其他工作队。单位人数较少的民宗局、机关局、粮食局、团县委、农业开发办、残联、党校、城建处、旅游中心、公共资源交易中心和排水站等 11 个部门和单位主要领导带队，与其他部门和单位联合组建了驻村工作队。416 名驻村干部中，部门和乡镇主要领导 84 名，占总数的 20.2%；科以上干部 227 名、占总数的 54.6%；科级后备干部 93 名，占总数的 22.4%；女干部 36 名，占总数的 8.7%；党员干部 366 名，占总数的 88%。

另外，黑龙江省委派驻富裕县的省地税局、省畜牧局、国开行、民航黑龙江安全监督管理局和省妇联等工作队，齐齐哈尔市委派驻富裕县的市人社局、市科技局和市委党校、市畜牧局、市地税局、团市委、市妇联和移动公司以及市科协和齐齐哈尔医学院等工作队也驻村到位。

富裕县派驻村工作队的特色做法就是在各队长之外又设置了总领队。在实际工作中，虽然各单位选出了各自优秀的人员加入驻村工作队担任队长或第一书记，但是在驻村工作中，也经常会出现好想法得不到及时落实，好项目得不到及时到位的问题。如何发挥好单位的职能特色和队员的能力，让驻村扶贫更加科学有效，是富裕县在派驻村工作队初期面对的一项难题。

在富裕县，驻村工作队的基本构成是“总领队 + 副总领队 + 驻村工作队队长（第一书记）+ 队员”。在深入到贫困户身上，一个贫困户所涉及的帮扶人员为“总领队 + 副总领队 + 驻村工作队队长（第一书记）+ 队员 + 1 名帮扶责任人”。相较之别的省份地区，富裕县之所以在驻村工作队的选派上有增加总领队、副总领队的创新，正是为了在扶贫攻坚中确保帮扶工作的科学有效。

富裕县“总领队模式”，就是让各单位的“一把手”同时入驻帮扶村，和驻村工作队队员一起吃住在村，一起扶贫攻坚。这样一来，驻村工作队有了强有力的当家人和主心骨，帮扶的政策、想法、项目能在第一时间得到“拍板”执行，加快了审核的速度，也是顺利脱贫摘帽的一项重要保障。

驻村工作队工作制度中规定，驻村工作队总领队每周驻村不少于 4 天 3 夜，月内驻村时间总量不得少于 16 天。单位“一把手”任总领队，吃住在村，那原单位的事情该如何处理？ 富裕县繁荣乡永丰村财政局驻村工作队总领队石国文谈到，驻村后，单位的事情也要处理，除了县城村庄来回跑之外，他们干脆就把办公室设在了村子里，能电子化办公的就电子化办公，一心扑在驻村帮扶上，成了名副其实的“乡村绿色办公室”。

除了总领队和驻村工作队，富裕县全县还有 2307 名帮扶责任人。在各单位领导示范带动下，帮扶责任人沉下身子，真正地深入群众当中去，入户走访调查，讲解扶贫政策，帮助打扫卫生，研究卖粮、看病、修房等实际问题，起到了很好的帮扶效果。

专栏 4-1

把工作做到群众心坎里

每次见到“李大爷”，刘洋都异常高兴。

“李大爷”是繁荣乡龙山村贫困户刘洋的帮扶责任人——富裕县检察院党组书记、检察长李雪峰。刘洋说，对于这个“李大爷”几天见不到就想得不行，好在他每周都能过来。

刘洋是“90后”，结婚以后日子过得挺紧巴，又赶上天灾，生活陷入困境，成为贫困户，他清楚地记得这几年李大爷在他身上花费的心思，鼓励自己振作起来，帮助联系务工，解决生活中遇到的各种问题。

“李大爷，我开春帮人种地又挣了2000多块，去年地里收入也挺好，这两年打工也没少挣，过两天还要出去打工，李大爷就放心吧，脱贫了，我还要奔小康呢。”腼腆的刘洋见到李大爷就滔滔不绝。

“这领导恁好哩！”和刘洋一样高兴的是龙山村的村民，村民大多是山东籍，说话带着口音。因为他们看到这个“领导”没有“官架子”：家里有事必到场；抄起扫帚就替村民扫院子；到村民家里坐在大炕上唠的都是实在嗑；见到小孩子就喜欢得不得了，“我考试考得好，李爷爷还奖励我了。”小学生徐士博逢人就说。

自从这个领导和他的单位帮扶了这个村子，村子就逐渐发生了变化。路好了，村里有了沥青路和水泥路，出村的路也铺上了厚厚的砂石，雨天再也不怕车打误了；村里也安上了路灯，晚上亮到很晚；有了宽敞的运动场，可以跳广场舞、打球，还有运动器械；喜欢读书的可以去100多平方米的图书室，那里有几千本各类图书；贫困户的收入高了，每人每年产业分红、林下经济就额外增加了800多元……想起带领他们脱贫的一幕幕，村民由衷地感激这位没“官架子”的领导和他的同事们。

资料来源：富裕县扶贫开发服务中心。

二、考勤 + 通报：驻村工作队的管理和考核

驻村工作队的考勤工作由富裕县委组织部负责。在管理中，县委组织部编发驻村工作队简报，不定期通报驻村工作队选派情况、驻村干部出勤情况，还配合省委组织部开展了工作队电子考勤试点。其实，在工作队入驻前期出现了一些问题，比如有的单位想调整驻村干部、个别单位提出调换进驻村、有的干部工作要变动等。县委组织部根据实际情况及时进行了解协调，强调不准换人、不准请假、不准擅自离开驻地等多项指标，稳定了驻村工作队。

为了加强驻村工作队和上级管理部门之间、工作队与工作队之间的交流，富裕县分别建立了驻村干部微信群、驻村工作队联络员微信群和驻村工作队总领队微信群，及时传递工作信息，交流工作经验。每个工作队确定一名信息员，负责及时归纳总结驻村工作中的好经验、好做法，每周至少通过微信群上报 1 个典型案例。组织部不定期编发驻村工作队简报（2017 年编发 17 期，2018 年编发 9 期），通报工作动态和典型案例，把好做法好经验第一时间在全县范围内推广。

根据《黑龙江省定点驻村扶贫工作队及工作队员管理办法》和《全市脱贫攻坚责任制实施办法》，2017 年 9 月 8 日，县委组织部印发了《〈富裕县驻村扶贫工作队及驻村干部管理办法〉的通知》（富组通字〔2017〕11 号）以下简称《通知》），要求加强省、市、县三级驻村工作队及驻村干部管理。

《通知》规定了驻村工作队的四项职责，落实精准扶贫、精准脱贫政策，为贫困群众办实事解难题，抓党建促脱贫攻坚。驻村扶贫期限至 2020 年，期间贫困村、贫困户脱贫退出后，仍要持续做好帮扶工作。

同时，《通知》明确了驻村工作队管理制度，包括签到考勤制度、请假审批制度、入户帮扶制度、工作报告制度、学习培训制度、纪律约束制度、督促检查制度。驻村工作队、驻村干部考核及结果运用由组织部牵头，抽调县纪检委、扶贫办和乡镇干部组成专门考核组，每半年对驻村工作队和驻村干部进行考核。考核采取听、看、谈、核、评相结合的方式进行，还规定了对驻村干部、乡镇党委、选派部门问责的情形。

具体来说，对驻村工作队、驻村干部的考核，由县委组织部和乡镇党委负责组织实施，采取述职评议、个别谈话、实地查看等方式进行。考核结果作为派出单位领导班子年度考核的重要参考，作为干部评选先进、提拔使用、晋升职级的重要依据。对驻村期间实绩突出、表现优秀的，优先提拔使用；对驻村扶贫工作不力的，及时调整撤换。对垂直管理的部门和干部，表现突出的，在评选先进、优秀、模范时，县本级评选优先考虑、上级评送重点推荐，并以县委名义将驻村扶贫工作情况反馈给上级部门，提出意见建议，对群众知晓率、满意度低及违规违纪造成恶劣影响等情形的，进行严肃处理，并对派出单位和所在乡镇双向问责。帮扶任务未完成的，驻村工作队员不得轮换，不得评选先优。凡是在精准脱贫攻坚工作中作风不扎实、工作推进不力，影响贫困村、贫困户脱贫退出的，驻村工作队成员两年内不得提拔重用。

自 2017 年 5 月 18 日全县“百日会战”扶贫启动大会召开后，各单位各部门积极行动，及时派驻工作队驻村开展工作、取得了一定成效，为了进一步规范工作队考勤管理、切实发挥驻村工作队在脱贫攻坚中的作用，县委组织部再一次向各乡镇、村、驻村工作队下发了《关于进一步规范驻村工作队考勤管理的通知》，对驻村工作提出明确要求。

专栏 4-2

驻村工作队职责

围绕“两不愁三保障”、精准识贫率、漏评率、退出率、错退率和群众满意度等指标逐户走访调研，摸清问题，查找原因，拿出解决问题的办法，在思想上、行动上、感情上真帮实扶，使农户真理解、真认账、真满意。驻村工作队满意度、帮扶方式满意度和帮扶工作成效满意度要达到100%。

1. 落实精准扶贫、精准脱贫政策。按照“六个精准”“五个一批”基本要求，针对贫困户实际逐一对接政策，开展产业扶贫、劳务扶贫、教育扶贫、卫生扶贫、金融扶贫等工作，把各项扶贫政策落到实处，确保贫困群众不愁吃、不愁穿，义务教育、基本医疗和住房安全有保障，监管扶贫资金项目，把资金用在贫困人口身上。配合乡村做好精准识别、精准退出工作，确保识真贫、扶真贫、真脱贫。

2. 发展经济推动脱贫致富。坚持因村因户因人施策，制订科学的帮扶规划和年度计划，培育壮大农民合作社，推动规模化经营，引导种植结构调整，发展绿色特色产业，推动线上线下农产品销售，带动贫困户持续增收，发挥部门行业优势，协调争取产业项目，为脱贫攻坚创造条件。推动村级集体经济发展，促进集体增收，办好村级公益事业。

3. 为贫困群众办实事解难题。逐一走访贫困户，宣传党的扶贫政策，深入了解致贫原因、利益诉求等情况，帮助研究脱贫措施，千方百计帮助解决实际困难，把政策、信息、项目、技能送到每个贫困户家里，对贫困老年人、贫困残疾人等特殊群体给予倾斜支持和重点帮扶，让贫困群众切实感受到党和政府的温暖。协助推动贫困村移风易俗，指导制订健康文明的村规民约，全面了解掌握帮扶责任人工作情况，协助做好相关工作。

4. 抓党建促脱贫攻坚。协助抓班子、带队伍，落实“三会课”等组织生活制度，按规定参加党组织活动，抓好党员发展、教育和管理，增强村党组织凝聚力战斗力。组织实施培训，帮助村干部提高能力素质。培养党员致富带头人，充分发挥党员先锋模范作用。做好党员群众教育引导工作，增强脱贫攻坚内生动力。

资料来源：富裕县扶贫开发服务中心。

三、扶贫党支部：凝集脱贫攻坚合力

在帮扶工作中，富裕县委发现，由于帮扶责任人数量多、分布广、管理难，容易出现各自为营的问题，很难充分发挥党组织的政治优势和组织优势。为加强党对脱贫攻坚工作的领导，强化工作统筹协调，进一步凝集脱贫攻坚合力，富裕县委决定以行政村为基本单位，成立帮扶干部临时党支部。

2017 年 12 月 22 日，富裕县在前期明确乡镇党委负责管理辖区内驻村工作队、驻村工作队负责管理帮扶责任人的基础上，以行政村为基本单位，由驻村工作队牵头，成立了扶贫干部党支部，做到 90 个行政村全覆盖，构建“乡镇党委 + 扶贫干部党支部 + 党小组 + 帮扶责任人 + 帮扶对象”的包保帮扶体系，使党对脱贫攻坚帮扶工作的管理更加科学、更加严密、更加有效。

临时党支部主要职责包括：第一，组织帮扶干部学习、宣传、讲解各项扶贫惠民政策。第二，组织帮扶干部把建档立卡的目的和要求、识别退出的标准等传达到每个帮扶户，确保群众的知情权和参与权。第三，组织帮扶干部深入了解帮扶户致贫原因、利益诉求等情况，因户因人制订帮扶计划。第四，组织帮扶干部教育帮扶户摒弃“等靠要”思想，树立自力更生、勤劳致富观念。第五，组织帮扶干部引导帮扶户移风易俗，鼓励帮扶户家庭提高自我发展能力。第六，组织帮扶干部开展信息采集。第七，建立帮扶干部入户帮扶考勤制度。第八，随时反馈帮扶干部、贫困户的思想动态。第九，定期组织召开支部大会，及时发现和解决帮扶工作存在的问题。第十，完成乡镇党委交办的脱贫攻坚其他临时性工作任务。

在人员配置中，扶贫干部党支部书记由驻村工作队总领队担任，总领队不是党员的，由驻村工作队第一书记担任。把 2356 名帮扶干部全部纳入党支部管理，党员按规定参加党支部会议和活动，非党员列席党支部会议，接受党支部的领导。全县 90 个扶贫干部党支部共领导党员扶贫干部 1913 名、非党员扶贫干部 443 名，由以往的“松散型”管理变为现在的“紧密型”管理。全县 2356 名帮扶干部结对帮扶贫困户 11581 户、27291 人，“一帮五”机制落实到位。

组织到位后，要求帮扶人在帮扶上求实效。富裕县又明确了扶贫干部党支部 5 项工作职责，即建立定期例会制度，根据乡镇党委脱贫攻坚工作总体安排，组织召开支部大会，布置阶段性工作，组织扶贫干部开展帮扶工作，交流帮扶经验；及时了解掌握帮扶工作情况，随时向乡镇党委反馈扶贫干部、贫困户的思想动态，加强沟通协调，搞好顶层设计，保证帮扶工作抓好、抓实、抓出成效；结合本村脱贫攻坚工作实际，因村制宜创设特色活动载体，创新帮扶工作形式，丰富帮扶工作内容，千方百计提高群众认可度；建立帮扶干部入户帮扶考勤制度，对帮扶干部入户次数、解决问题等工作情况进行记录，发现问题督促整改，直至问题得到解决；完成乡镇党委交办的其他工作任务。自 2017 年 12 月末扶贫干部党支部成立到 2018 年脱贫摘帽，共组织帮扶责任人集中开展扶贫政策学习 182 次，集中走访 265 次，帮助贫困户解决问题 898 个，元旦期间走访慰问贫困户物品价值约 96.3 万元。

四、建立驻村扶贫工作队激励机制

为了充分调动扶贫干部参与脱贫攻坚工作的积极性，确保各级干部用心、用情、用力开展扶贫工作，在坚持相关政策的前提下，注重在扶贫一线发现干部、锻炼干部、培养干部和选拔干部，树立凭能力选干部，以实绩论英雄的用人导向，富裕县制订了扶贫干部激励机制。

激励机制所指的“扶贫干部”包括驻村工作队成员、帮扶责任人和乡（镇）包村干部。乡（镇）党委按照《富裕县驻村扶贫工作队及驻村干部管理办法》，依据扶贫干部各自的职责分别进行考核，评定为优秀、称职、基本称职、不称职四个档次，以乡镇为单位对优秀人员、不称职人员做出排序评价。此外，临时增加的应急任务单独考核。

激励方式有三种，即政治激励、荣誉激励、待遇激励。

第一，政治激励。乡镇党委、县直部门和县级领导推荐干部原则上应为扶贫干部。在干部动议时，结合乡镇党委、县直部门、县级领导推荐和乡镇党委考核以及日常了解，掌握情况，进行综合分析研判。凡是在脱贫攻坚工作中表现优秀的扶贫干部，优先提拔重用。在脱贫攻坚中工作表现特别优秀，得到省、市充分肯定的扶贫干部，可以破格提拔使用。

第二，荣誉激励。乡镇考核评定为优秀档次的扶贫干部年度考核时直接定为优秀等次。凡是在乡镇考核中年度排名第一的扶贫干部，县里进行扶贫表彰时直接命名为优秀扶贫工作者；凡是在乡镇考核中年度排名第一的扶贫干部且是党员的，在“七一”表彰时，经考核合格，直接命名为优秀共产党员，同时，积极向上级党组织推荐表彰。

第三，待遇激励。在村“两委”换届中，凡本村党组织书记没有合适人选的，鼓励驻村党员扶贫干部参加村党组织换届，通过法定程序选举担任村党组织书记。当选的村党组织书记工作与原单位脱钩，人事关系及工资福利待遇均保留在原单位不变，同时，相应提高待遇保障水平。根据年度考核情况，参照村党组织书记报酬标准给予相应补贴；对通过领办合作社和招引企业等方式增加村集体积累（“三资”处置除外）的，按照不高于增加额度10%的比例给予一次性奖励；表现优秀的优先提拔重用。对符合“懂农业、爱农村、爱农民”标准的第一书记，在岗位上发挥好作用，发展壮大村集体经济、联系服务群众、加强基层党建等方面工作业绩突出的，在享受正常工作补贴外，乡镇在村转移支付中统筹考虑，给予一定的额外补贴。

五、严格监管：有阶段有目标有重点督查巡查

为扎实推进脱贫攻坚战，使工作落地生根、取得效果，富裕县委把督查巡查作为打赢脱贫攻坚战的重要措施来抓，加强领导，成立组织，抽调人员，出台文件，制订规划，完善措施，保证了全县脱贫攻坚各项工作落到实处，收到实效。

（一）根据不同攻坚阶段成立督巡组织

“进百村走千屯入万户”脱贫攻坚阶段。2016年，富裕县委在全县开展了“进百村走千屯入万户”脱贫攻坚活动。8月23日，县委召开了“进百村走千屯入万户”脱贫攻坚督查巡查工作启动会议，成立了扶贫攻坚督

查巡查领导小组，立即投入督查巡查工作。

督查巡查工作由县纪委监察局牵头，县扶贫中心、10 个部门、90 个驻村工作队配合，分别成立了督查组和巡查组。成立 90 个督查组，每个督查组由 90 个结对帮扶单位 1 名副职领导为组长，2 名干部为成员组成，对全县 90 个行政村的脱贫攻坚工作情况进行交叉互检。成立了 5 个巡查组，分别由县纪委 1 名科级干部任组长，10 个驻村帮扶牵头单位 1 名副职干部组成。重点检查 10 个乡镇、90 个行政村、县直驻村帮扶部门、结对帮扶责任人四个层面帮扶情况。

“百日会战”脱贫攻坚阶段。2017 年 6 月 1 日，富裕县成立由纪检委牵头，抽调县委督办室、政府督办室、组织部、县扶贫开发服务中心等部门的 12 名干部组成脱贫攻坚督查巡查组。设督查巡查办公室，负责日常督查巡查工作。具体开展督查巡查、协调反馈、督查通报、违纪追究等工作。办公室设在县纪委，成员由县委办、政府办、县纪委组织部、扶贫办组成。

“最后一公里”脱贫攻坚阶段。2018 年 3 月 6 日，随着扶贫攻坚工作不断深入，富裕县纪委重新组成 2 个督查巡查组。县委制订了《富裕县脱贫攻坚问题短板整改督查巡查方案》，由县纪委牵头，重点督查三个方面内容：“两不愁三保障”政策是否落实到位、村屯环境卫生是否整改到位、贫困户有关档案是否整理规范。

“决战决胜”脱贫攻坚阶段。2018 年 4 月 28 日，按照全县扶贫攻坚“决战决胜大会”和县委扶贫攻坚领导小组的要求，整合组成 5 个督查巡查组，进一步明确责任，提高政治站位。整合纪委、组织部、县委督办室、政府督办室、扶贫办人员 24 人组成 5 个督查巡查组，专门负责驻村工作队的督查巡查。重点围绕领导干部是否“用真情，出真招，见真果”，明确督巡要求，开展脱贫攻坚业务指导工作。督查巡查采取随机抽查、跟踪监督、现场核查、明察暗访相结合的方式进行，以日查为主，夜查为辅，灵活运用电话询访、听取汇报、查阅资料、入户走访、座谈研讨等方法，发现问题及时解决。

（二）根据不同攻坚任务出台督巡文件

2016 年 8 月 22 日，为推动全县打赢“六大脱贫攻坚战”，各项措施深入贯彻落实，切实发挥驻村工作队和包扶责任人在脱贫攻坚中的作用，县委、县政府决定开展“进百村走千屯入万户”脱贫攻坚驻村帮扶督查巡查专项活动。县委办、政府办制订下发了《富裕县“进百村走千屯入万户”脱贫攻坚督查巡查方案》（富办发〔2016〕29 号）（以下简称《方案》）。

《方案》确定督查巡查工作每年开展两次（上半年和下半年各一次）。此次督查活动从 8 月 24 日开始至 8 月 31 日结束，巡查活动从 9 月 1 日开始至 9 月 8 日结束，巡查范围为 10 个乡镇、90 个行政村及所在的县直驻村帮扶单位和结对帮扶责任人。督查巡查方式采取督查互检和巡查抽检两种方式进行。督查互检以所在乡镇为单位，每个驻村工作队成立督查工作组，开展交叉互检。采取到乡镇村查阅资料、入户实地核查等方式，对 10 个乡镇 90 个行政村，驻村帮扶单位及帮扶责任人落实脱贫攻坚情况进行督查。巡查抽检由县纪委牵头组织 10 个驻村牵头部门，对 90 个督查组交叉互检工作完成情况进行随机抽查巡查。督查巡查内容为按照四个层面《督查工作交叉互检表》中所涉及的各乡镇主体责任、村级具体责任、驻村工作队帮扶责任、帮扶责任人包户责任的具体内容进行督查。督查结束后，督查组成员、被检单位负责人、乡村主要领导签字备案。

2017年6月1日，按照县委《关于开展精准扶贫“百日会战”实施方案》要求，县委、县政府决定成立扶贫攻坚督查巡查领导小组，对全县扶贫攻坚工作开展专项督查巡查活动。为保证此项工作顺利进行，扶贫攻坚督查巡查领导小组办公室制订并下发了《富裕县扶贫攻坚督查巡查方案》（富扶督发〔2017〕1 号）（以下简称《方案》）。

《方案》确定了以坚决打赢脱贫攻坚战为工作目标，年底如期实现全面脱贫。工作任务为“四个到位”，即思想认识是否到位、工作推进是否到位、工作作风是否到位、责任落实是否到位。

2017 年 6 月 7 日，按照县委、县政府“三个百日脱贫攻坚战役”和《富裕县扶贫攻坚督查巡查方案》要求，县扶贫攻坚督查巡查领导小组办公室印发《扶贫攻坚督查巡查工作细则》（富扶督发〔2017〕2 号）。

本次督查巡查的目标任务是督促帮扶干部到岗到位，真抓实扶见成效。巡查时间从 5 月下旬至第三方评估验收合格。督查对象是包乡到村县级领导、乡镇党政正职、驻村扶贫工作队成员、帮扶责任人。巡查内容按“三个百日脱贫攻坚战役内容”分阶段、有重点督查。除了上一阶段督查的“四个到位”，工作细则还规定了督查巡查组队员工作纪律。一是原则上与原单位脱钩，自觉遵守巡查各项规定，保证完成各项督查巡查任务。听从当日督查巡查小组组长安排，有事提前一天向巡查办主任请假。二是督查巡查组成员要严格遵守保密纪律。检查中手机必须全天候关机，不得与外界联络，更不得向外界泄露巡查组行踪。有急事需与外界联络时向小组长请示，用检查专用通信工具。三是检查工作做到客观公正，不得徇私舞弊，偏亲向友。四是工作中发现有跑风漏气，私自与被检单位联络的，工作中敷衍了事，怕得罪人，不作为、慢作为、乱作为者，请原单位撤换，并约谈相关单位领导问责。

2018 年 3 月 6 日，为了全面查找深入整改脱贫攻坚中存在的问题和短板，确保高标准推进，高质量完成脱贫攻坚任务，顺利通过国家第三方评估。县纪检委制订了《富裕县脱贫攻坚问题短板整改督查巡查方案》（富扶督发〔2018〕1号）。

本次督查巡查时间为2018年3月7日至2018年5月末。督查巡查办公室设在县纪委，县纪委抽调11人组成2个脱贫攻坚问题短板整改督查巡查组。第一组具体负责乌裕尔河北侧的富裕镇、友谊乡、二道湾镇、富海镇、忠厚乡五个乡镇；第二组具体负责龙安桥镇、富路镇、塔哈镇、绍文乡，繁荣乡五个乡镇。督查巡查内容包括：一是“两不愁三保障”政策是否落实到位；二是村屯环境卫生是否整治到位；三是整合扶贫资金是否符合上级要求；四是贫困户是否有稳定增收渠道；五是贫困户有关档案是否整理规范；六是“345”住村机制是否执行到位；七是扶贫领导小组安排部署，要求督查巡查的其他事项。

方案完善了督查巡查的方式。一是实地查看。根据县扶贫办提供的问题整改台账，深入村屯农户、到贫困户家里、项目现场详细查看，了解各乡镇和相关职能部门问题短板自查及整改情况。二是查阅资料。主要查阅村档户档建档立卡材料整理规范情况。三是随机抽查。采取暗访和随机抽查方式，通过查、看、访等方法，不打招呼，直接进村入户开展调查，每村抽查建档立卡贫困人口比例不少于30%。四是查巡同步，改巡同步。督查巡查介入问题查摆和整改全过程，做到查摆与整改同步，查摆与督查巡查同步，整改与督查巡查同步，把督查巡查贯穿于脱贫攻坚始终。

方案强化了巡查结果。严格运用监督执纪“四种形态”[①]，倒逼问题整改责任落实。一是公开通报。及时对督查巡查结果进行通报，对措施有力，问题短板整改成效显著的予以通报表扬。对措施不力，问题短板自查和整改中存在虚、拖、瞒等作风不实的，给予通报批评并责令整改。二是追责

① “四种形态”为：第一种，党内关系要正常化，批评和自我批评要经常开展，让咬耳扯袖、红脸出汗成为常态。第二种，党纪轻处分和组织处理要成为大多数。第三种，严重违纪的重处分、作出重大职务调整应当是少数。第四种，严重违纪涉嫌违法立案审查的只能是极少数。

问责。凡是有问题查不透、查出来不报告、报告了不整改、整改了超时限、整改后不达标等，视情节严肃追究责任。三是严查腐败。违反项目管理和资金使用规定，出现工程质量问题、贪占扶贫款项、借机偏亲向友等乱作为行为，一经发现，进行“一案双查”涉嫌犯罪的启动执纪审查程序，依法处理。

（三）根据不同攻坚效果确定督巡重点

富裕县委脱贫攻坚督查巡查组紧紧抓住各个环节不放，精心部署，反复强调，加大力度，确保脱贫攻坚取得决定性胜利。以县纪检委为主的督查巡查工作队认真履行工作职责，积极采取有效措施，加强督查巡查力度，确保脱贫攻坚各项工作任务落到实处。

2017 年度脱贫攻坚督查巡查组对全县 90 个行政村进行督查巡查。共督巡了 699 个村次，其中电话查询 228 个村次，实地查询 471 个村次。2018 年为加大日常监督力度，组成 5 个督查巡查组，取消休息日，全天候跟踪督查，集中查处脱贫攻坚工作中的纪律和作风问题。

2017 年共发督查巡查相关通报 10 期，对突击检查中发现问题的 20 个驻村工作队和派出单位 27 名驻村工作队员进行了通报批评。并责成乡镇纪委对各类检查中存在问题的 58 个驻村工作队员，约谈了 9 个驻村工作队所在单位“一把手”。对 2 名监管工作不到位的村书记，按照第一种形态进行了批评教育和提醒谈话。2018 年发布督查巡查通报 6 期。对检查中发现问题的 10 个驻村工作队、8 名单位“一把手”、对工作队监管不到位的两个村、12 名驻村工作队员、371 户环境卫生存在问题的贫困户帮扶责任人进行了通报批评，并督促整改到位。

督查工作的原则是保证县委工作要落到实处，工作任务是监督包扶单位和责任人工作到岗，工作任务完成到位。督查巡查工作重点对思想认识、工作推进、工作作风、责任落实四个方面实施督查巡查，滚动推进。县纪委根据不同时期的重点工作内容灵活调整工作重点，递进推动工作向前。紧跟工作任务的完成情况进行督查，树立典型、查找漏洞、发现问题、推动全局工作。确保实现每一个阶段的工作任务，达到实现县摘帽、村出列、户脱贫的目标。

督查巡查总的任务重点就是检查“四个到位”的情况。一是重点检查“345”工作机制执行情况。二是检查工作推进是否到位。重点检查工作进度完成情况，驻村工作队帮扶责任人帮扶实绩、实效，群众满意度等。三是工作作风是否到位。重点检查工作是否漂浮和群众对帮扶干部满意度。四是责任落实是否到位。主要检查驻村工作队帮扶责任人履职尽责工作成效。2018 年 4 月开始重点检查三个方面问题：检查人是不是在状态；检查是不是真落实，一是检查房子安全，二是检查村容村貌，三是检查群众满意度；检查活是不是干到位。

第五章　资金整合方式：科学运筹花对钱办成事

扶贫资金是国家为改善贫困地区生产和生活条件，提高贫困人口生活质量和综合素质，支持贫困地区发展经济和社会事业而设立的财政专项资金。扶贫资金是贫困群众的“保命钱”，也是减贫脱贫的“助推剂”，具有风向标作用。

对此，习近平总书记指出，“要加大中央和省级财政扶贫投入，坚持政府投入在扶贫开发中的主体和主导作用，增加金融资金对扶贫开发的投放，吸引社会资金参与扶贫开发。要积极开辟扶贫开发新的资金渠道，多渠道增加扶贫开发资金”[①]，“在加大财政投入的同时，要加大扶贫资金整合力度。”

富裕县财政工作紧扣脱贫成果的巩固提升目标，积极争取省级财政扶贫资金、一般性转移支付资金及各类涉及民生的专项转移支付资金；还根据脱贫攻坚需要，每年从本级财政预算中安排专项扶贫资金。加快资金安排进度，适当简化、整合项目报建手续，健全完善考核措施，确保项目发挥效益。

一、用好财政政策承接上级支持

富裕县发挥贫困县统筹整合使用资金主体作用，坚持目标导向和问题导向，深入研究国家、省级制订的贫困县关于财政、金融、土地等方面的

① 中共中央党史和文献研究院编：《习近平论述摘编》，中央文献出版社，2018 年版，第 90 页。

优惠政策（见表 5–1），编制本地脱贫攻坚规划，与全国脱贫攻坚规划、各部门专项规划进行有效衔接，以规划引领投入，凝聚扶贫合力。

表 5–1 有关扶贫资金使用的政策文件

时间	名称	文号
2016 年 4 月 22 日	《国务院办公厅关于支持贫困县开展统筹整合使用财政涉农资金试点的意见》	国办发〔2016〕22 号
2016 年 9 月 13 日	《黑龙江省人民政府办公厅关于支持贫困县开展统筹整合使用财政涉农资金试点的实施意见》	黑政办发〔2016〕97 号
2016 年 10 月 24 日	《关于进一步做好贫困县涉农资金整合工作有关事项的通知》	财农〔2016〕151 号
2016 年 11 月 21 日	《进一步做好贫困县涉农资金整合工作方案》	黑财农〔2016〕93 号
2017 年 2 月 6 日	《关于做好 2017 年贫困县涉农资金整合试点工作的通知》	财农〔2017〕4 号
2018 年 5 月 14 日	《扶贫项目资金绩效管理办法》	国办发〔2018〕35 号
2017 年 5 月 31 日	《关于做好财政支农资金支持资产收益扶贫工作的通知》	
2017 年 9 月 8 日	《财政专项扶贫资金绩效评价办法》	财农〔2017〕115 号

资料来源：国务院扶贫办官网、黑龙江省扶贫办官网。

结合各部门政策目标和工作任务，依据本地脱贫攻坚规划，充分发挥贴近脱贫攻坚一线、管理信息充分的优势，区分轻重缓急，确定好重点扶贫项目和建设任务，统筹安排好整合资金，交由县级相关部门具体落实。建立脱贫攻坚项目储备库，加快资金安排进度，项目成熟一个资金到位一个，年度计划的建设任务在接到上级转移支付后一年内完成，保证了项目进度，确保不出现资金滞留问题。

按照政策要求，富裕县把资金统筹整合使用与脱贫任务挂钩，以脱贫效益最大化原则配置资源，将脱贫成效作为衡量资金统筹整合使用工作成果的主要标准。

2018年脱贫摘帽后，富裕县按照《关于做好2018年贫困县涉农资金整合试点工作的通知》（黑财农〔2018〕49号）文件要求，“脱贫攻坚期内，已脱贫摘帽县继续执行整合试点政策”，继续实行涉农资金整合工作。同时，富裕县落实《黑龙江省人民政府关于建立涉农资金统筹整合长效机制的实施意见》（黑政发〔2018〕15号）精神，用三年时间构建形成农业发展领域权责匹配、相互协调、上下联动、步调一致的涉农资金统筹整合长效机制。

二、“整合资金＋本级投入”：靶向施策

富裕县紧扣脱贫攻坚“两不愁三保障”目标，紧扣脱贫、出列、摘帽、增收4项主要内容，认真谋划、储备、论证好项目，对相关项目库内项目实施动态管理，加强各类涉农项目储备，多上牵动能力强，发展潜力大的大项目、好项目，发挥稳定持续的带动作用，并与国民经济和社会发展规划纲要及相关涉农专项规划进行衔接，以规划引领涉农资金统筹使用和集中投入。

（一）整合涉农资金：多个渠道引水

按照财政涉农资金整合工作要求，形成“多个渠道引水，一个龙头放水”的扶贫投入新格局。截至2018年10月，2016—2018年全县整合涉农资金达到5.4亿元。

2016年11月24日，富裕县按照国家、省关于贫困县开展统筹整合

使用财政涉农资金试点工作的要求，制订了《富裕县资金统筹整合使用方案》。2016 年富裕县以“查找短板、靶向施策、健全机制、形成合力”为工作思路，以产业扶贫、劳转就业、基础设施和公共服务等为投入方向，统筹使用资金 9827 万元，范围包括财政专项扶贫资金 5036 万元、少数民族发展资金 1824 万元、以工代赈资金 489 万元、产粮大县奖励资金 2478 万元。

2017 年，富裕县按照省财政厅规定对纳入统筹整合范围的涉农资金进行了整合，实际整合 14981.99 万元（其中：财政专项扶贫资金 6829.99 万元、少数民族发展资金 2275 万元、以工代赈资金 1181 万元、常规产粮大县奖励资金 4696 万元），资金主要用于农业生产发展、基础设施建设、保障兜底等支出。

2018 年，富裕县统筹整合使用财政涉农资金 29447.12 万元（截至 2018 年 10 月），其中，中央财政专项扶贫资金 9181 万元、水利发展资金 165 万元、农业生产发展资金 917.4 万元、农业综合开发补助资金 2500 万元、农村综合改革转移支付 731 万元、农村危房改造补助资金 4620 万元、农业资源及生态保护补助资金（对农民的直接补贴除外）1044.02 万元、旅游发展基金 27.29 万元、中央预算内投资用于“三农”建设部分 1200 万元、省级财政专项扶贫资金 5669 万元、省级土地整治高标准农田项目资金 3392.41 万元。重点实施农业生产发展 13154.91 万元、农村基础设施 15528.39 万元和其他 763.82 万元三类共 29 项内容。

2019 年，富裕县研究制订了《富裕县财政涉农整合资金管理办法》《富裕县 2019 年度涉农资金统筹整合使用方案》，严格执行国家和省整合使用财政涉农资金要求，坚持渠道不变、充分授权的原则，打造农村基础设施建设平台，打造扶贫产业项目发展平台，打造惠农政策精准落实平台，做到“因需而整”。全县整合资金 34229.45 万元，其中，整合资金 19674.35

万元，实施农业生产发展项目 13 个；整合资金 13679.1 万元，实施农村基础设施建设项目 11 个；整合资金 876 万元，实施“雨露计划”等 4 个项目。

2020 年，富裕县坚持渠道不变、因需而整、充分授权的原则，制订《富裕县涉农整合资金管理办法》《富裕县 2020 年度涉农资金统筹整合使用方案》，形成了“多个渠道引水、一个龙头放水”的扶贫投入新格局。全年整合财政专项扶贫、农业生产发展等各类资金 21443.778 万元，共实施产业扶贫项目 3 个、基础设施项目 4 个、其他补助补贴类项目 3 个。

（二）本级财政投入：量力而行倾向民生

2017 年县本级一般预算收入为 38906 万元，本级扶贫资金投入 8435.5 万元，占 21.68%，其中教育投入 320 万元，社保投入 1702 万元，基础设施投入 4938.3 万元，其他投入 1475.2 万元。

2018 年预计完成县本级一般预算收入为 39777 万元。本级扶贫资金投入 6572.5 万元，占 16.5%，其中教育投入 465.35 万元，社保投入 1192.4 万元，基础设施投入 2556.7 万元，其他投入 2358 万元。专项转移支付占比过大。

（三）规范资金项目管理

富裕县全面落实《国务院办公厅关于转发财政部、国务院扶贫办、国家发展改革委扶贫项目资金绩效管理办法的通知》（国办发〔2018〕35 号）等文件精神，统筹整合使用财政涉农资金和非整合资金实施的每个扶贫项目扎扎实实落实绩效目标管理，加强对扶贫资金绩效评价结果的应用，提高扶贫资金使用效率和效益。全面落实扶贫资金项目公告公示制度，接受群众和社会监督。落实县级资金监管主体责任，强化资金监管责任，认真开展扶贫资金专项治理，建立问题整改台账，完成一项销号一项，确保扶贫资金安全运行。

做好脱贫攻坚风险防范工作。防范扶贫小额贷款还贷风险，及时化解扶贫小额信贷逾期，纠正不符合国家要求的户贷企用以及违规用款等问题。防范加重地方政府债务风险，防止金融机构借支持脱贫攻坚名义违法违规提供融资，坚决遏制政府隐性债务增量。全面开展事前、事中、事后的监督检查，严肃查处违纪违法违规行为。引进第三方评估体系，对涉农资金进行科学评估。

强化资金监管，提高使用效益。富裕县结合实际印发了《富裕县财政涉农整合资金管理办法》（富政发〔2018〕1号），确保涉农整合资金专款专用，进一步加强事前、事中、事后的监督检查，针对检查发现的个别单位报账票据不合规、资金支付缓慢等项目管理及资金管理使用过程中存在的问题，组织各乡镇、各相关部门的主要领导和相关人员立即整改，确保资金安全。

第三篇 THREE

富裕县脱贫攻坚成效

第六章　实现脱贫摘帽退出国家级贫困县序列

富裕县脱贫攻坚工作最大的成效就是成功摘帽，退出了国家级贫困县序列。

根据中共中央办公厅、国务院办公厅《关于建立贫困退出机制的意见》（以下简称《意见》）要求，贫困县退出以贫困发生率为主要衡量标准，原则上中部地区贫困县贫困发生率要降至2%以下，西部地区要降至3%以下。退出程序主要是，县级扶贫开发领导小组提出、市级扶贫开发领导小组初审，省级核查、公示、审定后报国务院扶贫开发领导小组。国务院扶贫开发领导小组组织对地方退出情况进行专项评估检查。对不符合条件或未履行退出程序的，责成相关地方核查处理。对符合退出条件的贫困县，由省级政府正式批准退出。

评估检查贫困人口脱贫标准就是稳定实现“两不愁三保障”，即贫困人口不愁吃、不愁穿，贫困家庭孩子全部接受九年义务教育、无因贫失学辍学，基本医疗保险、大病保险和医疗救助全覆盖，全部实现住房安全有保障，既不降低标准、影响质量，也不调高标准、吊高胃口。

按照退出程序，富裕县对标对表国家脱贫标准，开展了自查、申请，然后经市级审核，省级第三方评估和审定，国家级第三方评估和审批，最终通过了层层检验，达到脱贫标准成功摘帽。

一、县级自查：严遵退出八个程序

2017年11月18日，黑龙江省扶贫开发领导小组印发了《关于印发〈2017年黑龙江省国家级贫困县退出实施方案〉的通知》（黑扶字〔2017〕15号）。方案要求，全面贯彻党的十九大精神和习近平总书记扶贫开发重要论述，坚持精准扶贫、精准脱贫基本方略，明确退出标准、退出程序，以年度脱贫摘帽为目标，以稳定脱贫为重点，严格省级核查评估，实现拟退出国家级贫困县脱贫摘帽。

按照此方案的要求，富裕县严格按照提供凭证、入户调查、民主评议、核实认可、乡级审核、二次公示、县级审核、公告退出八个程序组织实施了贫困人口退出工作。按照组织验收、乡镇公示、县级核查、公告退出四个程序组织实施了贫困村退出工作，将相关工作信息及时录入全国扶贫开发信息系统，并多次组织人员进行数据核对、清洗，确保准确无误。

按照国家贫困县退出标准，富裕县抽调重点行业部门业务人员和基层一线扶贫干部组成自查工作组，严格对标对表，对“三通三有”“两不愁三保障”“三率一度”等多项考核指标逐一打分评定。经自查，贫困发生率降到2%以下，各项指标均达到贫困县退出标准。全县已脱贫的家庭年人均纯收入均稳定超过3335元。经相关行业部门鉴定，富裕县46个贫困村饮水工程全部得到维修改造，检测合格。贫困村安全饮水基本达标；基本医疗得到有效保证；贫困家庭学生义务教育阶段无辍学现象发生；建档立卡贫困户住房安全得到基本保障。

12月8日，富裕县扶贫开发领导小组召开第六次会议。会议听取并原则同意了县扶贫开发服务中心主任徐阳同志的《关于申请退出国家贫困县的报告》。会议指出，前期富裕县根据《黑龙江省贫困退出机制实施细则（试行）》（黑扶组字〔2017〕14 号）相关规定，对照各项脱贫指标进行了认真自查。从指标情况看，全县 46 个贫困村已全部达到了“三通三有一整洁”标准。全县建档立卡贫困户 11569 户、27659 人，已脱贫 11071 户、26587 人，未脱贫 498 户、1072 人，贫困发生率降至 0. 63%。会议决定，由县扶贫开发服务中心负责，严格按照《贫困县退出专项评估检查实施办法（试行）》等文件要求，向市扶贫开发领导小组申请退出国家级贫困县，提请初审验收，并扎实做好后续帮扶计划和巩固提升工作。

12 月 9 日，富裕县扶贫开发领导小组按照《黑龙江省贫困退出机制实施细则（试行）》（黑扶组字〔2017〕14 号）和《2017 年黑龙江省国家级贫困县退出实施方案》（黑扶组字〔2017〕15 号）等文件要求，向齐齐哈尔市扶贫开发领导小组提出呈请《关于申请退出国家级贫困县的报告》（富扶组呈〔2017〕65 号）。报告指出，几年来，富裕县深入贯彻落实习近平总书记扶贫开发战略思想，遵循精准扶贫、精准脱贫方略，坚持党政“一把手”负责，牢牢把握目标标准，持续推进责任落实，持续加大工作力度，持续强化政策保障，努力攻克贫困堡垒，补齐发展短板，脱贫攻坚工作不断取得新进展、新成效。报告提出，2017 年，富裕县按照文件要求认真履行贫困县退出程序，规范开展扶贫对象动态管理，通过自查已达到贫困县退出标准，现向市扶贫开发领导小组申请退出国家级贫困县。

二、市级初审：行业部门对标验收

齐齐哈尔市委、市政府高度重视贫困县退出市级初审工作。结合贫困县退出方案和国家考核评估验收指标，制订了《贫困县退出市级初审工作实施方案》，广泛征求相关行业部门意见后，提交小组会议讨论通过。方案明确了核查对象、内容、时间安排、工作要求。为了保证初审工作有序开展，成立了以主管副市长为组长的核查工作领导小组，组织召开了市级初审工作动员培训会，对选调的核查人员进行业务培训。

12 月 8 日，齐齐哈尔市扶贫开发领导小组印发了《贫困县退出市级初审工作实施方案》，核查对象为 2017 年申请脱贫退出的国家级贫困县富裕县、甘南县，省级贫困县克山县、依安县。

12 月 9 日，富裕县提交了退出申请。齐齐哈尔市根据申请，组织相关部门，对照贫困县、贫困村、贫困户退出标准，认真开展了贫困县退出初审工作。市水务局、市民政局、市住建局、市人社局、市工信委、市卫计委、市教育局、市交通局、市文广新局、市农委、市发改委、市金融办等相关行业部门完成了退出县检查验收，形成《贫困县退出行业部门验收报告》，包括各行业部门承担的各项脱贫指标完成情况、检查验收情况和相关佐证材料，于 12 月 15 日前报市扶贫办。

12 月 12—18 日，齐齐哈尔市抽调 25 人组成核查组，深入富裕县开展实地核查。核查中，核查组采取查阅资料、听取汇报、群众参与座谈、问卷等方式对贫困县退出各项指标完成情况进行核查，并发布公告，设立举报电话，根据群众提供的相关线索进行入户核查，重点核查漏评错退等情况。同时，核查组还听取县级脱贫攻坚整体工作情况汇报，同相关行业部门进行座谈、访谈。以所有乡镇全覆盖的方式，随机抽取 20 个行政村（原则上贫困村和非贫困村各占 50%）作为核查样本。采取随机调查的方式，对县乡村干部、人大代表、政协委员、驻村工作队及帮扶责任人等进行问卷调查，核查对脱贫攻坚工作的认可情况。

通过对富裕县 10 个乡镇抽取 12 个贫困村、8 个非贫困村、1035 户农户，其中，非建档立卡户 487 户、建档立卡户 548 户。经过综合分析，富裕县贫困人口漏评率 0. 9%，脱贫人口错退率 1. 99%，贫困综合发生率 1. 01%，群众认可度 90. 3%，“三率一度”达到贫困县退出的标准。核查后形成了初审报告，提交扶贫开发领导小组会议审定。

12月25日，齐齐哈尔市扶贫开发领导小组召开第七次会议。听取和审议富裕、甘南两个县脱贫退出市级初审报告。经市级扶贫开发领导小组分析和审议，富裕县、甘南县符合脱贫退出条件，同意向省扶贫开发领导小组申请核查评估。12月26日，齐齐哈尔市扶贫开发领导小组向黑龙江省扶贫开发领导小组呈报了《关于申请富裕县贫困县退出省级核查评估的报告》（齐扶组呈〔2017〕9号）。

三、省级审定：实地抽查和第三方评估

按照《黑龙江省2017年国家级贫困县退出省级核查工作方案》要求，省扶贫开发领导小组从成员单位省水利厅、住建厅、卫计委、人社厅、民政厅等5个部门，分别选调一名熟悉扶贫工作的副厅级领导带队，抽调本部门业务骨干组成省级核查组，省扶贫办为每个核查组配备了2名专业干部来富裕县开展了实地核查。

核查组通过听取汇报、查阅档案资料、问卷调查、入村入户走访、现场勘查、问题研判和汇总分析等形式，全面客观地了解富裕县扶贫工作开展情况，扶贫政策落实和取得的成效，运用抽取的样本对贫困县退出关键指标进行认真核查，梳理工作中存在的问题，提出建议，对富裕县在脱贫工作中的主要经验做法进行了归纳。随机抽取蓬生村、龙水泉村、龙山村等3个贫困村，抽取五一村、勤俭村、永生村等3个非贫困村，抽取251户农户，其中脱贫户107户281人，未脱贫户14户28人，非贫困户130户345人。核查的3个贫困村贫困发生率分别为0.74%、0.9%、0.18%，3个贫困村“三通三有”全部达到退出标准。

随机抽取的251户农户，均不愁吃、不愁穿、饮水安全、住房安全、

基本医疗和义务教育有保障。家庭主要收入来源为经营性收入、工资性收入、财产性收入和转移性收入。相对稳定的收入是家庭经营性收入、工资性收入和财产性收入，分别占 25.48%、19.56% 和 8.89%，转移性收入占 46.06%。核查中发现漏评户 1 户 2 人，漏评率 0.09%，未发现错退和错评现象。脱贫人口错退率为零，综合贫困发生率 0.71%，群众认可度为 98.33%。脱贫攻坚政策落实、责任落实、工作落实已经到位。核查组综合认定，富裕县符合贫困县退出标准，建议报省扶贫开发领导小组申请国家开展专项评估检查。

黑龙江省通过公开招标，选定国务院扶贫办和中科院地理研究所签约评估单位——东北农业大学作为第三方评估机构，于 2018 年 1 月 10—20 日，对富裕县的退出工作进行了评估。

第三方评估工作队在富裕开展了评估抽样、资料收集、入户调查和疑似问题处理等工作。富裕县共抽取 24 个村，包括贫困村、非贫困村以及偏远村。抽取的各类型农户样本总量 1012 份，建档立卡户与非建档立卡户的样本量分别为 528 份、484 份。其中建档立卡户中贫困户 54 份，脱贫户 474 份，建档立卡户与非建档立卡户的比例大约维持在 1:1 的水平。另有村干部问卷 24 份，县乡干部问卷 47 份。通过评估，富裕县综合贫困发生率低于 2%。贫困人口漏评率、脱贫人口错退率均在 2% 以内，群众认可度高于国家提出标准。富裕县综合贫困发生率、贫困发生率、漏评率、错退率、群众认可度分别是 0.8%、0.6%、0.05%、0.97%、90.54%。

按照贫困县退出程序，黑龙江省于 2018 年 2 月 9—15 日，在黑龙江省人民政府网站、黑龙江电视台、《黑龙江日报》等媒体，对拟退出的扶远市、饶河县、望奎县、富裕县和甘南县进行了公示，广泛征求社会各界的意见，时间为 7 天。在公开征求退出意见期间，除接到两个政策咨询类的电话外，没有反映贫困县退出问题的情况。

2018年2月24日，黑龙江省扶贫开发领导小组第一次会议研究审定富裕县等5个县符合贫困县退出条件，同意申请国务院扶贫开发领导小组对富裕县等5个县市开展专项评估检查。

四、国家审批：第三方专项评估和批复

根据2017年贫困县退出专项评估检查工作方案，按照评估检查工作规程，北京师范大学、山西大学50名调查评估人员组成了评估检查组，制订了富裕县实地评估检查实施方案，开展了脱贫攻坚政策和调查评估业务全员培训、考试，建立了“分级负责，层层把关”的问题沟通核实机制和质量管控机制。按照“点面兼顾，关注死角”“聚焦短板，分层抽样”“统分结合，因地制宜”原则进行了抽样。6月16—21日，评估检查组赴富裕县开展实地评估检查，共抽查行政村28个，其中贫困村19个，占67.86%；非贫困村9个，占32.14%；偏远边角贫困村9个，占47.37%；县内随机抽查贫困村10个，占52.63%。

实地调查中，共调查1758户，其中排查288户，问卷调查1470户，建档立卡脱贫户问卷907份，占61.7%。非建档立卡问卷563份，占38.3%。普查了31个村民小组，对未纳入建档立卡的低保户、危房户、大病慢性病户、无劳动力户、独居老人户等群体实现调查全覆盖。共座谈访谈县乡干部15人、村干部28人。征求了17名县乡人大代表、政协委员意见。疑似问题与地方逐一进行了沟通，核实和确认未发现错漏、退户和漏评户。

7月26日，国务院扶贫开发领导小组办公室发给黑龙江省扶贫开发领导小组关于根据《国务院扶贫办关于反馈黑龙江省2017年贫困县退出专项评估检查结果的函》（国开办函〔2018〕102号），将黑龙江省富裕县

等5县（市）退出贫困县专项评估检查结果反馈给了黑龙江省扶贫办。该函指出，7月25日经国务院扶贫开发领导小组第三次全体会议审议并原则同意评估检查结果。要求黑龙江省扶贫开发领导小组在8月10日前完成退出批准程序，并向社会公布。该函显示，富裕县综合贫困发生率为0.63%，错评率—（问题不显著），漏评率—（问题不显著），群众认可度为93.96%。

8月9日，黑龙江省人民政府给省扶贫办发出了《关于同意富裕县等5县市脱贫摘帽的批复》。

第七章　富裕脱贫攻坚的直接成效和间接成效

对于富裕县脱贫攻坚工作的成效，《人民日报》于2017年做了《黑龙江省富裕县立足优势产业探索资产收益扶贫——让贫困户有活干有分红》的报道。该报道从“扶贫资金入股优势产业，让贫困户有‘红利’”“围绕产业挖岗位，贫困户家门口挣体面钱”“社会保障兜底，让脱贫百姓不返贫”三个方面，总结了富裕县积极探索资产收益制度扶贫的成效与经验。

在扶贫资金入股优势产业方面。该报道提到，富裕是“中国鲜奶之乡”，全县奶牛存栏达10.7万头，县里创新产业扶贫模式，整合3040万元涉农资金，入股奶业龙头企业，让贫困户有资产、有收益……在试点基础上，县里将更多扶贫资金“以资入股”，投入奶业、乡村旅游、粮食仓储、特色养殖四大优势产业，越来越多的贫困户有了保底分红。同时，创新资产收益扶贫，富裕县避免单打一，资产租赁模式是又一种创新方式。因而，在资产收益扶贫过程中，富裕县通过“龙头企业（合作社）+村集体+贫困户”模式，努力实现精准脱贫。近两年整合专项扶贫资金近7000万元，通过发展优势产业，每年实现10%的保底分红，带动6600户贫困户，每户年均增收1060元。

在围绕产业挖岗位方面。这篇报道中提到，富裕县围绕产业挖掘就业岗位，提升贫困户的“造血”能力。比如，小河东村村民秦有志，过去种玉米，一年到头日子紧巴巴的。现在他和妻子、女儿都在龙腾集团上班，一年有4万元的收入，还不耽误种地。同时，富裕县还将旅游产业和扶贫开发有机结合在一起，使贫困户既有分红，又有稳定就业的工资，短期“输血”变长期“造血”。为了让贫困户更好地就业，富裕县与企业沟通，针对贫困户开展“订单式”“定向式”技能培训，努力让有条件的对象掌握1～2项职业技能。截至目前，已整合各类培训资金70余万元，对700多名贫困人口进行了培训。

在社会保障兜底方面。为保障农民不因病返贫，富裕县出台一系列兜底保障政策。为了实现“大病不出县”，富裕县人民医院与哈医大附属肿瘤医院合作，对全县90个行政村进行肿瘤免费筛查、患者就近治疗；为了化解贫困人口看病贵问题，富裕县建立了基本医疗保险、大病保险、医疗救助、商业补充保险、爱心救助等5条救助保障线，实行“两免两减”“先住院、后付费”等措施，还完成了10个贫困村的标准化卫生室建设；富裕县还尝试将农村低保与扶贫政策有效衔接。对全县建档立卡的1.6万户、4.6万人进行全面筛查，将符合条件的对象纳入低保范围，在保障兜底中做到应保尽保。目前已纳入贫困户2279户、4786人，计划使1.2万名贫困人口享受兜底政策。

这篇报道反映了富裕县脱贫攻坚成效的一个侧影。全面来看，富裕县脱贫攻坚工作的成效涵盖了脱贫摘帽、产业发展、医疗教育、托底保障等方方面面。

按照国家“两不愁三保障”的标准，富裕县的脱贫人口均实现吃穿不愁，安全住房、义务教育、基本医疗、安全饮水等得到切实保障，贫困群众生活质量和水平有了明显提高。

一、产业发展：贫困户收入稳定增加

2014—2017年，富裕县整合使用砍块资金和涉农扶贫资金1.87亿元，重点发展了粮食仓储、特色养殖、乡村旅游、光伏、盐碱地改造等县级主导产业，2017 年全县扶贫产业项目带动 46 个村集体收益 184 万元，每村平均收益 4 万元，带动 11569 户建档立卡户户均增收 1400 元。2018 年，富裕县又整合涉农扶贫项目资金 1 亿元，实施了机械库房、辣椒基地、投资收益、生猪养殖、光伏扶贫等 5 个县级产业项目，投资 1500 万元实施乡村扶贫产业项目 15 个，预计以上两项县乡扶贫产业项目可收益 1100 万元。2019 年，全县整合资金 34229.45 万元，其中，整合资金 19674.35 万元，实施农业生产发展项目 13 个；整合资金 13679.1 万元，实施农村基础设施建设项目 11 个；整合资金 876 万元，实施“雨露计划”等 4 个项目。2020 年，全年整合财政专项扶贫、农业生产发展等各类资金 21443.778 万元，共实施产业扶贫项目 3 个、基础设施项目 4 个、其他补助补贴类项目 3 个。

在具体项目方面，截至 2020 年 12 月，富裕县在持续巩固水田开发、光伏发电等扶贫产业的基础上，加快推进益海嘉里、牧原生猪养殖扶贫项目建设，扶贫产业项目收益可达 2400 万元。旅游扶贫产业就业 125 人，年均收入 1. 5 万元；芦苇编织产业带动 2000 户农户实现“居家式”就业，户均年增收近 3000 元；二道湾镇带动全镇农户发展“一亩园”庭院辣椒经济，带动 164 户贫困户、户均年增收 4000 元；繁荣乡打造中草药种植基地，带动 650 户，户均年增收 5000 元。

在项目库建设上，2018—2020 年，共规划编制扶贫项目 91 个，涉及资金 106748 万元。其中，产业扶贫项目 34 个、44555 万元；基础设施项目 36 个、52780.63 万元；其他项目 21 个、941 万元。

富裕县采取金融支持，创新出台了“两贷一补”政策，发放小额贷款 9000 余万元，贷款贫困户 4000 余户，获贷高于全省平均水平。为激发内生动力，实施以奖代补，对种植、养殖业发展到一定规模的给予 500 ～ 1000 元不等的奖补金。同时，落实以奖代补政策，投入奖补资金

364 万元，带动贫困户 492 户，户均增收 300 元以上。2018 年，发放以奖代补 188 万元，带动 2300 户贫困户，户均增收 4000 元。鼓励贫困户进行小型规模经营，促进农村增收拓宽村集体收入，全县累计发放补贴资金 1026.2 万元，补贴贫困户 1554 户，每户 3000 元。规模经营面积达到 50% 以上的 28 个村，每村 20 万元。2018 年，全县规范运营的合作社 98 个，家庭农场 90 个，规模经营面积达到 95 万亩。与五矿经易期货有限公司合作，在 6 个乡镇开展了保险加期货精准扶贫试点项目，为 3143 户贫困户购买了玉米价格保险共获得理赔资金 18.2 万元。2019 年，累计发放扶贫小额贷款 3910 户、11600 万元，鼓励 2477 户贫困户通过发展种植养殖业，实现增收脱贫。2020 年，富裕县出台了推动“菜园革命”奖补政策，对贫困户种植“小菜园”达到一定规模的分别给予 300 ～ 1000 元的奖补，带动 5935 户贫困户实现户均增收 2500 元；“两贷一补”政策继续深化，对发展特色种植、养殖达到一定规模的，分别给予 500 ～ 1000 元奖补资金，带动 2379 户贫困户，户均增收 3000 元。

优先安排建档立卡户劳动力转移就业。富裕县采取政府购买服务的方式，开发了劳务、监管、教育、“三关爱”等公益岗位 3000 余个，每人年均务工补贴 4800 元。在这个过程中，组建了女子护林队，选聘 608 名贫困妇女任护林员，每人每年发放管护费 3600 元，让贫困妇女有了收入。结合学生营养餐改善工作，安置建档立卡贫困人口 193 人；依托省级三大重点工程、县里主导产业及重点扶贫项目建设等，优先使用建档立卡户劳动力，从而实现建档立卡户就近就地转移就业。开展以工代赈，引导贫困劳动力到北富高速、北引扩建等省级重大基础工程建设工地进行季节性和临时性打工，吸纳贫困劳动力 800 余人，人均增收万元以上。

2015 年，10 个乡镇 46 个村共计完成对建档立卡农户 405 人的贫困劳动力转移培训，受益农户 405 户，并为 7 个乡镇 28 个村 7410 户外出务工贫困劳动力购买了人身意外险。2016 年，为 10 个乡镇 86 个村 7463 户外出务工贫困劳动力购买了人身意外险。2017 年，为全县 8400 名建档立卡贫困劳动力缴纳了意外伤害险。到 2018 年，共缴纳意外伤害险 19.89 万元，给予交通补助 58.98 万元，培训就业补助 357.95 万元，促进 1.03 万名贫困劳动力转移就业，户均年增收 1.5 万元。

2019 年，全县实现贫困劳动力转移就业 8600 人，发放务工补贴和交通补贴 330 万元，实现人均增收 1.5 万元以上。2020 年，富裕县克服疫情影响，落实交通、生活费补助政策，引导鼓励贫困劳动力通过“点对点”“能人带”的方式，省内、省外转移就业贫困劳动力 11272 人，发放生活补贴 516.6 万元，人均年增收 1.7 万元左右；安置保洁、护林、生态公益岗位就业 1384 人，人均增收 4800 元；疫情巡查值守临时岗 1639 人，人均增收 2700 元。

二、教育保障：学生资助体系全覆盖

从 2017 年到现在，一共资助 7538 人次，其中 2017 年 4140 人次，2018 年 3398 人次；发放资金 559.2 万元，其中 2017 年 300 万元，2018 年 259.2 万元。2019 年，累计发放补助资金 210 万元，资助贫困学生 3037 人次。2020 年，累计发放资金 347.8 万元，资助贫困学生 5535 人次。

2014 年，通过实施“雨露计划”教育资助项目，资助了 10 个乡镇 46 个村 193 名建档立卡户的贫困学生。2015 年，“雨露计划”教育资助项目，资助了 167 名建档立卡户的贫困学生。2016 年“雨露计划”教育资助项目，资助了 228 名建档立卡户的贫困学生。2017 年教育资金资助了 10 个乡镇 90 个村 350 名建档立卡户的贫困学生。

从 2017 年初到 2018 年，富裕县共为普通高中建档立卡贫困学生 1616

人次免学费 44.36 万元。其中 2017 年 880 人次免学费 24.165 万元。2018 年 736 人次免学费 20.195 万元。为职教中心建档立卡贫困学生 349 人次免学费 34.9 万元。其中 2017 年 179 人次免学费 17.9 万元。2018 年 170 人次免学费 17 万元。2019 年，全县为 973 名义务教育贫困学生免收教科书费和学杂费 42 万元。2020 年，累计免收贫困学生书费、学杂费 1074 人次、50.6 万元。

从 2017 年初到 2018 年，富裕县共为 449 名建档立卡贫困大学生办理贷款 337.29 万元，其中 2017 年 165 人、121.29 万元。2018 年 284 人、216 万元。2019 年，全县为 460 名考入本专科院校的贫困学生提供生源地助学贷款 368 万元。2020 年共有 469 名贫困学生享受助学贷款，贷款金额 383.11 万元。2020 年，还发放了大学新生路费 8.6 万元。

2013 年投入资金 40 万元对学校食堂进行维修改造，食堂的人工和水电成本近 60 万元，也全部由政府承担。从 2017 年初到 2018 年，建档立卡贫困学生中共有 969 人次从中受益。其中 2017 年 508 人，2018 年 461 人，可为每个贫困学生年均减少用餐支出 800 元。2019 年，富裕县将学生营养餐由课间加餐改为食堂供应午餐，每天 4 元钱营养餐全部补到学生的饭碗里、菜盘上，有 1546 名贫困学生从中受益，年均减少用餐支出 800 元。到 2020 年同样可为每个贫困家庭减少学生用餐支出 800 元。

三、医疗和低保：就医经费负担减轻

2017 年，富裕县全年医疗救助近 8900 人次，报销医疗费 4300 万元，患者减少支出 1630 万元，人均减少支出 1830 元。基本医疗保险在同级医院基础上，报销比例提高 5%，与哈医大附属肿瘤医院、县人民医院联合，在 90 个村对 10 种癌症开展免费筛查，对查出的癌症患者，在县人民医院就近接受哈医大附属肿瘤医院专家的治疗，按县级标准收取治疗费用，同时在每个乡镇都设有公立卫生院，共10个乡镇卫生院，床位188张；设立贫困村卫生室43个，非贫困村卫生室43个，完善了各村级医生的资质和设施，确保村级卫生室科室设置合理，设备设置齐全，人员配备达标，满足村民日常的看病需求。2019年，有90个村进行了免费肿瘤筛查和体检，检查4078余人次，村民节省诊察费428万元。

在慢病看好方面，2019年，富裕县对贫困人口患有脑血管意外、冠心病等10种多发性慢病进行鉴定，为符合标准的7000余人发放补贴800余万元，人均减少家庭支出近千元。2020年，对符合慢病条件的贫困人口7056人，发放补贴资金721. 6万元，人均减少家庭支出近千元，并建立了健康档案。

2017年，建档立卡贫困户住院医疗救助5272人次，救助资金支出558.7万元。2018年1—11月，建档立卡贫困户住院医疗救助3608人次，救助资金支出283.8万元。2018年，建档立卡贫困户27659人全部参合，参合率100%。并全额资助贫困户医疗保险个人缴费部分，参合资金60%由民政医疗救助资金支付，40%由县级财政资金支付。2019年，累计为贫困人口报销7800人次、4078万元，人均减少支出1400元左右；2020年为贫困人口累计住院报销3.3万人次、2947.2万元，切实防止贫困人口因病返贫。

对于特殊情况，采取“一事一议”纳入救助范围。2017年救助202人，救助资金支出24. 2万元。2018年1—11月，救助551人，救助资金支出32万元。

对于贫困残疾人的救助。2017年发放贫困残疾人两项补贴193.5万元。2018年1—11月，发放贫困残疾人两项补贴268.5万元。到2020年12月，为3000余名贫困残疾人发放两项补贴240.3万元。

截至2018年11月末，富裕县农村低保7518户、12883人，其中贫困户3702户、6697人，占全县农村低保人数的52%，占全县贫困人口数的24%。特困供养人员1428人，其中贫困户383人，占全县特困供养人数的27%，占全县贫困人口的1%。到2020年，新纳入低保472人，累计将贫困户纳入低保3697户、6602人。

四、安全住房保障：分类实现住有所居

在危房翻新修缮方面，2014年危房改造642户；2015年危房改造737户；2016年危房改造677户，其中575户新建，98户修缮，4户购买；2017年其他三类重点对象（低保户、残疾户和五保户称为"其他三类重点对象"）危房改造383户，其中新建70户，修缮312户，住进幸福大院1户。

自2017年初至2018年11月末，全县共完成危房改造任务8282户，其中2017年5886户，2018年2396户。按贫困类型分：贫困户5047户；低保户、五保户、贫困残疾人家庭等三类对象859户；非贫困户2376户。按改造方式分：新建2380户，修缮加固5589户，购买162户，集中建设幸福大院33户，分散建设幸福大院118户。

2019年，富裕县完成危房改造47户，其中翻建37户，购买10户。2020年，富裕县研究制订了《富裕县2020年脱贫攻坚住房安全保障"70天决战"行动工作方案》，采取翻建、修缮等方式，完成建档立卡贫困户、低保户、分散供养五保户、贫困残疾人家庭等4类重点对象危房改造2606户，同时建立了《富裕县农村住房安全长效运行管理办法》，持续开展住房安全问题排查，建立问题台账，及时发现及时解决，让百姓认可满意。

五、基础设施建设：路、水、电、网再升级

在道路方面，富裕县制订了交通行业精准扶贫路网规划，明确了路网改善工程、撤并建制村工程、完善安保工程、危桥改造等具体指标。2014年以来共开工建设53个公路项目，总里程486.386公里，总投资99823万元，其中国投资金58246万元，地方匹配41577万元。

从2016年起，富裕县大力推进90个行政村，重点推进46个贫困村交通基础设施建设。2016—2017年，富裕县共修建公路项目40项，总里程227.116公里，总投资15154万元，其中国补资金9387万元，地方匹配5767万元。确保了2017年90个行政村常驻人口300人以上自然村通硬化路，90个行政村全部通客车，建成了与全县全面脱贫目标相适应的农村交通运输服务体系。

2016—2017年，一共完成了145.316公里撤并建制村工程，危桥改造项目5座，路网改善项目40公里以上，破损修复道路41公里以上。

2018年，富裕县又投资530万元对9.75公里破损路面进行修复，利用扶贫资金3800万元修建9个乡镇24个贫困村屯64公里的公路，以改善贫困村交通基础设施落后的局面。2019年，整合涉农资金1.15亿元，在51个行政村新建村内水泥路180公里，有46个村道路全部实现硬化，占行政村总数的51.1%。同时投入2250万元，为7个村实施了雨水暗排、边沟硬化、新时代文明实践站等基础设施项目。目前，全县10个乡镇90个行政村硬化路全部畅通。90个村中心屯村村委会在500米范围内至少有一条水泥路连通其他公路或上级乡镇，硬化路路基宽度大于等于4.5米，路面宽度大于等于3.5米。道路的畅通为发展乡村经济、支持脱贫攻坚奠定了坚实的基础。

为了确保旅游扶贫互盈双利，富裕县争取到龙腾路项目，投资2810万元建成了12公里的三级公路，规划投资2400万元建设龙腾旅游客运站。同时将龙腾温泉度假庄园与小河东村之间的道路全部打通，形成了内部联通、外部环绕的态势。

2017—2018年，富裕县共投入安全饮水资金6817.5万元，其中省级下达地方债券资金2268万元，民委项目资金179.7万元，产粮大县资金71.5万元，整合资金3030万元，农村征占地补偿款资金628.3万元。新打水源井60眼、新安水处理设备89处、新建井房119座，铺设及疏通主管线106369米，铺设及疏通支管线611658米，铺设入户线182446米，疏通及新安入户18329户（其中，新安入户16824户，疏通1505户）、安装小型净水器2264台、水质检测等措施解决饮水不安全问题。通过以上措施，富裕县饮用自来水村屯达到290个，无自来水工程25个，其中，整屯安装小型净水器13个，分散式供水水质检测合格12个。经水质检测，全县农村所有自然屯水质各项指标均达到《生活饮用水卫生标准》（GB5749–2006）中要求，所有农户均吃上安全水。

到2020年，富裕县全面实施农村饮水安全巩固提升工程，新打水源井14眼、提升井口26处、新建井房37座、新建围栏2219米、铺设管网53788米、新安水泵15台、新安变频10台、新安水处理设备7台（套）、更换滤料108处、安装小型净水器60台、更换小型净水器滤芯及维修342台，确保“水质、水量、用水方便程度、供水保证率”四项指标符合饮水安全标准。检测农村饮水安全工程246处，检测水样492件。

在电网通信方面，单相220伏的生活用电、380伏生产用电连通比例达到100%。自2014年以来，累计投入8100.64万元建设4G基站131个，实现4G信号覆盖90个行政村，实现宽带覆盖90个行政村（其中贫困村46个，非贫困村44个），310个自然屯（贫困村自然屯162个，非贫困村自然屯148个）。贫困村实现光纤通达，宽带接入能力不低于12Mbps。综上，富裕县的“三通三有”均有保障。

专栏7-1

繁荣乡永丰村脱贫成效简介（建档立卡贫困村）

永丰村，位于繁荣乡北部1.5公里。有耕地24006亩、林地2860亩，全村农户总数748户、1732人。该村是2014年建档立卡贫困村，经2017年精准识别、精准退出“回头看”，确定贫困户207户、543人，现已脱贫203户、536人，未脱贫4户、7人，贫困发生率由2014年的28.6%降至0.4%，达到了国家贫困退出标准。2018年9月末人口自然增减调整后，贫困户为206户、556人，人均纯收入8935元，全部脱贫。

2015年美丽乡村建设工程在永丰村实施，围墙建设9378延长米、新硬化道路硬化1.87公里（2255米）、硬化率达100%、亮化工程安装路灯124盏，休闲广场建设（硬化4106平方米、绿化12262平方米）路边沟网格化4088延长米、各户大门安装244对、入户桥涵建设252座、房屋改造148户。工程总造价1180万元，被县委县政府定为“美丽乡村”示范村。2017年建设了195平方米的综合活动室一处，还建设了80平方米的标准村级卫生室一处。

永丰村的基础设施建设基本完成，在美丽乡村制度完善工作中，如何管理好是难题。经过村“两委”研究和对其他先进村的参观学习，经党支部大会和群众大会讨论通过，制订了符合永丰村实际的《村规民约》，共6章37条，主要是以激励为主，以普惠为重点从四个方面对村民进行奖励：

一是从普惠上，二是从文明新风上，三是从爱老敬老上，四是从重视人才培养，重视教育上。通过惠民待遇的发放，树立了先进典型，致使广大村民受到了激励，自觉地去维护“美丽乡村”的建设成果，树立了爱护美丽家园从我做起的思想观念，村民的素质有了极大的提高。设立6个专职保洁员，责任明确，为环境整洁提供了有力保障。

永丰村充分利用现有娱乐健身场所，开展丰富多彩、积极向上的文体活动，在全县农村健身舞大赛中，获得农村广场舞大赛二等奖的好成绩。通过活动的开展，村民的精神面貌得到很大改观，成效显著。

抓好产业结构调整，推进立村产业、打赢脱贫攻坚战。种植业结构调整，旱改水2910亩、种植药材2100亩，使126户贫困户受益。2016年旱改水项目，投入资金193万元，吸收全体贫困户加入村集体领办的富裕县繁荣永丰农业生产专业合作社，利用扶贫资金109.35万元，购买村集体机动地810亩，用83.65万元把810亩旱田改造成水田，形成了一个产业扶贫项目，也作为永丰村主要立村产业带领贫困户脱贫。全体贫困户入社，每个贫困人口分红240元，村集体分红5.2万元。

特色种植，村集体领办成立了富裕县丰金中草药种植合作社，带领47户贫困户及51户农户种植中草药1260亩。庭院种植药材23户、44亩。效益可观，是一项脱贫致富的好产业，经产业带动及多方努力，到2018年初，已有207户、543人脱贫。2018年9月末贫困户脱贫率达到100%，摘掉了贫困村的帽子。

2018年12月21日

资料来源：富裕县扶贫开发服务中心、繁荣乡政府。

专栏 7-2

绍文乡民乐村脱贫成效简介（建档立卡贫困村）

民乐村，位于绍文乡西南部 5 公里。有耕地 26805 亩、林地 700 亩，全村农户总数 806 户、2041 人，该村是 2014 年建档立卡贫困村，经 2017 年精准识别、精准退出“回头看”，确定贫团户 275 户、727 人，现已脱贫 269 户、715 人，未脱贫 6 户、12 人，贫困发生率为 0.55%。

政策落实情况按照“两不愁三保障”退出标准，对贫困人口进行分类施策、精准帮扶。

在“两不愁”上，针对有劳动能力贫困人口，依托本村地缘优势，引导 275 户贫困户发展水稻等经济作物，户均年可增收 1600 余元；依托县里出台的“两贷一补”政策，协助 81 户贫困户办理扶贫小额贷款 161 万元，用于发展种植养殖；发放“以奖代补”93 户、6.25 万元，户均年增收 672 元；实行劳务补助推进转移就业，给予 216 人培训补助 10.8 万元，交通补助 71 人、2.1 万元，缴纳 30 元意外保险 71 人，促进转移就业 287 人，年人均收入 1.3 万元；结合村屯环境整治、日常安全巡逻、公共设施管护等公共服务需求，设置公益岗位 43 个，其中贫困人口 6 人，户均年增收 2200 元。对完全或部分丧失劳动能力贫困人口，通过兜底保障、流转土地、产业分红、公益保障等措施，稳定增加收入，实现兜得准、保得住。全村纳入低保贫困户 166 户、264 人，占贫困人口 36%，按人均可支配收入 3780 元 / 年的保障标准，实行据实差额补助发放；县级产业分红实现所有贫困人口全覆盖，贫困人口每人年收益300元，低保贫困人口每人年收益700元。一是租赁二道湾镇富兴村空地，利用涉农整合资金280万元，新建400千瓦村级光伏扶贫电站，可带动80户无劳动能力户，户均年增收3000元，持续20年。二是整合扶贫资金191万元，投入到百米江种植联合社仓储库项目，县级统筹使用。

在"三保障"上，保教育，全村享受"助、贷、免、补"教育扶贫政策，累计125人、18.52万元。保障医疗，贫困人口参加新农合率100%，免费体检并建立健康电子档案727人，纳入县级慢病33人、补贴资金18200元，通过基本医疗保险、大病保险、大病兜底保险、商业补充保险、大病救助、慈善救助6条保障线，为贫困者报销医药费117人（次）、58.5万元，人均少支出0.5万元。保障住房，累计改造农村危房138户，发放补助资金44.8万元，户均减少支出1.65万元。

基础设施和公共服务情况，投入376万元，补齐"三通三有"短板，已全部达标，其中：通宽带，全村宽带接入能力达到上级要求，通广播电视，有线电视入户率100%。通硬化路，利用项目资金硬化道路4.2公里，栽植各类树木2种1500棵，新安装自来水412户，自来水入户率100%。有卫生室，维修2处标准化卫生室。有村医，配备两名村医，有文化活动广场，现有2000平方米文化活动广场两处。一整洁，实行保洁常态化管理，村屯环境卫生实现了屋里、院内、院外"三个干净"。

资料来源：富裕县扶贫开发服务中心。

六、以脱贫攻坚统揽经济社会发展全局

脱贫攻坚作为全人类面临的世界性难题，普遍由于贫困人口脱贫基础不牢、区域产业基础较弱等原因，更多的是因病致贫、因残致贫、因老致贫的“贫中之贫、困中之困、坚中之坚”，导致这一难题长期以来难以全面、根本得到解决。

近年来，富裕县按照精准扶贫、精准脱贫的部署要求，结合当地实际，把各项政策向脱贫攻坚聚焦、各种资源向脱贫攻坚聚集、各方力量向脱贫攻坚聚合，形成了以脱贫攻坚统揽经济社会发展的整体格局。其中，“统揽”就是强化全县上下的全局观念和“一盘棋”思想。第一，是把脱贫攻坚变成抓全局、促改革的过程，把党的领导、政府的支持、市场的推动、社会的帮扶整合起来，所有工作都要向脱贫攻坚聚焦，各种资源都要向脱贫攻坚聚集，各方力量都要向脱贫攻坚聚合。第二，是把脱贫攻坚变成建产业、强经济的过程。围绕县域经济尤其是产业的短板，最大限度把各部门分散的项目、资金和资源整合起来，以抓脱贫攻坚为重点，推动产业发展、经济建设上新台阶，补齐经济的短板，带动全县经济发展。第三，是把脱贫攻坚变成惠民生、增福祉的过程。一方面，以致贫的原因、存在的问题、群众的需求为导向，出实招，想实策，求实效；另一方面，以增添民生福祉尤其是贫困群众能够脱贫致富为标准和考量，细化各项具体政策措施，精准配置各类资源。第四，在“统揽”全局的路径上，富裕县还提出坚持“心中有情、脚下有路、手上有招”来统筹推动脱贫攻坚各项工作，以各项事业新发展确保脱贫攻坚任务如期完成。

（一）以脱贫攻坚抓全局、促改革

富裕县认真贯彻落实中央、省委和市委要求，在工作中改革工作思路和方式，把脱贫攻坚作为全县工作的总舞台，指挥调度全县帮扶力量在这个舞台上一展身手、施展才华，在完成扶贫任务的同时，也提高了自身的工作能力，促进了整个县域经济社会的发展（见图 7–1）。

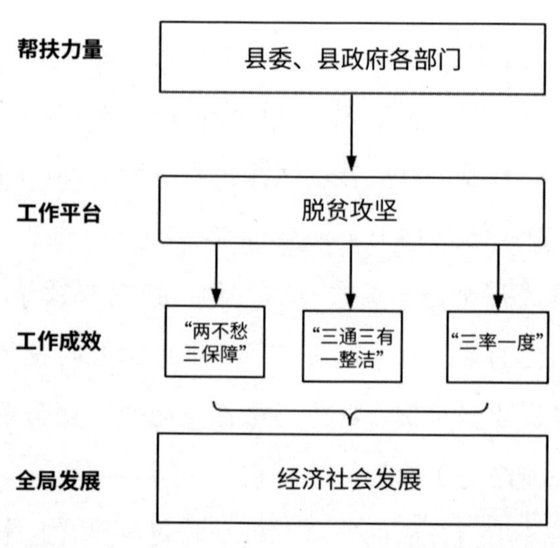

图 7–1　富裕县脱贫攻坚统揽示意图

脱贫是一场攻坚战，设计打法和调配人力物力是取得胜利的保障。富裕县就在组织上抓住了大局，把全县的行政力量集合到一处，统一指挥，统一作战，全县联动脱贫攻坚。

为了做好脱贫攻坚，各职能部门都结合自己的本职工作实际制订了扶贫政策，精准到村、精准到人、精准到事。

富裕县委组织部坚持党建引领农村集体经济发展，努力为贫困群众脱贫致富提供物质保障。县委成立了发展壮大村级集体经济工作领导小组，明确组织扶贫、财政、农业等 9 个职能部门责任，实行季度例会制度，研究解决重点难点问题。实行县级领导包乡、乡镇班子包村，把集体增收作为重点帮扶任务，帮助谋思路、定措施、解难题。

富裕县扶贫开发服务中心，牵头抓总谋项目。中心充分发挥部门职能作用，依据全县扶贫攻坚“十三五”产业规划，认真分析形势，结合富裕实际统筹考虑贫困户增收因素，在深入调研科学论证的基础上，确定了以粮食仓储、奶牛养殖、特色养殖、乡村旅游、水田开发、光伏为重点的县级主导产业。

富裕县劳转中心始终把提升贫困户劳动力的就业能力作为主攻方向，统筹考虑务工信息和政策补助由政府主导搭建了务工信息平台、技能培训平台和政策补助平台三个平台，让贫困劳动力转移就业更有能力。

富裕县水务局成立了水利扶贫小组，局长担任组长。对照安全饮水现行标准，增加人财物投入力度，加强农村饮水工程建设，彻底解决产业发展和群众用水问题。通过新建井房、安装水处理设备、安装小型净水设备、铺设管线等有效措施，对 90 个行政村 315 个自然屯的水质进行专业检测，做到“村村通自来水，户户饮放心水”的要求。

从 2016 年开始，富裕县将农村危房改造列入全县“六大脱贫攻坚战”之中，并摆上重要工作日程，全力以赴加以推进。通过主要领导参与，带领相关部门研究上级政策、外出考察学习、反复会议研究，结合县情实际先后出台了《富裕县农村危房改造补助政策》《富裕县农村危房改造实施方案》《验收标准》《资金发放前置要件》，保证了危房改造工作的可操作性和实效性，进一步明确了“建修统筹，租灭结合”的危房改造工作思路，做到了组织领导、危房排查、改造补贴、质量监督四项到位，为最终实现农村安全住房全覆盖奠定了基础。

富裕县教育局推行教育力量向一线倾斜，建立有教育扶贫各乡镇政府参加的教育扶贫工作联席会议，定期研究教育扶贫工作队出现的问题，采取“一事一议”及时解决。确定了对幼儿园、小学、初中、特教学校、普通高中、职业高中及上大学的富裕籍建档立卡贫困学生进行全覆盖资助，建立了建档立卡贫困学生“助、贷、免、补”资助体系，为打赢教育攻坚战提供了有力保障和坚强支撑。

富裕县医保局实施健康扶贫，坚持“减存量与控增量”相结合，一手抓治疗，一手抓预防，将基本医疗保险、大病保险、兜底保险、补充保险、医疗救助、慈善救助“6 条保障线”进行有效衔接，最大限度减少贫困人口住院费用。

富裕县在低保中心成立了全县社会保障兜底脱贫攻坚领导小组。通过加强对农村低保与扶贫政策有效衔接，完善社会救助各项机制，保障了贫困群众的基本生活，遏制了因病致贫返贫的发生。通过两线合一，做到应保尽保、应扶尽扶。还克服县政府财力紧张实际难题，保障社会救助资金的匹配。

富裕县文化广电体育旅游局在文化扶贫、扶贫扶志方面发挥了职能作用，取得了良好成效。他们举办大型赛事选拔农村草根文艺人才，通过精心培养锻炼，提高草根文艺人才的素质。并通过政府购买服务的方式聘用专职文化站员。为了完善活动平台，他们着力建设贫困村文化设施，实现文体活动广场全覆盖、文化活动室全达标、设备设施全匹配。通过定期组织扶贫宣传、扶贫专场演出，宣传扶贫政策，教育贫困人口摆脱“等靠要”思想，播种思勤思变，尽快脱贫的文化种子。

通村连乡的道路基础设施是贫困村脱贫的一项关键指标。为彻底解决贫困村屯运力不强，出行困难等交通瓶颈，富裕县交通运输局围绕脱贫攻坚具体任务，全面推进区域内贫困村和非贫困村的道路建设工作，依托嫩泰高速公路、302 省道及富龙公路为主的 A 型公路网络主骨架，推进覆盖乡镇的支线公路和衔接村庄的农村公路建设，确保每个村庄的道路基础设施都能达到国家标准。开通了客运班车，运营路线辐射周边三市四县，覆盖全县乡镇和建制村。

富裕县工信局自 2014 年以来推进信息通信建设。3 年实现了全县 90 个行政村宽带网络全覆盖，农村通信基础网络建设和综合利用水平全面提高。还借助国家电子商务进农村示范项目实施的契机，依托现有网络基础设施，与北京神州买卖提电子商务公司开展合作，使老百姓得到了方便实惠，人民群众有了更多获得感。

富裕县委统战部多次组织召开会议，专题研究社会扶贫工作。制订下发了非公经济企业参与扶贫攻坚大会战实施方案，成立了全县非公企业参与扶贫攻坚工作办公室，明确了“以全县非公有制经济企业和非公有制经济人士为帮扶主体，以建档立卡的贫困村为帮扶对象，以村企共建为主要形式，通过定点帮扶贫困村围绕产业增收、村企合作、吸纳劳动力就业、捐献爱心基金、开展就业培训等多种途径，帮助贫困村开发优势资源，培育主导产业、帮扶贫困户找到致富路”。还发挥统战部门的职能作用，主动与各驻富部队搞好对接，引导各驻富部队主动参与全县脱贫攻坚，等等。

近年来，我们在农村调研中发现，凡是农村经济发展好、社会治理能力强、服务群众本领大、村民满意度高，都是那些农村党支部强，而且是村党支部书记和村委会主任一人担，“两委”混合任职、整体功能合一的村庄；那些问题成堆、群众意见大的村庄，都是村党组织软弱涣散，村民自治组织——村委会治理能力低下，难以履行法定职责。

扶贫工作中，干部驻村帮扶是一次真正践行了群众路线的有效方式。通过驻村帮扶，可以通过“主题党日”等方式带村干部一道学习党的政策，提高思想水平；商议发展项目，提高村集体的收入和个人的威望；走村串户体察民情，重拾邻里感情和鱼水深情。这样从认识到能力对村干部都是一种锻炼。除此之外，富裕县还注重对致富能人、回乡大学生的培养，富裕县就有村支部书记直接提升到乡镇副科级干部的案例。富裕县还规定，对于村“两委”涣散薄弱的村庄，第一书记或驻村工作队员也可以参加帮扶村的村民选举，关系转到村支部，并保留原单位一切待遇。驻村干部在村里吃住，想的是千家万户的事，干的是脱贫致富的活，通过情感帮扶、联络沟通，都和村民处成了亲戚朋友。

这一切组织联动和实践落实，都需要深化改革的精神。扶贫不是孤立的，涉及许多部门和因素，没有敢于改革、敢于担当的精神是做不好扶贫工作的。在扶贫中，改革就是对工作的创新。创新工作思路，把扶贫放到经济社会发展全局的高度进行。创新工作方式，协调部门利益、组织部门联动、整合资源资金等，都需要打破之前的层层壁垒，打通关节需要勇气，需要担当。富裕县在脱贫攻坚中以脱贫攻坚为统领抓全局、促改革，促进了全面发展，取得了明显成效。

（二）以脱贫攻坚建产业、强经济

经济基础决定上层建筑，发展经济产业同样是立县、立村的基础。富裕县充分抓住脱贫攻坚的发展时机，利用各种扶贫政策，发展产业、发展经济，带动贫困人口持续增收。

富裕县利用扶贫政策，发展县级脱贫产业。2014—2017 年，富裕县整合砍块资金和涉农资金投入龙头企业和合作社中，重点发展建设奶牛养殖、乡村旅游、特色养殖、粮食仓储、盐碱地改造、光伏发电、灵芝、机械采购后租赁和一二三产业融合等项目。到 2018 年初，共回收项目收益 1400 余万元。按照县级扶贫产业收益分配机制，对 46 个贫困村定额分配每村收益 4 万元，对收入较低的低保贫困户每人分红 700 元，确保其收入稳定达到4500元以上，对其他两万名贫困人口每人分红300元。2018年富裕县又实施了机械库房、辣椒基地、投资收益、生猪养殖、光伏扶贫等5个县级产业项目。

另外，富裕县针对贫困户贫困现状，重点通过规范合作社培育家庭农场等新型农业经营主体，让他们带动贫困户增收。在2018年的种植结构调整中，富裕县突出发展了特色农业经济作物，增加了6万亩，带动贫困户种植增收。如二道湾镇的辣椒、塔哈镇和繁荣乡的中草药、忠厚乡的马铃薯、富海镇的杂粮、塔哈镇的西瓜、龙安桥镇和绍文乡的水稻、富裕镇和友谊乡棚室蔬菜。还结合乡村振兴战略，全力推进庭院经济示范村10个，带动贫困户847户，户均增收800元。

扶贫工作的落实执行是一个县执政能力、工作水平的综合反映。对一个县来说，由贫困导致的基础条件的限制，是县域发展的短板。富裕县通过扶贫工作的带动，将精兵强将和有限资源、资金投入交通、产业、教育等关键领域，逐渐补齐短板。巩固发展了农产品种植和畜牧业养殖、加工的优势产业，提升了发展动力和知名度。比如，2018年6月28日，益海嘉里（富裕）现代农业产业园项目在富裕县经济开发区塔哈综合产业园区正式启动。本项目是由益海嘉里集团投资兴建的农产品综合加工企业集群，吸纳全球领先技术，是一个集粮油食品工业、生物科技、能源供应于一体的综合性现代农业产业园，规划占地面积约为300万平方米，预计投资总额80多亿元，主要从事玉米、大豆、小麦的深加工，还规划有甜菜、马铃薯的加工和深加工项目，初步规划年加工玉米180万吨、小麦50万吨、大豆21万吨，主要产品有玉米淀粉、小麦淀粉、小麦面粉、淀粉糖、大豆分离蛋白、食用植物油、谷朊粉、味精、赖氨酸、苏氨酸、饲料及生物质肥料等。同时还要建设污水预处理厂、热电联产、110kV变电站和铁路专用线等配套设施。项目全部达产后，可实现年产值80亿元，实现税收

5亿元，安置就业3000人。

发展产业是一潭活水。对于贫困地区来说，经济产业的发展必定受到当地各方面条件的影响。他们有计划、有目标，但是受到一定的限制不能实现。脱贫攻坚开展以来，国家政策、资金都不同程度地向贫困地区倾斜，贫困地区就能借此实现发展目标。扶贫的目的简单来说就是实现贫困户的增收，而实现增收要靠发展产业来支撑。富裕县将有限的资源投入到产业的发展中，产生不断的持续收益，巩固了脱贫成果。

（三）以脱贫攻坚惠民生、增福祉

实现贫困户增收脱贫，提高他们的满意度和幸福感，是脱贫攻坚工作的落脚点。不管是抓全局、促改革，还是建产业、强经济，目标都是惠民生、增福祉。

富裕县以全面建成小康社会为引领，加大民生投入，统筹推进城乡教育一体化发展，建立覆盖城乡的基本医疗卫生制度，健全基本社会保障体系，繁荣文化体育事业，不断提升群众的幸福指数和满意度，让更多群众共享改革发展的成果。用脱贫攻坚促进教育发展，建立了“助、贷、免、补”的助学资助体系，使贫困学生能够完成学业，开拓内生动力实现脱贫。用脱贫攻坚促进医疗保障，改变了群众有病不敢看，有病看不起的现状，为贫困人口织起一张强有力的保障网，最大限度避免了因病致贫、因病返贫的发生。用脱贫攻坚促进社会保障兜底，使农村低保与脱贫攻坚有效衔接，做到应保尽保。用脱贫攻坚促进了住房保障，消除了安全隐患，使贫困人口住有所居，达到了“两不愁三保障”的要求和目标。

贫困村和贫困群众的获得感最为直接。通过扶贫，村民脱贫了，有了一定的收入；村庄的环境变好了，有了路灯，有了垃圾集中处理清运，有了绿树花草，有了公共浴池，有了卫生厕所，这些农村硬件的改善是一个村庄的脸面，也能反映出一个村庄整体的心态。通过扶贫，敬老孝老、尊师重教等优良传统得到弘扬，引导农村整体的风气发生转变。比如，繁荣乡永丰村把乡风文明建设作为乡村振兴的有力抓手，充分发挥党组织的主心骨作用，将扶智、扶志、扶德相结合，扎实推进美丽乡村建设，健全完善村规民约，广泛开展道德讲堂，大力发展壮大村级集体经济，持之以恒正人心、淳民风、提素质、聚合力、促发展，实现了“硬件”和“软件”同步提升，使永丰村由“生活靠救济，吃饭靠返销粮”的贫困村蜕变为“沃野花开，春色满园”的美丽幸福新村。

综上所述，脱贫攻坚是一个有机的整体，只有发挥各方面的合力才能实现脱贫目标。富裕县以脱贫攻坚为统领，以敢于担当的改革创新精神，促进了全县经济社会的发展。通过抓住全局，规导人力财力物力的使用，组织各职能部门深度参与扶贫，发挥职能优势和人才优势，打开了各部门本职工作的局面，不仅实现了精准帮扶，还实现了精准作为。通过使用扶贫政策和资金，打造了县级和村级产业，并加强管理促其发展，在摘帽后也能保障持续受益。通过扶贫将以前联络不畅的工作统筹起来，促进了教育、医疗、社会保障等各项工作有机结合，增进了群众幸福感和获得感。这是扶贫工作的统领作用和感召力。

专栏 7-3

富路镇长兴村脱贫攻坚工作简介

编者注：2017 年，距离陈俊生同志 1952 年做的《加强党对农村贫困户工作的领导——富裕县长兴村贫困户问题的研究》已经过去了 65 年。65 年里，富裕县长兴村在国家扶贫政策的帮扶下，实现了“两不愁三保障”的脱贫目标。

长兴村，位于富路镇东南部6公里。有耕地24093亩、林地1235亩，全村农户总数646户、1866人。该村是2014年建档立卡贫困村，经2017年精准识别、精准退出“回头看”，确定贫困户46户、103人。现已脱贫45户、97人，未脱贫1户、6人，贫困发生率为0.39%。

按照“两不愁三保障”退出标准，对贫困人口进行分类施策、精准帮状。在“两不愁”上，针对有劳动能力贫困人口，依托长兴村地缘优势，引导贫困户发展玉米经济作物，户均年可增收2000余元；依托县里出台的“两贷一补”政策，协助3户贫困户办理扶贫小额贷款6万元，用于发展种植养殖；发放“以奖代补”4户、0.35万元，户均年增收875元；实行劳务补助推进转移就业，给予6人培训补助3000元，交通补助5人、1500元，缴纳30元意外保险17人，促进转移就业11人、年人均收入1万元；结合村电环境整治、日常安全巡逻、公共设施管护等公共服务需求，设置公益岗位52个，其中贫困人口9人，户均年增收2400元。对完全或部分丧失劳动能力贫困人口，通过兜底保障、流转土地、产业分红、公益保障等措施，稳定增加收入，实现兜得准、保得住。全村纳入低保贫困户13户、30人，占贫困人口29%，按人均可支配收入3780元/年的保障标准，实行据实差额补助发放；县级产业分红实现所有贫困人口全覆盖，贫困人口每人年收益300元、低保贫困人口每人年收益700元。

在“三保障”上，保障教育，全村享受“助、贷、免、补”教育扶贫政策，累计2人、1125元。保障医疗，贫困人口参加新农合率100%。通过基本医疗保险、大病保险、大病兜底保险、商业补充保险、大病救助、慈善救助6条保障线，为贫困患者报销医药费48人（次）、27.5万元，人均减少支出0.6万元。保障住房，累计改造农村危房55户，发放补助资金96万元，户均减少支出1.75万元，投入170万元。

补齐“三通三有”短板，已全部达标，其中：通宽带，全村宽带接入能力达到上级要求。通广播电视，有线电视入户率100%。通硬化路，利用项目资金，硬化道路5公里，栽植各类树木2种287棵，新安装自来水124户，自来水入户率100%。有卫生室，维修1处标准化卫生室。有村医，配备2名村医。有文化活动广场，现有2000平方米文化活动广场1处。一整洁，实行保洁常态化管理，村屯环境卫生实现了屋里、院内、院外“三个干净”。

第四篇 FOUR

富裕县脱贫攻坚的经验和启示

第八章　富裕县脱贫攻坚的经验

作为黑龙江省2017年申请并实现脱贫摘帽的五个固定贫困县之一，[①]富裕县在精准扶贫和脱贫攻坚过程中，把党中央、国务院及省委省政府的全面部署和要求作为这场战役的根本遵循和行动指南，在组织、宣传动员、党的建设、队伍建设、治理体系构建、制度设计、政策推进、措施落实、资金使用、监督管理，以及产业扶贫、社会扶贫、健康扶贫、教育扶贫、金融扶贫、住房保障、兜底保障、基础设施和公共服务改善等诸多方面集中精力和力量，采取了超常规举措，解决“两不愁三保障”“三通三有一整洁”面临的突出问题，走出了定点扶贫与整村推进相结合、开发扶贫与社会救助政策扶贫相结合、参与式扶贫与被动扶贫相结合的脱贫之路，保证了按时保质完成脱贫攻坚目标任务，积累了可供参考借鉴的实践经验，并蕴含着一定的实践创新，大体可概括为如下五个方面。

一、以党建和组织建设为引领，强化扶贫队伍能力

以党建和队伍建设为引领，激发发展活力，解决的是提高扶贫主体能力以及乡村治理效率的问题。富裕县从加强党的领导，释放“一把手”能量，促进各类人才下沉到村等途径着手，最大限度地调动人、财、物、社会关系等各种资源，投入、落地到贫困村和贫困户，提高他们的自我

① 《国务院扶贫办关于反馈黑龙江省2017年贫困县退出专项评估检查结果的函》（国开办函〔2018〕102号）

发展能力。

（一）加强党的领导为脱贫攻坚提供政治保障

富裕县在脱贫攻坚中加强党的领导，加大对行政、资金、人力、制度资源的组织、动员、落实的力度，为脱贫攻坚的有序开展提供保障。

富裕县把脱贫攻坚作为首要的政治任务、“一号工程”和头等大事，由县委、县政府组织领导，向乡镇党委政府、村级党组织层层压实责任，建立“县级领导示范抓、各个乡（镇）主责抓、驻村工作队专责抓、村级组织具体抓、扶贫办统筹抓”的脱贫攻坚责任体系，逐级签订了《脱贫攻坚责任状》，做到分工明确、责任清晰、任务到人、考核到位，把压力层层传导到位，责任落实具体到人，形成了纵向联动、横向配合的合力，确保全县各级组织和党员干部思想统一、步调一致。

县委、县政府为了进一步强化对脱贫攻坚的组织领导，便于把脱贫攻坚工作置于全县改革发展全局之中进行统筹设计和调控，通过多个领域各项改革为脱贫攻坚创造有利的环境和条件，专门成立了由其直接领导的扶贫领导小组作战指挥部，负责研究和统筹扶贫政策，所有有关扶贫的重大政策的出台和重要事项的确定，先后经县政府常务会、县委常委会审定，统一由其讨论决定，变“九龙治水”为“一龙治水”，使指挥系统更有力，各项政策更得力。

为方便驻村党员开展组织生活，同时，更好地协调不同职级、不同年龄、不同专业、不同背景的驻村扶贫力量，减少他们之间的摩擦，尽快实现统一认识、统一行动，富裕县在严格落实乡镇党委、驻村工作队、帮扶责任人三级领导关系的基础上，在每个村组建了新型村级党组织——“扶贫党支部”，由驻村工作队总领队任支部书记，驻村工作队队员、第一书记均加入该支部，并将基层党建与扶贫工作深度融合，用党员的纪律和标准要求帮扶责任人听从统一指挥，加强了村一级脱贫攻坚工作的党的领导（见图 8–1）。

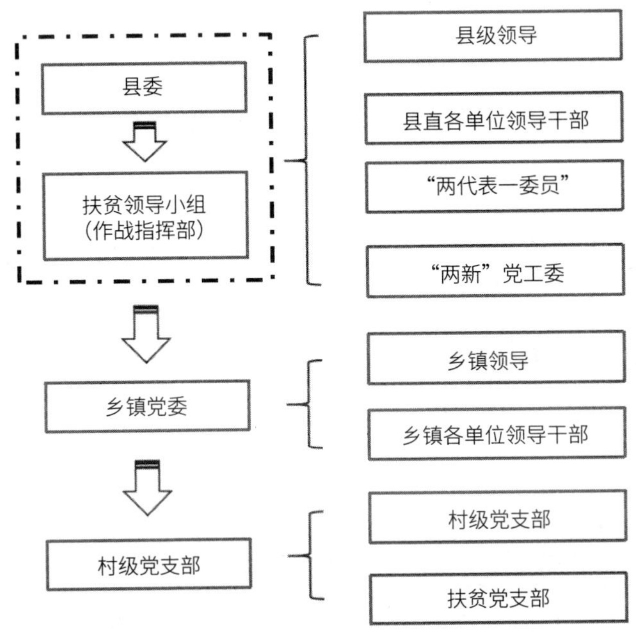

图 8–1　富裕县脱贫攻坚工作中党的领导情况

（二）"一把手"驻村，提高执行能力和决策效率

在组织力量方面，富裕县有两条特色经验。第一，在加强村级扶贫力度上，富裕县在配备第一书记的基础上，又组织各单位"一把手"担任驻村工作村总领队（见图 8–2），发挥他们工作敬业、经验丰富、协调能力强、"当家"能决策等领导优势，更好、更大力度地解决农村和农户生产、生活及发展上遇到的实际困难。

第二，在帮扶村集体经济发展上，富裕县聚合"实权"部门，通过制度设计，使上下级领导责任、利益联动，压力、能力和激励联动，激发干部潜力，帮扶村集体发展起村集体经济。富裕县单独成立了"发展壮大村级集体经济工作领导小组”，由组织部、扶贫办、财政局、农业局等9个重要的职能部门共同组成，他们的任务是研究和解决发展壮大村级集体经济工作中遇到的重点和难点问题。为了保证责任能落实、问题能解决，富裕县还设计了一套组织管理制度。①任务明确：以集体增收为重点；②职责明确：帮助乡镇、村集体“谋思路、定措施、解难题”；③办法明确：层层落实责任，硬指标考核。即县级领导包乡，对乡镇负责；乡镇领导班子成员包村，对村负责；逐级签订责任状，通过季度例会制度履行职责，在党建述职评议考核时，把发展村级集体经济的业绩作为一项硬指标，与干部选拔任用、先进优秀评定、绩效奖励相挂钩，对“空壳村”没有消灭、集体收入没有增长、村级债务不减反增的，实行一票否决。

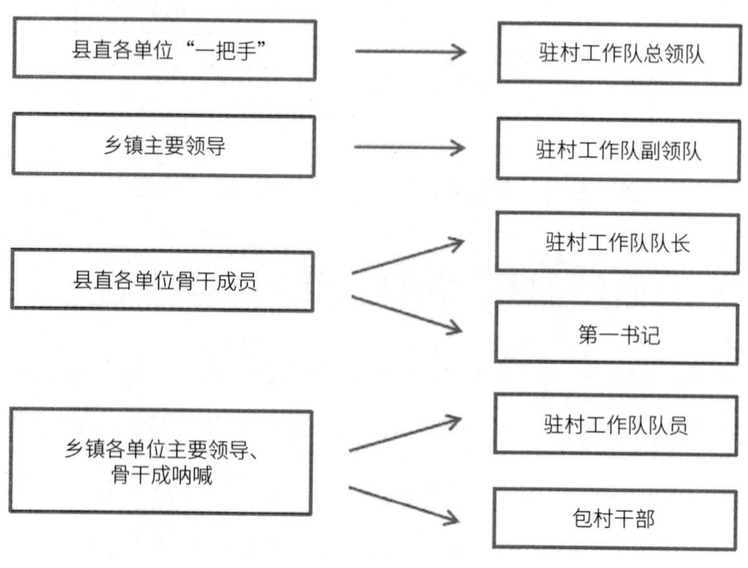

图8-2 富裕县公职人员下沉至村路径图

（三）培养人才，提高村基层组织素质和能力

富裕县通过组织动员和队伍建设，促进八类人才下沉到村，帮助和带

动贫困村、贫困人口想思路、找办法、做决策、会技能、懂经营，提高了他们的自我发展能力。通过县、乡领导包村入户，直接帮助村“两委”、村集体经济组织、贫困户解决难题。通过派出公职人员精锐力量组成驻村工作队驻村，充实乡村自治力量。

通过吸引本地在外的企业家、致富能手等有头脑、懂市场、会管理、善经营、有资本的能人对接产业项目，返乡创业，投资兴业，为农村带来资本、市场、技术、知识等稀缺发展要素，推动乡村产业发展，带动农民就业。通过吸收外出务工经商人员回村加入村“两委”或作为村集体经济组织的带头人发展成为党员，把社会资源和关系带入农村，提高村基层组织素质和治理、经营、管理能力。通过把党员和村干部培养成致富带头人，支持党员发展致富产业项目，用农村党员创业扶助基金进行扶持，打造“一乡一业”“一村一品”，让每个乡镇至少有一个“党员创业致富示范基地”，让每个村至少有一个村级特色增收项目，促进村级产业发展。通过“两代表一委员”（即党代表、人大代表、政协委员）与贫困村、贫困户结对帮扶，将他们的工作职责从“两会”延伸至日常，延伸到贫困村和贫困户，既动员了社会力量代表投身脱贫攻坚工作，也为他们履职尽责提供了新平台，为他们了解社情民意提供了新渠道。通过发动非公经济与贫困村、贫困户结对帮扶发挥了社会力量能够针对特殊情况及时救助的优势，以及能够提供就业岗位和市场销售渠道的条件优势，成为政府主导的脱贫攻坚工作的有益补充。

同时，增强了企业的社会责任感，增加了村民求发展的机遇。通过利用“三区”科技人才专项计划，选派科技人员服务贫困村，充实乡村科技力量，以龙头企业、合作社、种养大户为服务重点，帮助引进新品种、推广新技术、开展实用技术培训指导、制订科学管护方案，发挥了示范和引领辐射作用，使贫困村、贫困群众发展产业有了技术支持，同时科技人员自身的技术素质也得到了提升。

二、以培育集体经济为中心，打造脱贫和发展平台

村集体经济是村集体收入的主要来源。壮大村集体经济，村集体才有能力为村民提供生产、就业、增收的机会，以及其他公共服务和社会福利。为了实现“提高农民收入”这个核心目标，并实现农民增收的可持续性，富裕县把发展农村集体经济作为发展减贫的路径和模式，基于我国特殊的土地制度、农业经营制度和农村集体产权制度，选择适合东北农村比较优势的经济发展方式，将共享性惠农政策融入其中，实现农村集体经济的快速、持续增长，保证集体经济的增长在较长时期内惠及贫困和低收入人群。

（一）发挥新型农业经营主体重要作用

鉴于富裕县村集体经济基础和自我发展能力弱、“空壳村”占比偏高的实际，富裕县抓住国家鼓励新型农业经营主体培育和农业一二三产业融合发展、允许农民以承包经营权入股发展农业产业化经营、开启农村集体产权制度改革、实施脱贫攻坚战略等机遇交汇期，探索赋予农民更多财产权利，明晰产权归属、利益分配，建立符合市场经济要求的农村集体经济运营新机制——依托新型农业经营主体发展壮大集体经济和乡村产业、带动贫困户脱贫的办法。

富裕县采取公开竞争的方式，择优选定被依托的新型农业经营主体，通过选择投资规模适当、投入少产出比较高的项目，向它们投入专项扶贫资金补助建设项目的形式，支持它们发展农业生产、农田水利、仓储烘干、育秧基地、农业机械等对增收起支撑作用的设施设备建

设。由这些资金投入形成的固定资产，按投资比例确定资产份额，扶贫部分的资产所有权归贫困村集体，经营权归被依托的新型农业经营主体所有，盈余分配权归贫困户和新型农业经营主体。依托的新型农业经营主体要瞄准建档立卡贫困户，吸纳他们加入合作组织参与生产经营，并以乡镇为单位，采取逐屯推进，整村吸纳、整乡镇覆盖的方式，有计划地整村、整乡镇带动贫困户脱贫。带地入社贫困户社员的收益要高于其他社员平均收益水平。合作社租赁贫困户土地的租金，一般要高于当地常年土地租赁的租金。为贫困户代耕的土地，要免收和降低代耕费用，并提供贷款担保，低于市场价供应农资等服务。贫困户稳定脱贫后，盈余分配权归村集体和新型农业经营主体。村集体获得的盈余资金，采取"一事一议"的方式，用于公益事业、基础设施建设及全体村民的保障性支出。为了保障这一机制有效运营，县政府一方面要求被依托的新型农业经营主体签订三个层面的扶贫协议：县扶贫开发领导小组与新型经营主体签订的扶贫协议要明确贫困村与新型主体、贫困户与新型主体之间的权利和义务。贫困村与新型主体签订的扶贫协议，要明确带动的贫困户数量，扶贫项目资产份额、产权归属、经营管护责任、分配方式及监督管理等内容。新型经营主体与贫困户签订的扶贫协议，要明确对贫困户的扶持带动、收益保障方式、增收目标等内容。另一方面，加大对县、乡、村相关负责人，新型经营主体领办人和新型职业农民开展培训力度，明确"依托新型农业经营主体带动贫困户脱贫"的工作原则、内容、方法、程序和要求，强化新型主体领办人的扶贫责任，提高新型主体从业人员和管理人员的技能素质和经营增收致富的能力。还规定县农经总站作为合作社的监管主体，组织乡镇经管站监督、规范合作社按章程运营，扶贫资产及收益分配也纳入乡镇经管站监督范畴，确保扶贫项目资金安全运行。

（二）统筹支农惠农和扶贫政策支持集体经济

土地是农村集体最重要的资产，资金和金融支持一直都是农村经济发展的短板和薄弱环节。富裕县在支持农村集体经济发展的政策安排上，注意发挥土地在集体经济发展中的重要作用，积极帮助有条件的村集村申请盐碱地改造、土地整治、新增耕地指标跨省增减挂钩等农村土地项目和政策，增加集体资产，拓宽集体增收渠道。在财政资金的投入和使用上，把发展村集体经济作为头等要务。富裕县整合了全县 1.5 亿元的涉农资金，打捆使用，集中投向村集体及其领办创办的新型农业经营主体，这一资金量占产业扶贫总投入的 80% 以上，相当于 2017 年全年扶贫资金总投入的一半；加大了金融政策对村集体、贫困户的倾斜。例如，为加强扶持村集体和贫困户发展增收项目的力度，实施了扶贫小额信贷风险补偿金制度，县政府向县农村信用社注资 1000 万元作为风险补偿金，放大贷款规模到 1 亿元，用于发放扶贫小额贷款，带动了 15 个村集体增收 230 万元，收益贫困户 2135 户；通过政策明确了村集体和不同收入水平的农户在集体经济中的收益分配机制，体现了集体经济发展的包容性。例如，县政府规定，政府资金投入的村集体及其领办创办的新型经营主体产生的收益，由村集体和贫困户按 2∶8 的比例分配，以支持村集体和贫困户增收，对于增收业绩突出的村集体，政府还给予额外的资金奖励。富裕县村集体经济主要的收入来源及收益分配机制见表 8–1。

（三）鼓励多样化模式提高脱贫效能

基于国家介入、能人介入、企业介入带动村集体经济发展的路径选择，针对不同类型、不同发展基础和条件的村集体，富裕县在帮扶实践中，

表 8-1　富裕县村集体经济主要的收入来源及收益分配机制

序号	收入来源	收益分配
1	县主导的产业扶贫项目收益资金	当年收益额度，向贫困村定额分配，向贫困人口按档分配。全县 46 个贫困村，每村每年可获得分配收益 4 万元，用于村级公共或者公益事业。资金由县级产业扶贫资金专户直接拨付到村。按照贫困人口结构，分为 A、B 两档。各档收益标准每年根据实际情况调整。A 档为贫困户中的低保人员，2017 年，每人核定收益标准为 700 元，确保贫困低保人员收入达到每年 4500 元以上。B 档为其他贫困人员，2017 年，每人核定收益标准为 300 元。
2	专项扶贫资金支持的新型农业经营主体效益分红	村集体获得的盈余资金，采取“一事一议”的方式，用于公益事业、基础设施建设及全体村民的保障性支出。
3	集体经营收入	包括集体土地出租收入、集体提供服务的收入等，提留公积金，其余按人口平均分配。
4	规模经营奖励	当年规模经营面积占全村耕地总面积 50% 以上，且能带动本村 30% 以上贫困户参与的村集体，给予 20 万元补贴。

资料来源：根据富裕县扶贫开发服务中心提供的材料整理。

探索形成了产业增收、资产经营、服务创收、综合型增收等几类不同的村集体经济发展模式，并实施分类指导，有效实现村集体的长期稳定增收和发展。

第一，产业增收模式。富裕县在有特色产业，或者能发展特色特产，有区位优势的村，采取“村集体 + 合作社 + 贫困户”的模式，发展优质粮食或经济作物种植、设施农业、农旅观光业，实现村集体和贫困户双增收。例如，二道湾镇林业村等村借助“长远”辣子鸡和“老干妈”原料采购地这样优势的市场资源，发展辣椒种植。小哈柏村、小哈洲村等 6 个村，利用政府涉农项目资金，将盐碱地改造成为水田，由村集体领办水稻种植合作社，贫困户作为社员，获取年终分红。

小哈洲村基于盐碱地改造领办水稻种植合作社

友谊乡小哈洲村把产业扶贫作为脱贫工作的重中之重，结合本地盐碱地成块的特点，在实地调查和专家论证的基础上，对本村 4000 亩盐碱地集中改造，打造成旱涝保收的水田，成为村集体和农户稳定增收的宝地。

1. 学好政策、用好政策。为找到风险小、可预见性高、能让农民短期增收见效的扶贫产业项目，友谊乡党委书记赵永波研究、学习上级文件，查找外地做法、经验，请教各方能人，最后，根据《中共中央 国务院关于加强耕地保护和改进占补平衡的意见》（中发〔2017〕4 号）要求，想到本地实施盐碱地改造、发展产业项目的可行性。

2. 科学论证项目的可行性。农业专家根据盐碱地土壤抽样、化验结果等资料论证，认为友谊乡盐碱地经过整地改良，完全可以适合作物生长，短期内就会有收入。据此，友谊乡党委马上开始确定改造地块，小哈洲村小哈洲屯 4000 亩盐碱地，因为面积较大、集中连片、便于改造，被选为优先改造地块。此块地于 2015 年 5 月由村委会以每亩每年 8 元的承包费发包给村民，村民交了前五年（2015—2019 年）的承包费，由于地块不好，如果退还承包费，村民愿意归还此地块给村集体。该地块有了改造的可行性。

3. 争取县委和群众支持、好事做好。把盐碱地改造成水田增收致富的方案与县委产业扶贫的思路不谋而合，乡党委向县委汇报后，成了全县扶贫产业重点项目进行推进。这一项目得到了县政府的大力支持。通过征求小哈洲屯241户群众意愿，大部分农户同意在村集体退回承包费的前提下，将土地交回村里；个别农户对盐碱地改造增产增收存疑；有2个大户希望借村集体回收土地之机，实现个人利益最大化，否则不交回土地。经乡村两级干部反复入户宣传、讲解盐碱地改造的可行性，明确每户农户在其中的利益，最终使所有村民达成一致意见，同意进行盐碱地改造，在此基础上，按照“四议两公开”程序进行决策和实施，村委会退还了村民剩余三年（2017—2019年）的承包费，为实施该地块整体开发奠定了基础。

2017年春，县政府投入445万元以工代赈项目资金，改造小哈洲村4000亩盐碱地成为水田，在完成整地、打井、安电等大部分工程后，正值播种季节，友谊乡党委确定将该地块对外承包，承包期到年末，秋收后再完成剩余工程，以确保2018年正常对外发包种植水稻。在改造间隙，对外发包的3500亩土地种植了大豆，每亩承包费60元，发包总收入21万元，每亩提取40元、共14万元作为全县产业扶贫基金，剩余7万元给原来承包盐碱地的241户、800人分红，人均分红87.5元，这使改造工程实施当年短短几个月内，全屯每个人都得到了收益，尝到了分红的甜头，群众的满意度得到了提升，产业脱贫工作得到了认可。

资料来源：富裕县扶贫开发服务中心。

第二，资产经营模式。主要是在清产核资、化解债务的基础上，将闲置的集体土地、厂房、学校等资产，以及政府农业开发、产业扶贫等项目资金投入建设，形成的集体资产，通过转包、出租、入股等方式，变成资本，成为集体收入。例如，将本村荒地或闲置的建设用地，租给其他村做光伏产业用地。村集体将获国家项目资金资助建设的大棚出租获取租金收益。村集体的草原、水面、耕地，出租或作价入股，取得租金或保底分红。

第三，服务创收模式。主要是村基层组织协调、管理能力和号召力强或集体资源丰富的村，通过反租倒包赚取差价作为服务费，或成立农机专业合作社，通过提供代耕代收农机服务收取服务费，增加村集体收入。

第四，综合型增收模式。这一模式是在以上模式（产业增收、资产经营、服务创收）中的两种或三种模式的组合，拓宽了村集体的增收渠道。

三、以社会保障为依托，建立新型兜底脱贫机制

富裕县总体上按照“保基本、全覆盖”的原则，充分利用现有的社会保障体系，结合本县实际，联合县低保中心、医保局、危改办、扶贫开发服务中心、劳转中心、教育局、残联、妇联、统战部等多部门协同制订出台实施方案，发挥“一个政策多种功能”和组合政策发挥“1+1 ＞ 2”的效能，推进“两线合一”和“8+1”新型救助体系的构建，提高全民的教育、医疗、住房等社会保障水平。发展更加包容的社会事业，为打赢脱贫攻坚战贡献了无可替代的力量。

（一）推行“两线合一”，确保保障兜底

富裕县的最低生活保障纳入标准为年人均可支配收入低于 3780 元，高于贫困人口认定标准的年人均可支配收入低于 3550 元的标准，对符合条件的建档立卡贫困户，实行了应纳尽纳、应补尽补，实现了全覆盖。通过这一途径实现脱贫的贫困人口占全县贫困人口总数的 30%。

专栏 8-2

黑龙江省脱贫摘帽标准

根据《黑龙江省贫困退出机制实施细则（试行）》和2018年黑龙江扶贫对象动态管理方案，全省28个贫困县及建档立卡贫困村和贫困人口，2017年10月1日至2018年9月30日年人均纯收入3335元，2018年10月1日至2019年9月30日年人均纯收入3550元（低保金、养老金计入脱贫户收入），且吃穿、教育、医疗、住房安全有保障，稳定收入超过国家扶贫标准，就不是贫困人口；贫困发生率低于2%，通硬化路、通宽带、通广播电视、有卫生室、有医生、有文化活动场所，全部达到标准，就不是贫困村；综合贫困发生率低于2%，脱贫人口错退率2%，贫困人口漏评率低于2%，群众认可度达90%，就不是贫困县。

资料来源：黑龙江省政府官网。

（二）完善“8＋1”新型救助体系

按照“托底线、救急难、可持续”的社会救助工作基本原则，为困难人群（包括贫困户、贫困边缘户）提供了社会救助“安全防护网”，增强了使社会保障的兜底作用。“8+1”新型救助体系包括住房保障、最低生活保障、特困帮扶、医疗救助、受灾救助、临时救助、教育资助、就业服务、扶贫资助（见表8–2）。通过在社会收入再分配、分摊风险、补偿损失、提高福利水平、保护和增强人力资本、弥补市场配置资源上的短板等方面发挥作用，促使困难人群增收、减支、能抗风险，减少支出型贫困、满足困难群体的发展需求，实现其脱贫、不返贫、不掉入贫困陷阱的目标，在脱贫攻坚战中发挥了重要作用。

表 8-2 富裕县社会保障减贫体系和相关政策

社会保障体系		政策措施	主管部门
社会保险	养老保险	新型农村社会养老保险	人力资源和社会保障局
	医疗保险	新型农村合作医疗保险	人力资源和社会保障局
		城乡居民大病保险	人力资源和社会保障局
		住院兜底保险	人力资源和社会保障局
		医疗救助商业补充保险	人力资源和社会保障局
	意外伤害险		劳动力转移服务中心
	种植业政策性保险	种植业政策性保险补贴	财政局、承保保险公司
社会救助	特困帮扶	五保	人力资源和社会保障局
	最低生活保障	低保	人力资源和社会保障局
	医疗救助	癌症筛查和健康档案	人力资源和社会保障局
		门诊医疗费用补贴	人力资源和社会保障局
		市、县两级 21 种门诊慢性病补贴	人力资源和社会保障局
	灾害救助	自然灾害救助	人力资源和社会保障局
		农房救灾保险	人力资源和社会保障局
		以工代赈	发改局
	临时救助	住院临时救助	人力资源和社会保障局
	教育资助	学前教育资助	教育局
		义务教育在校寄宿生活补助	教育局
		普通高中教育学费资助	教育局
		普通高中教育在校住宿就餐补助	教育局
		中等职业教育学费资助	教育局、扶贫办
		高等教育资助	教育局
	住房保障	危房改造补助	住建局

（续表）

社会保障体系		政策措施	主管部门
	就业救助	培训就业补助	劳动力转移服务中心
		交通补助	劳动力转移服务中心
		公益岗	劳动力转移服务中心
	扶贫资助	特困人员救助供养	民政局
社会福利	养老服务	养老院集中供养	人力资源和社会保障局
		高龄津贴	民政局
		失能老年人护理补贴	民政局
	儿童福利	孤儿基本生活费	民政局
	残疾人两项补贴	困难残疾人生活补贴	残联、民政局
		重度残疾人护理补贴	残联、民政局
	义务教育免费午餐		教育局
	计划生育补贴	计划生育家庭特别扶助政策	卫生和计划生育局
		计划生育家庭奖励扶助政策	卫生和计划生育局
	农业补贴	贫困户家庭产业以奖代补	扶贫开发服务中心
		耕地地力补贴	财政局、农业局
		大豆生产者补贴	财政局、农业局
		玉米生产者补贴	财政局、农业局
		小型稳定规模经营补贴	农业局
	其他	失地农民补贴	
		用电用水补助	
		取暖费补贴	人力资源和社会保障局
		殡葬补贴	人力资源和社会保障局
		贫困户慰问金	村
社会优抚和慈善		抚恤补助	人力资源和社会保障局
		住院慈善救助	人力资源和社会保障局

资料来源：富裕县扶贫开发服务中心。

四、以改善公共设施和服务为基础，优化发展环境

富裕县将基础设施和公共服务建设作为脱贫攻坚的主战场之一，优先规划，优先实施，优先打造精品，解决贫困区域产业发展、生活所需的基础设施和公共服务得不到满足的问题，促进逐步实现城乡基础设施和基本公共服务均等化，为脱贫攻坚、乡村振兴、城乡融合发展提供支撑。为此，富裕县首先把握住了两个原则和两个任务。

（一）对国标补短板，实现“三通三有”

除了“两不愁三保障”，“三通三有”也是脱贫攻坚的标准和要求。从表8-3中可以看到，经过脱贫攻坚，全县90个行政村全部实现了“三通三有”，其中，文化活动场所覆盖率，与2014年脱贫攻坚前相比，提高幅度最大。能够提前保质保量达成“三通三有”这个“底线任务”，富裕县的经验值得借鉴。

表8-3　富裕县基础设施和公共服务改善情况

目标	指标	村庄覆盖率（%）	
		2014年	2017年
“三通”	通宽带	87	100
	通广播电视	92	100
	通硬化路	92	100
“三有”	有卫生室	77	100
	有村医	—	100
	有文化活动场所	33	100
“一整洁”	干净		100
	卫浴改造 *	0	97

* 注：部分开工建设或建成，部分已经安排资金。根据县提供材料整理。

1. 四个主体抓监督，提速保质

在加快建设的背景下，为了确保每个村的基础设施建设都能达到国家验收标准，建成质量过硬的民生工程，交通局等部门采取了“四个主体抓监督”的管理监督办法，把住质量关。具体做法为：第一，管理单位强化项目施工前和施工时的监督管理，施工前，指导、规范、约束工程作业、建设标准、违约处理等内容；施工时，派专人进驻现场实地踏查，检测工程质量，实行质量问责。第二，强化监理，“突出重点、点面结合、不留死角”，增加监督检测频率，确保监督覆盖面达到100%。第三，企业签订责任状，落实主体责任，自检自查，施工负责人负责牵头联合监理和质监部门，采取“随机抽查、联合检查”的方式，对工程质量把关。第四，群众监督。组织村干部、“两代表一委员”组成质量监督小组，全程跟踪监督建设质量，工程完工后，他们签字认可，才能通过验收。

2. 健全管护机制，确保稳定运行

基础设施建设运行中常出现建管分离、管护分离的问题，导致工程项目运营效果打折、使用寿命缩短。富裕县借农村小型水利工程管理体制改革之机，明确了县级自筹资金水利工程由乡镇政府组织实施，乡村两级负责明确工程权属，确定管护人员，落实管护职责，根据各地实际情况解决管护和运行经费，做到建管一体，使农村供水稳定运行。

对于道路的养护，富裕县建立“县道县养、乡道乡养、村道村养”的三级管养责任体系。在县城，成立农村公路管理站，整合地方养路费征稽分流人员，统一调配；成立县路政大队，购置执法车，对重要路段24小时巡查看守，监督管理路政宣传、路政稽查、农村公路管理所路政执法情况，为养护工作提档升级提供重要保证；成立常设综合执法办公室，实行多部门联动执法。在乡镇，组建农村公路管理所，对工作人员

实行一岗双责，负责路政巡查和专业化养护工作，并实行分段集中作业机制，签订责任状，将工作成效与划拨所内经费挂钩，通过量化打分计酬，与个人工资、奖罚相挂钩，激发农村公路管理所管养工作活力。在村屯，每个村派 2 名路政协管员，负责本村屯的路政巡查，负责举报超载超限、公路“六乱”等破坏路产路权的行为。管护经费，县级投入只增不减。

（二）抓住主要矛盾，衔接“两大战略”

富裕县在脱贫攻坚之初，就考虑到了如何立足长远，不仅如期脱贫，还能与乡村振兴战略的要求相衔接，赢得可持续发展。产业扶贫方案基于这一点，贫困区域的基础设施和公共服务改善方案也是基于这一点。具体主要表现在以下两个方面。

1. 进一步改善民生，提升脱贫攻坚效果

富裕县在不断调研总结的基础上，坚持实事求是，抓住东北农村村民最关心、最现实的生活问题——垃圾围村、粪污污染、如厕冷、洗澡难等问题。在完成“底线任务”的同时，增加了“一整洁”的新要求，第一，以“美丽乡村”建设为主题，为每个村提供 30 万元的经费，开展环境卫生“三个干净”专项整治行动（即屋里要干净、院子要干净、院外要干净），一改以往“破、旧、散、乱”的农村旧貌；第二，除了厕所改造，还开展浴池建设。

塔哈镇东塔哈村的厕所改造经验

2018 年，塔哈镇东塔哈村实现户脱贫、村出列后，贫困人口的生活条件、村里的基础设施和公共服务水平都得到了显著的

改变和提升。通了硬化路、有了宽带网络，广播电视节目也越来越多，正规的村医坐在宽敞明亮、分区合理的卫生室里给村民看小病、开小药，让村民头疼脑热不出村。村民夏天有舒展筋骨的广场，冬天有聚集活动的场所。村里的卫生有人管，脱贫攻坚带来的变化，村民看在眼里、记在心里、说在嘴里，获得感、幸福感无不洋溢在淳朴快乐的脸上，对未来充满了遐想与希望。然而，“产业兴旺、生态宜居、乡风文明、治理有效、生活富裕”的乡村振兴前景，才是村民想要实现的美丽夙愿和真切期盼。要让农民的生活水平更高更好，还有很多路要走。

富裕县在走村入户的调研中发现，农民最热切、最现实、最希望的是厕所改造和浴池建设，农村卫浴改造能让他们的生活品质与城里人更加接近，享受到社会主义公平公正的公共服务待遇。

塔哈镇东塔哈村就是厕所改造的典型村之一。

东塔哈村大力开展美丽乡村建设之后，厕所依然是“文明”“宜居”的短板，一成不变臭气熏天的旱厕，让美丽乡村的美名大打折扣。为此，按照“农民接受、经济实用、清洁方便、不污染公共水体”的原则，在东塔哈村这个基础好、环境优、农民富的典范村，开展了农村改厕试点，为其他村庄打样板、做示范。

东塔哈村在厕所的改造、管理和后续粪便处理使用上做出了探索。

（一）厕所怎么建？——重实效

1.“室内与室外”两种改造方案供选择。综合考虑农户室内布局和人口年龄结构，建议房屋结构好、面积大、布局合理和家里有老人、儿童的农户，建室内卫生间；建议室内面积小，房屋结构差、布局不合理和不具备室内改造的农户，建室外卫生间。通过由易而难、由室内到室外相结合的方式，推进改厕。

2. 结合高寒气候条件需求，设计冻期与非冻期均能使用的室外农家厕所。为确保改厕适用性，针对地处高寒地区、无法实现室外全年冲水的实际，在室外卫生间设计上，对传统室外厕所进行了改造升级，设计“双蹲位、冻期和非冻期交替使用”的结构，即结冻期使用蹲便，粪便暂时堆积到临时收集器中，化冻后通过过粪管自然滑入化粪池内；非结冻期采用座便，水冲至化粪池内，化粪池内的粪污经一年左右的时间，经过密闭厌氧发酵、液化、氨化、生物拮抗等作用，除去和杀死寄生虫卵及病菌，控制蚊蝇滋生，从而达到无害化目的。

3. 综合考虑成本和改厕卫生标准，采用不同材料、不同样式的化粪池。首选经久耐用、成本较低、抗压性强，但体积沉重、施工难度大的水泥预制三格式化粪池，如果受具体施工作业面限制，可以改用体轻、便于安装，但生产成本较高的玻璃钢双格式。

4. 县、乡、农户“三方投入”，确保改厕满意度。由县里出大头，乡镇补部分，农户拿一点，对改造农户进行补助。

（二）厕所怎么管？——重长效

推进“单户改厕、专业抽取、集中处理”的模式。

1. 建立管理协调网络。成立改厕服务队，承担厕具损坏维修、粪液清掏和无害化处理。

2. 购置粪液抽取车辆。安装 GPS 定位系统和影像采集传输系统，实时监控车辆工作状态，定期按户抽取处理后的粪液，统一进行无害化处理。

3. 开通粪污管理信息平台。建成全村智能化信息管理服务网络，在全村每户化粪池内安装液平仪，随时了解各家各户化粪池内液体变化情况，及时进行清掏。

4. 建设粪污无害化处集中处理中心。在塔哈镇大哈柏村、塔哈村各规划投资建设粪污无害化集中处理站，日处理能力200吨，集中处理粪液。

（三）粪便怎么用？——重生态

经过粪污处理场二次处理后生成的液体，可直接用于农业生产，实现资源利用，规划建设生态示范田，发展绿色有机果蔬农业。

资料来源：富裕县塔哈镇政府。

专栏 8-4

富裕县建设村级公共浴室，缩小城乡民生服务差距

浴室虽小，但关系民生。公共浴室对于农村而言，还很稀罕。百姓反映，过去村子里没建浴池的时候，村民们洗澡很多时候也只是个想法，有些人甚至习惯了常年不洗澡，连洗澡讲卫生的想法都没有。有的村民，年轻的时候就在村边小河洗洗，或者自己烧点水擦擦就算了，一辈子没去过浴室洗澡。离镇不远的村里，由于常住人口中老年人多，他们出门腿脚不便，进城洗澡花费也高，特别是冬天，所以，很多老年人，一年难得洗一次澡。村里的年轻人也大多是夏天的时候在自家院子里安上个热水袋，太阳晒热了，在围帘里，勉强洗个淋浴。为此，能

让村民在村里能有一个环境优良、温暖舒适的浴池，解决洗澡的难题，是急农民之所急。

富裕县利用整合涉农资金，着手建设村级公共浴池。

1. 建设标准。建设面积100平方米，浴室按男女洗浴厅分开设计，内设洗浴间2个、更衣室2个、卫生间2个、锅炉房1个，每个洗浴间安装6～8个淋浴喷头。

2. 运行维护。考虑村级财力、运行成本等因素，村建公共浴室在开放时间、收费标准等方面，由村里根据实际情况自行确定，每人每次洗浴收取成本费，每个浴室都配备公益性岗位，雇用贫困户负责营业时打扫卫生、平常看护管理等工作。

3. 使用机制。为了让村民尽快接受并养成勤洗澡的卫生习惯，同时让村公共浴室最大限度得以合理利用，开始不收取村民费用，以后逐渐地按照运行成本来提高收费标准，最高费用不能超过镇里价格的50%，效果十分明显，村民非常欢迎，洗澡的人越来越多，洗浴用品成了日常百货，剪发吹发服务成了配套服务，村内的公共服务内容丰富起来。

4. 特殊关爱。为了让残疾人、老年人、儿童等特殊人群也能无差别地享受这一公共服务，浴池设计了无障碍服务模式，在浴池外，铺设盲道、防撞板等设施；在浴池内，为残疾人设置了专用厕位和洗手盆，在淋浴喷头下设置扶手、抓杆和椅子，以保障特殊人群的安全。

5. 生态环保。在公共浴室建设过程中，坚持节能环保的原则，浴室外建地下防渗井，安装了48立方米水泥预制组合式化粪池，可储存两到三个月洗浴产生的污水，由镇里配备的吸污车统一收纳，资源无害化处理。安装使用木质颗粒或秸秆颗粒的生物质锅炉，既能增加秸秆的综合利用，又可兼顾取暖和加热功能，让环保生态文明的意识在村民中树立起来。

资料来源：富裕县扶贫开发服务中心。

2. 统筹乡村发展，巩固脱贫攻坚成果

在脱贫攻坚期间，富裕县的水利、交通、信息化等基础设施建设领域的规划和方案设计，综合考虑了《富裕县国民经济和社会发展第十三个五年规划纲要》和《富裕县“十三五”脱贫攻坚规划》两个“规划”的重点工作和主要任务如何协调、衔接的问题，以及富裕县不同类型村庄的发展趋势，村级产业兴旺、农业现代化、县域内平衡发展和整体发展等要素的影响，并据此建立完善了项目库，在水利、饮水、道路建设、宽带铺设安装等项目的规划、资金争取、工程实施等方面，优先满足精准扶贫需求。这样的基础设施建设发展思路，不仅有助于脱贫，也有利于通过改善基础设施条件促进村级产业和农业现代化发展，使脱贫成果得以更好的巩固。

例如，考虑“空心村”的衰败，对常住人口50户以下的村屯，在实施饮水工程时，便考虑综合效益，采用低成本、安全、便利的设计方案，解决用自来水、饮放心水的问题。对常住户更少的村屯，考虑通过村庄撤并和宅基地制度改革调整村庄布局，集聚人口，以便提供优质的基础实施和公共服务，同时，减少政府投资和公共资源的浪费。

例如，围绕水源建设，加强贫困区域的骨干水源配套，打通农田灌溉和机电井配套“最后一公里”的困境，解决其水源紧张和供水不足的问题，为贫困区域农业增产、农民增收提供资源条件保障。同时，结合现代农业、智慧农业、市场化的发展趋势，建立现代水利控制中心，在水田示范基地上，实现远程智能化管理和高效节水灌溉，为贫困区域未来发展高效农业探索经验。

再比如，在交通建设方面，富裕县没有单纯把通村连乡的道路基础设施看作贫困村脱贫的一项关键指标，而是回应村级产业发展需求，打造“交通 +”模式，确保扶贫、发展互利双赢。

专栏 8-5

富裕县“修好路、促致富”的“交通 +”模式

模式一 “交通 + 旅游”协同发展模式

富裕县具备一江三河纵横交错、草原广阔、湿地广袤等生态资源优势，以及少数民族文化、“站丁文化”和漫画文化等人文资源优势，具备发展旅游业的条件。助力旅游业发展，可使其成为辐射带动贫困户增收致富的新引擎，使贫困户在农村一三产业融合发展中，通过流转土地增收、转移就业增收、特色种养增收、获取资产收益等。但是，返乡创业能人在创办企业发展当地旅游业时，遇到了道路不通、阻塞难行等交通难题，制约了投资、经营。因此，连接和畅通旅游路线，成为交通基础设施规划建设的主要目标之一。为实现该目标，富裕县采取了两条路径。

1. 围绕点，发展旅游交通主线，建设旅游客运站。交通局主动对接、靠前服务，打通全县的重点旅游扶贫项目景点交通干线，形成内部联通、外部环绕的路况，彻底解决旅游景点向外联通的梗阻问题。以龙安桥镇小河东村的龙腾温泉度假庄园为例，打通庄园和村庄、城市之间的道路之后，庄园年接待游客 36 万人次，收入 6000 多万元，带动 598 户贫困户增收，就地转移劳动力 348 人，贫困劳动力 167 人，年人均增收 1.7 万元。

2. 拓展面，畅通乡村旅游支线。为发展乡村农家乐、渔家乐、农业观光、民族民俗游等农村新业态，促进农民增收，重点投入修建村内道路，除了将 90 个行政村的硬化路全部畅通，还将产业优势突出的重点村屯村内道路进行硬化。

模式二 “县域物流 + 农村电商 + 智慧农业”发展新模式

活跃农村物流和农村电商，道路基础设施的完善与提高是前提。为了抢抓全省大力发展农村电商的机遇，富裕县坚持“电商先行、客货并举、上下双行、多点整合”的原则，以客运网络为纽带，整合资源，互补优势，探索了“县域物流 + 农村电商 + 智慧农业”发展新模式。

1. 整合资源，建设县乡村三级物流体系。本着“盘活资源、扩大增量”的原则，凭借农村客运系统具有覆盖面广、成本低、班次多、速度快等多种优势，配套改建客运城乡物流体系。在县城，以县客运站为主体，成立物流公司，利用现有库房，改造为县级物流分拣中心，配齐车辆、包装、安检、计量等设施，为县内电商、快递企业提供仓储服务，并以优惠政策吸引电商企业和快递企业入驻，将进村入屯货物集攒起来，形成物流规模优势，以服务外包形式承接农产品上行、工业品下行双行物流配送业务，解决农村物流“最后一公里”。在乡镇，将 8 个乡镇客运站改建为物流货物分拣点，现有工作人员兼职担任物流业务员，配备电瓶车、计量等设施，开展本乡镇的派件、办件服务。在村屯，在全县 90 个行政村设立 101 家农村物流站，代办本村业务，建成县、乡、村三级客运物流服务体系。

2. 配套发展，完善涉农电子商务服务体系。借富裕县为“国家级电子商务进农村首批试点县”的契机，引进电商公司，在县城建成集电商运营、创客人才培训、品牌运营推广一体的电子商务公共服务中心，设置仓库物流、富裕特色农产品展馆、培训中心、线下化验馆等功能区，实现“六帮”服务（帮你买、帮你卖、帮你办、帮你提、帮你贷、帮你赚）。在乡村，利用全国“万村千乡”市场工程、农村超市、商店等原有资源，建立101个农村电子商务服务站，配置电脑、电视、储物柜等设施，对服务站工作人员进行培训，为村民提供“六帮”服务，并对上承接物流分拣中心发往该村的快件包裹，对下为农民提供包装、快递、配货等物流功能的服务，让农民享受到现代农村物流普惠型服务。

3. 服务支撑，实现物流电商融合发展。建设富裕物流信息管理系统，形成物流追溯体系和智能管控。出台收费标准，降低运费，减轻农民负担，增强农产品竞争力。

资料来源：富裕县扶贫开发服务中心、县交通局。

第九章　富裕县成功脱贫的重要启示

从1952年时任富裕县委书记的陈俊生同志开始关注、调研、着手解决贫困问题开始，到2018年国务院扶贫办正式宣布富裕县达到了脱贫标准、摘掉了贫困帽，前后经历了66年。2018年是富裕县历史史册上的重要一年，也是扶贫、减贫工作即将发生转变、进入新的历史阶段的标志性一年。在此之前，扶贫的终极目标始终如一，实现共同富裕，随着扶贫的主题任务、思想方法、实践方略，经过不断积累经验、学习探索，经历了改革与创新，实现了几次转变。从此以后，巩固脱贫成果，形成持续减贫态势，是扶贫工作的核心任务，其实现方案仍然要基于改革开放这个根本动力之上，并充分认识和吸收富裕县66年的贫困问题发生规律和解决经验，尤其要关注近期脱贫攻坚中已经表现出的具有时代特征、符合时代发展需求的贫困问题解决方式。创造条件，发挥它们的潜力，将有助于下一步巩固脱贫成果和实现乡村振兴。

从富裕县的脱贫攻坚实践看，社会资源（或社会资本，指社会关系、荣誉、名望等）对贫困地区的重要性，政府、市场、社会大扶贫格局的减贫优势，社会保障在减贫中的地位和潜力，脱贫攻坚对乡村振兴需求的满足，得到了典型性的体现，这为成功摘帽后的县域减贫方案提供了启示。

一、社会资本长效嵌入将助力持续减贫

富裕县在脱贫攻坚中，把有利于农户和农村发展的各类资源引入贫困区域，补齐了贫困区域发展所需的三大要素。优秀的人力资源，包括第一书记、驻村工作队干部、乡贤、致富能手、专业技术人员等；大量的资金，包括中央、省、县各级财政资金的倾斜和市场资金的投入；土地资源，包括发展乡村产业、建设基础设施和公共服务设施所需的建设用地。此外，还引入了不同于"人、财、物"这类以实物形式存在的第四类发展要素，即社会关系，包括社会联系、社会声望和名誉等，也可称之为"社会资本"。

富裕县的脱贫攻坚方案主要为贫困区域提供了多种形式和内容的社会资本，起到了多种有利于贫困区域发展的作用（见图 9–1）。

形式		内容		作用
指导	→	培训、培养	→	打造村中能人
介绍	→	社会关系、渠道、平台	→	联通农村与市场
公关	→	要项目、要资金、做动员	→	引入农村发展要素
协调	→	与政府部门、公有经济沟通	→	让政策落实，让农村受益

图 9–1 社会资本在富裕县脱贫攻坚中的表现形式、内容和作用

社会资本主要为富裕县的贫困户和贫困村带来了提供各种机会的渠道，包括争取资金、项目、政策、人才、企业，甚至直接提供产品销售渠道（见表 9–1）。

表 9-1　定点驻村工作队争取村级项目一览表（部分）

被帮扶村	扶贫责任单位	帮扶事项	帮扶内容
冯屯村	县电业局	安装路灯	优先落实安装
		扫帚销售	向电业系统销售村民自制扫帚 1200 个
林业村	市移动分公司	安装 100M 光纤宽带	优先落实安装
			争取“一减一免”优惠，资费降低 50% 以上
	县法院	民事纠纷调解	普法
			纠纷调解、法律咨询
永丰村	县财政局	中草药种植销售示范	帮助村集体成立丰金药材种植合作社
			引进华润药企中草药收购订单
		安装电力设施	协调电业部门为应急水井安装电力设施
		与企业成立联合支部	使华润药业党支部住村，华润永丰中草药协会，确立了“协会 + 合作社 + 农户”的发展模式，开展企业捐资救助等社会扶贫
长发村	县农技推广中心	农业科技培训	到县示范园区参观学习
			免费发放 3000 只鸡雏
	齐齐哈尔医学院	三甲医院义诊	省市三甲医院年义诊 6 次
永太村	进修学校	生猪销售	合作社与丰源肉联公司签订风险兜底保障协议
新立村	老干部局	吸引返乡创业	发展外出务工能人回村创业发展木耳菌类，带动就业创业和增收
		木耳销售	向乡镇政府、企事业单位食堂销售木耳

资料来源：根据富裕县各帮扶单位总结整理。

以繁荣乡永丰村为例。永丰村的帮扶责任单位是县财政局，县财政局长为驻村工作队长。该工作队为永丰村引入了国企资源——华润药业，并与村共同建立了中草药种植协会和联合党支部，形成了村特色产业“企业 + 协会 + 合作社 + 农户”的发展模式，这种利益联结机制，使村级产业发展带动农户增收成为现实。该企业还通过开展联合党支部活动，积极加入社会扶贫，为永丰村村民捐资捐药，防止非贫困户因病致贫。同时，财政局还协调电业部门完善村电力基础设施，以更好地满足村民的生产发展和生活需要。经过 2015—2017 年三年的扶贫工作，到 2017 年底，永丰村村集体存款达到 83 万元，农民年人均纯收入实现 9680 元，全村 99.61% 的贫困户顺利脱贫，贫困发生率降至 0.39%，比 2014 年建档立卡时降低了 28 个百分点。能够形成村企对接合作的局面，取得突出的扶贫效果，县财政局和干部的影响力、个人社会关系在其中发挥了至关重要的作用。

在以上案例中，虽然社会资本没有直接产生经济、社会效益，但是，如果没有这些社会资本在其中起到“链接”“黏合”的作用，以这些贫困户和贫困村自身的社会资本积累现状，难以得到这些发展资源的投入，即便其中一些资源的规模不大、质量和层次不高，对落后地区而言，也十分宝贵和难得。正是这些发展资源和要素的投入，使农户和农村取得了经济效益，让政府取得了社会效益，达成了政治、经济发展目标。

当前，如何巩固脱贫攻坚成果、防止返贫、做到发展的可持续，还需要更大地聚集各方面力量，尤其要构建长效、稳固、可持续的机制，让社会资本参与到脱贫致富、乡村发展、乡村振兴事业中，确保“社会资本投资成为重要的反贫困研究范式和政策理念”。[①]

---

① 黄承伟、刘欣：《三维资本协同反贫困机制》，湖南人民出版社 2018 年版，第 139 页。

这给未来的减贫工作带来了重要启示：使社会资本扎根在贫困区域，成为与人、财、物同等重要的发展要素，统筹考虑纳入减贫制度体系，发挥出社会网络长期带动贫困区域发展的作用，将助力持续减贫。

专栏 9-1

访谈：驻村工作队退出后社会资本是否会持续发挥作用

1. 冯屯村驻村工作队

我们在这里帮扶不是一二年了，有感情了，只要村民需要，给我们打电话，即使我们已经不驻村了，我们也还是会帮助卖。一次卖太多不可能，但是，卖 1000 多把扫帚还是没问题，单位每个办公室都用，食堂、后勤总要采购，都是日常用的，自己用就能消耗不少。同事、亲戚、朋友家里也都用，一家买两把，就卖出去不少。问题是，这些都卖出去，农户也赚不了多少钱，一把赚几块钱，只能是贴补生活用，靠它致富，不可能。

2. 林业村村书记

我们会一直跟驻村工作队保持联系，维持住这种关系，这些资源和渠道，对村里很重要，我们不想浪费，问题不大。

3. 林业村驻村工作队

靠我们"带货"也有问题。我们只能周五回城的时候，把农户要卖的鹅之类的农产品，装在自己车的后备厢里，带给联系好了要买的人，一次能带的不多，一个月能带的次数也有限，不是个长事儿。而且好卖了以后，卖得好的时候吧，他自己就卖了，把不好卖的、小的、不好的，让我们帮着卖，我们也不好卖。还得想别的办法，才能帮农户卖得更多、更好。现在农村也有物流，但是靠现在这个物流，把小量的、活的、零散的农产品一单一单卖出去，还是有问题。

4. 二道湾镇乡镇干部

村里不缺有机的、绿色、好质量的农产品。开始我们不敢卖，后来发现很抢手，价格卖低了，以后也不好涨价了。现在主要是靠我们、亲朋好友，去口口相传，一点点扩大客户。妇联等部门也帮忙，牵线搭桥，跟月子中心合作，收购村里的杂粮，把各种杂粮分别包装，再包在一个礼盒里，方便产妇用，会卖得很好，合作社在做这件事。现在主要是保证农户杂粮的质量，还有农户想种杂粮的情况，鼓励他们种，合作社负责收购。

5. 专家学者看法

社会资本投资成为重要的反贫困研究范式和政策理念（黄承伟、刘欣）。

资料来源：根据调查组实地访谈整理。

二、优化扶贫格局能提高减贫效能

在我国改革开放以来的减贫历程中，市场和政府力量在不同阶段、不同形势背景下，发挥了不同程度的主导作用，而社会力量作为补充，主要是在21世纪以后开始高速成长、不断发展壮大，并通过2008年汶川地震救灾等活动，向各界展示了社会力量的重大作用和巨大潜力，但社会力量在扶贫格局中仍是有限参与和辅助力量。

《中国农村扶贫开发纲要（2011—2020）》再次强调了“社会扶贫”，把“社会帮扶，共同致富”作为农村扶贫开发总体要求中的一项基本原则提出。

富裕县在开展精准扶贫和脱贫攻坚的过程中也格外注重发挥社会扶贫的作用，把“社会帮扶的保障作用”作为脱贫攻坚的“五保障”措施之一，反复强调，确保落实。为实现“广泛动员社会各界参与扶贫开发，完善机制，拓展领域，注重实效，提高水平。强化政策措施，鼓励先富帮后富，实现共同富裕”的具体要求，富裕县制订了《富裕县非公经济企业参与扶贫攻坚大会战实施方案》，成立了全县非公经济企业参与扶贫攻坚工作办公室，统战部、工商联、工信局、市场监督管理局、扶贫办、住建局（为动员、吸纳房地产等建筑企业）、工业园区、“两新”党工委（即中国共产党非公有制经济组织和社会组织工作委员会）等单位作为成员，还协调人大、政协等单位参与其中，发挥人才、智力、资金渠道的优势，从定点帮扶贫困村、开展村企合作、解决农产品销路、发展村级产业、爱心捐助、带动贫困户就业、为爱心基金捐款、认领微心愿为贫困户解决一件具体小事等方面发力，取得了一定效果：

96 家非公经济企业与贫困村结成了帮扶对子，探索形成了“公司 + 合作社 + 基地 + 农户”“银行 + 贫困户 + 公司”2 种村企合作模式，引导扶贫发展基金投入产业中去，使贫困村走上发展脱贫之路；建立了互利共赢、风险共担的利益联结机制，稳定了村企合作关系；培养了农户和村集体主导社区发展的意识和能力，农户和村集体依法流转地权、林权入股也盘活了资产。

促进了农民就业：通过“订单 + 农户”、入股合作社“就业 + 分红”等方式，带动百余贫困户种植小麦、白菜，养猪，从事旅游服务业，增收脱贫。

提供公共服务和社会福利、改善群众生活。例如，联络开展义诊，为村民节约医疗和检查费 5 万余元；提供节日福利、取暖燃料，建房用砖等建材，慰问贫困户，折合 4 万余元。

组织收购和销售，打开贫困户农副产品销路。例如，政协委员认领贫困户小菜园、畜禽，带动增收。

捐款捐建 73.6 万元，帮扶了困难群体，提高了企业的社会责任感（见表 9–2）。

表 9–2 富裕县社会力量捐赠情况

捐赠单位	捐赠对象	捐赠额（万元）
黑龙江环保门窗科技有限公司、兴业设计公司、龙光能源公司	忠厚村	2
金园王朝房地产开发有限公司	长久村	2
金园王朝房地产开发有限公司、鸿源供水有限公司、黑龙江盛全德建筑有限公司、齐齐哈尔新天房地产开发有限公司	兴隆村	7
鼎鑫房地产开发公司	东盛村	2
齐齐哈尔华威实业集团有限公司	新立村	2
光明乳业公司	登科村、宁年村	10
林源食品有限公司	富欣村	2
科菲特饲料（齐齐哈尔）有限公司	登科村	2
物尔美超市	富海村	0.5
龙安桥粮库	解放村	6
黑龙江省鑫磐道路器材有限公司	雅洲村	2
富裕县鑫福建筑有限公司、黑龙江省鸿晟鑫建筑工程有限公司、富裕县银河家电商场	宏升村	2.1
县人民医院、县中医院	富路镇	10
富裕县正利合建筑材材料公司	长兴村	13
黑龙江盛全德建筑有限公司	万宝村	11
合计	15	73.6

资料来源：根据富裕县委统战部提供的社会扶贫材料整理。

对于东北地区边陲省份的贫困县，能够动员如此规模的社会力量投入脱贫攻坚中，实属不易。但与脱贫攻坚总投入相比，社会扶贫力量产生的经济效益体量仍然过小。然而从社会力量帮扶的对象和内容看，体现了社会扶贫的灵活性、较强的针对性、力量易聚集的特点和优势，值得被开发和重视（见表 9–3）。

表 9–3　三种扶贫力量的优势与劣势

	优势	劣势
政府	能够供给和完善制度与秩序 资源动员和配置的能力强 是基础设施、公共服务、社会保障的供给主体 有能力主导	内部治理有挑战 成本高 针对性和灵活性有局限
市场	有市场调节机制，能够实现资源收益最大化 有挖掘资源优势的能力 能增值资源、集聚资源、优化配置资源 能激发竞争力，提高市场能力 能促进组织化	嫌贫爱富 需要外部约束机制 需要利益联结机制
社会	灵活 有针对性 自我行动能力强 能应急 易集聚 潜力巨大	发育不足 资源不足 制度缺失 组织管理水平不高

资料来源：根据相关研究、专著总结。

产业扶贫作为市场力量介入扶贫的代表，在富裕县取得了更明显的经济收益：2014—2017 年，富裕县整合砍块资金和涉农资金 1.87 亿元，投入龙头企业和合作社中，重点发展奶牛养殖、乡村旅游、特色养殖、粮食仓储、盐碱地改造、光伏发电、机械采购后租赁、一二三产业融合等项目，到2018年初，共回收项目收益1400多万元，按照县级扶贫产业效益分配机制，为46个贫困村每村定额分配收益4万元，对低保贫困户每人分红700元，对其他2万名贫困人口每人分红300元。2018年，富裕县整合涉农扶贫项目资金1亿元，建设了机械库房、辣椒基地、生猪养殖、光伏扶贫、投资收益5个县级产业项目；投资1500万元，建设15个乡村扶贫产业项目。预计这些项目建成运营后，可收益1100万元。

从富裕县的投资规模和主体看，产业扶贫投资占全县扶贫总投入的大部分，而且资金来源是各级政府投入，旨在通过政府的投入，撬动市场力量，包括企业、合作社等市场主体，积极参与贫困地区的产业发展，带动村级产业发展、村集体增收、村民就业。因此，富裕县当下的脱贫攻坚依旧依靠的是国家政治制度和体制的巨大优势，由政府主导，市场和社会力量在其中作为被激发、动员的对象，在不同的扶贫工作领域中，发挥着自身优势，市场力量通过促进经济增长、增加就业岗位、合理分配市场利益带动区域性减贫，社会力量针对贫困村或贫困户、贫困人口个性化的需求进行精准帮扶，配合和辅助脱贫攻坚战略的实施。目前的扶贫格局符合特殊扶贫阶段的特殊需求，政府、市场、社会三种力量的各自发挥还有很大弹性。

这给未来工作的又一启示是：随着经济社会发展形势和减贫工作需求的变化，应更加充分地利用好政府、市场和社会三种扶贫力量各自的优势，优化扶贫格局，促进减贫效能不断提高。

三、社会保障在巩固脱贫中应发挥特殊作用

社会保障是减贫的一个重要手段，通过在脱贫攻坚战中，为贫困区域

提供城乡均等的基本公共服务，降低生产、生活风险，以再分配的途径降低社会不公平，改善投资环境，促进增收减支、提高抗逆能力和社会包容，减少绝对贫困和相对贫困，发挥反贫困的兜底作用。

目前，我国社会保障体系包括社会保险、社会救助、社会福利及社会优抚，其中以社会保险、社会救助为主，以基本养老、基本医疗和最低生活保障制度为重点，作为社会保障的基础性制度安排，对特殊人群安排多样化的社会福利项目，辅之以慈善事业。

富裕县在此基础上建立的“8 ＋ 1”新型社会救助体系已经初具规模，并取得成效。但是，也可以看到，社会保障体系的作用并未得到充分发挥，其中的弱项比较突出，保障、救助、社会福利水平偏低，例如基本养老保险基础养老金标准较低（见表 9–4、表 9–5），与中部、南部地区相比有较大差距（见表 9–6），各级政府对城乡居民基本医疗保险的补贴有待提高，工伤、失业、生育保险覆盖率低，互助互济等形式的社会保障没有形成社会化模式，社会力量还没有得到很好的发动和利用，社会帮助主要针对遇到突发性困难的被帮扶人进行临时性救助，或在政府协调的背景下提供一次性帮扶，社会保障资金主要依靠政府财政投入，没有形成社会力量长效介入的帮扶机制。

表 9–4 黑龙江省城乡居民基本养老保险基础养老金标准

年 份	2014	2015	2016	2017	2018
金额（元 / 月）	55	70	70	80	90

资料来源：2018 年 7 月 23 日黑龙江《2018 年退休人员基本养老金调整方案》。

表 9-5　富裕县农保不同缴费档次和年限下月领取养老金情况

缴费档次（元）	缴费年限（年）					
	1	5	10	15	20	30
100	90.94	94.68	99.35	104.03	108.71	118.06
200	91.73	98.63	107.27	115.90	124.53	141.80
300	92.52	102.59	115.18	127.77	140.36	165.54
400	93.31	106.55	123.09	139.64	156.19	189.28
500	94.1	110.5	131.01	151.51	172.01	213.02
1000	97.7	128.49	166.98	205.47	243.96	320.94
1500	101.2	146.47	202.95	259.42	315.90	428.85
2000	104.89	164.46	238.92	313.38	387.84	536.76

资料来源:《富裕县扶贫政策“一本通”》。

表 9-6　2018 年全国部分省市城乡居民基本养老保险基础养老金标准

地 区	黑龙江	河南	芜湖	常州	苏州	上海
金额（元 / 月）	90	98	140	250	490	930

资料来源：根据官方数据整理。

而随着地方经济的发展，政府财力的增强（见图 9-2），农村集体经济组织和集体经济的壮大（见表 9-7），社会帮扶力量的成长，社会保障体系和机制的完善和健全，以及脱贫攻坚阶段性任务的完成和阶段性政策、措施的撤销，政府、集体、社会更有能力和意愿向社会保障加大投入，社会保障在减贫政策体系中的地位会更加突出，将使社会保障体系在 2020 年以后的减贫工作中发挥更大、更重要的作用。

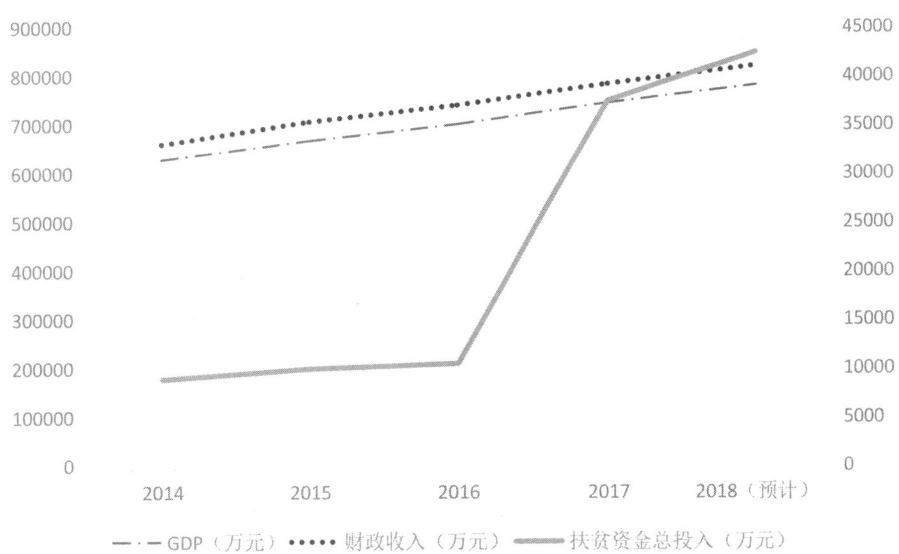

资料来源：富裕县财政局，2013—2017年《富裕县国民经济统计资料》。

图9-2 2014—2018年富裕县GDP、财政收入、扶贫资金总投入变化

表9-7 2014—2017年富裕县农村集体经济的发展变化

年 份	2014	2015	2016	2017
空壳村占比（%）	41.1	—	0	0
村级集体经济总收入（万元）	—	1062.8	1270	2085.5
集体年收入超过5万元的行政村占比（%）	—	—	68.9	78.9

数据来源：富裕县委组织部，富裕县扶贫开发服务中心。

专栏9-2

黑龙江省的城乡居民基本养老保险制度的建立

黑龙江省的城乡居民基本养老保险制度建立主要经历了以下三个阶段。

第一阶段：2009 年至 2012 年。2009 年黑龙江省根据国务院的有关规定，面向无单位的当地农村户籍的人群，开展了新型农村社会养老保险保障工作。2011 年，城镇居民社会养老保险试点工作启动，通过四个批次逐步启动各县（市、区）工作，基本实现了制度全覆盖。

第二阶段：2012 年至 2014 年。完善政策体系，规范经办程序，制度合并实施。

第三阶段：2014 年至今。主要是进一步完善政策，实现制度的常态、规范运行。2014 年，按照国家统一部署，黑龙江省将新型农村社会养老保险和城镇居民社会养老保险两项制度合并实施，统称为城乡居民基本养老保险。

2018 年国家宣布将建立城乡居民基础性养老金和城镇职工基本养老金的长效联动调整机制，并将建立和缴费年限挂钩的基础性养老金激励机制，长缴多得。

黑龙江省也将从基础养老金调整、提高最低缴费档次、缩小城乡差距等方面入手，完善城乡居民基本养老保险制度，早日建成覆盖城乡的社会保障体系。

资料来源：黑龙江省人民政府官网。

专栏 9-3

黑龙江省城乡居民养老保险的主要政策

城乡居民养老金由基础性养老金和个人账户养老金两部分组成。基础性养老金标准由各地政府在国家规定的最低标准基础上制定。年满16周岁（不含在校学生），非国家机关和事业单位工作人员及不属于职工基本养老保险制度覆盖范围的城乡居民可以参保，达到60周岁，可办理退休，按月领取养老金。

养老金由基础养老金和个人账户养老金构成，支付终身。新农保或城居保制度实施时已年满60周岁，在2014年2月21日前未领取国家规定的基本养老保障待遇的，不用缴费，自2014年2月起，可以按月领取城乡居民养老保险基础养老金；距规定领取年龄不足15年的，应逐年缴费，也允许补缴，累计缴费不超过15年；距规定领取年龄超过15年的，应按年缴费，累计缴费不少于15年。城乡居民养老保险待遇领取人员死亡的，从次月起停止支付其养老金。

资金来自城乡居民养老保险基金，由个人缴费、政府补贴、集体补助、社会赞助构成。

个人缴费部分，可由参加城乡居民养老保险人员自主选择缴费档次缴费。黑龙江省现行缴费档次有12个，缴费标准目前设为每年100元、200元、300元、400元、500元、600元、700元、800元、900元、1000元、1500元、2000元。

政府补贴由省、县两级财政共同承担，其中省级财政承担60%，县级财政承担40%。黑龙江省现行补贴标准为缴费100元补贴30元、缴费200元补贴40元、缴费300元补贴50元、缴费400元补贴60元、缴费500元及以上均补贴70元。

鼓励有条件的村集体经济组织、其他社会经济组织、公益慈善组织、个人为参保人缴费提供资助。

资料来源：黑龙江省人民政府官网。

四、脱贫攻坚是贫困地区乡村振兴的基础

对照富裕县脱贫攻坚取得的成效与乡村振兴战略的要求、目标发现，富裕县不仅完成了脱贫攻坚的核心任务——提高贫困人口收入、缩小与非贫困人口之间的贫富差距，还通过脱贫攻坚解决了贫困区域、贫困人口的上学难、就医难、饮水难、住房难、洗澡难、上网难等问题。改善了村居环境，弥补了贫困村甚至非贫困村的基础设施和公共服务建设短板，培育了村级产业，壮大了集体经济，提高了自治组织的治理能力和人的自我发展能力，增强了政府和基层党组织的影响力，缓和了社会矛盾和干群关系。同时，改进了县、乡（镇）、村三级组织的权力配置结构和体系，培养、锻炼了干部队伍，激发了村民和村“两委”自我发展的动力，积累了“以点带面”，以优先工作统领县域经济社会文化全面发展的路径和经验。符合 2020—2022 年乡村振兴要求达到的粮食安全保障水平进一步提高、农业绿色发展得到推进、现代农业体系初步构建、农村一二三产业融合发展、乡村产业加快发展、农村人居环境显著改善、农村基础设施条件持续改善、农民收入水平进一步提高、农村基本公共服务水平进一步提升、城乡统一的社会保障制度体系基本建立、脱贫攻坚成果进一步巩固、农民精神文化生活需求基本得到满足、乡村优秀传统文化得以传承和发展、以党组织为核心的农村基层组织建设明显加强、乡村治理能力提升等 15 项基本目标（见表 9–8），为进一步落实乡村振兴战略，提供了更好的内外部条件和软硬件基础。

表 9-8　富裕县扶贫攻坚成效与乡村振兴发展目标的对比

乡村振兴发展目标	富裕县脱贫攻坚成效
粮食安全保障水平进一步提高	5 个乡镇 6 个村盐碱地改造、旱改水工程 2.9 万亩
	16 个贫困村建设仓容 5.8 万吨、10 万吨粮食暂存库 2 个
农业绿色发展得到推进	新建生态高标准农田 7.9 万亩
	种植优质绿色水稻 10 万亩
	秸秆等农业废弃物资源化利用
现代农业体系初步构建	建立蔬菜、粮食种植基地
	壮大种植、养殖、农机合作社
	发展订单农业、“公司 + 农户”模式
	成为国家级电子商务进农村首批试点县，发展“半亩园”农村电商，淘宝、京东、1 号店、苏宁易购、买买提富裕特色馆等
农村一二三产业融合发展	“种植 + 初加工 + 电商 + 品牌 + 服务”：网络农产品销售 6030 单，线上线下销售额 4000 万元，带动种植 20 多万亩，打造了“天箭泉”“饭掌柜”等品牌，为农民代理代办代缴 2600 多万元
乡村产业加快发展	44 个村——光伏发电业
	16 个贫困村——粮食仓储业
	3 个村——旅游产业
	小河东村——大雁养殖
	友谊村——灵芝产业
	永丰村——中草药种植
	新立村——木耳菌类种植
	大泉子村——甜菜、杂粮种植
	林业村——辣椒种植
	民乐村——水稻种植
	齐心村——蔬菜种植
	奶牛规模养殖

（续表）

乡村振兴发展目标	富裕县脱贫攻坚成效
乡村产业加快发展	“小菜园”庭院经济
	服装加工
	机械设备租赁
农民收入水平进一步提高	2017 年产业扶贫项目收益 1400 万元，贫困人口因此人均收入提高 300 ～ 700 元，贫困村每村收益 4 万元
脱贫攻坚成果进一步巩固	产业扶贫收益保障兜底：光伏产业项目可持续收益 25 年，贫困户和贫困村产业分红可持续
	每个村 30 个公益岗就业脱贫
	其他转移就业脱贫
	集体经济组织分红
	社会保障兜底
农村基础设施条件持续改善	饮水：实现村村通自来水、户户饮放心水
	水利：以工代赈引水灌溉工程 1.3 万亩；解决机电井配套“最后一公里”，完成机电井配电 828 眼；建立现代水利控制中心
	交通：每个行政村中心屯的学校或村部 500 米范围内都有硬化路联通其他公路或上级乡镇，标准最低为 6 米路基、4.5 米路面；建设 12 公里旅游路和旅游客运站
	卫生：村级标准化卫生室全覆盖
	物流：8 个乡镇客运站改建为物流货物分拣点，农村物流站全覆盖，聚集农村物流“最初一公里”
	信息通信：宽带网络全覆盖；有线电视入户
	文化体育活动：文化活动广场全覆盖、安装器材和设施；综合性文化活动室全覆盖、全达标
城乡统一的社会保障制度体系基本建立	“8+ 1”社会救助体系
	96 家非公经济企业与 46 个贫困村结对
	爱心基金捐助，认领微心愿，爱心服务队，慈善救助扶贫基金
	军地协作

（续表）

乡村振兴发展目标	富裕县脱贫攻坚成效
农村人居环境显著改善	新建 84 个村级公共浴池
	改造危房 3962 户
	村屯整治
	改厕
	林业生态修复
	安装路灯
	绿化
农村基本公共服务水平进一步提升	劳动力转移就业服务：提供劳务信息 2 千余条；培训贫困劳动力 5500 余人；就地转移劳动力 2000 余人，年均增收万元；县外转移贫困劳动力 3 千余人，年人均增收 1.5 万元；开发公益岗，政府购买服务；提供个人维权服务；提供意外伤害险补助
	文化体育服务：每个乡镇 1 名专职文化站员；37 个优秀农村文艺带头人
	卫生服务：每个村配备村医；健康档案和癌症筛查全覆盖
	运输服务：县、乡、村三级客运服务体系，客运班车运营线路覆盖县内全部乡镇和建制村
	金融服务：扶贫小额贷款、妇女小额贷款、农村创业担保贷款
	养老服务：幸福大院
	教育提升服务：“雨露计划”、阳光工程、教育资助
农民精神文化生活需求基本得到满足	农家书屋藏书 1500 册以上
	组建广场舞表演队、秧歌队、小剧团等农村群众文艺队
	脱贫攻坚村级专场巡回演出
	广场舞大赛、文艺人大赛

（续表）

乡村振兴发展目标	富裕县脱贫攻坚成效
乡村优秀传统文化得以传承和发展	驿站文化：农耕文化、游牧文化、物流商贸文化
	移民文化：开放包容、自力更生、艰苦奋斗、垦荒文化
	少数民族特色村保护与发展
	最美儿媳、幸福之星、脱贫典型评选
	道德大讲堂
以党组织为核心的农村基层组织建设明显加强	驻村工作队
	扶贫党支部
	红白理事会
乡村治理能力提升	村“两委”换届，治理涣散村
	修订村规民约
	101 个农村综合服务点
	村务、财务公开、公示
	民主决策、民主监督
	建设平安先进县、平安乡村

资料来源：根据富裕县扶贫开发服务中心提供的材料总结。

第五篇

FIVE

富裕县巩固提升脱贫攻坚成效的问题和建议

第十章　富裕县巩固提升脱贫攻坚成效的问题和建议

富裕县采用精准扶贫脱贫方式，经过“百日扶贫”攻坚战，顺利完成了脱贫攻坚任务，实现了贫困县摘帽，但是在今后脱贫巩固阶段也会面临着问题、挑战，以下对此提出建议。

一、富裕县巩固提升脱贫攻坚成效面临的问题

（一）扶贫对象自我发展能力较弱

从富裕县的扶贫对象来看，由于农村“空心化”“老龄化”等原因，导致贫困村、贫困户的自我发展能力都较弱。

1. 老龄化严重，自我脱贫能力减弱

黑龙江省计划生育工作做得比较成功。富裕县绝大多数的农村家庭都是独生子女，并且比较重视教育。大多数农民选择让自己的子女去大城市读书，即使是贫困家庭也尽可能地使子女接受到更高学历的教育。这一观念在富裕县农民心中已经根深蒂固。因为务农辛苦、经济收入比较低，那些在外读书的子女很少再回到农村务农，基本实现了移民，甚至带领全家移民到城里生活。那些没有因学移民的青壮年劳动力，也基本外出打工了（见表10–1）。从调研来看，留守在农村务农的45岁以下的青壮年很少，

大多是45岁以上年龄偏大的劳动力。农村老龄化现象严重带来一系列问题，导致农业发展动力不足，现代农业的发展面临瓶颈；导致农村缺少活力和吸引力，聚集生产要素的能力在逐步减弱；导致扶贫产业因缺少各类人才，发展力不从心；导致留守的村民自我发展能力弱，收入少，贫困率上升，自我脱贫能力减弱。这是需要从国家层面研究农村社会保障制度如何完善的问题。

表10-1 富裕县家庭劳动力数量调查

家庭劳动力数量（个）	频率	所占比重（%）
0	14	5.6
1	56	22.3
2	157	62.5
3	22	8.8
4	2	0.8
合计	251	100.0

资料来源：调查组问卷分析数据。

2. 人才缺失，扶贫对象主体性作用不明显

黑龙江省本身就是人口外流数量较多的省份，与其他地区相比，贫困地区人才流失更加严重。从村级扶贫对象主体性作用来看，因各类人才缺乏，从留守人员中选出来的村干部普遍存在着年龄偏大现象。例如，在扶贫攻坚以前，有的村庄村支书、村主任、村会计3位村干部的年龄总和达到了200岁。由于村干部年龄大、文化水平低，带头人作用较弱，帮助贫困户脱贫的作用较小等原因，导致村级扶贫对象主体性作用发挥不明显。

近几年，富裕县村集体经济坚持“每个乡镇至少有1个致富示范基地，

每个村至少有 1 个特色增收项目”的工作思路，探索多渠道、多元化的村集体增收新路径，村集体经济发展速度加快，全县 90 个行政村的集体经济平均达到 23.1 万元。但是，从全县来看，富裕县的农村集体经济实力仍然较弱（见图 10–1）。2014—2018 年村集体经济发展整体呈下降态势。从村集体经济收入规模看，全县村集体经济规模最高的一年是 2015 年，为 5354.1 万元；最低的一年是 2018 年，为 3079.2 万元。

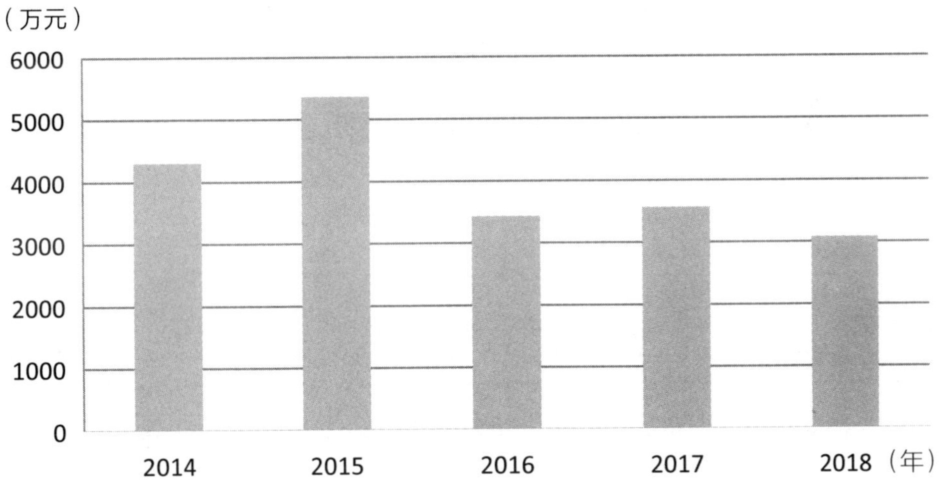

资料来源：中国农村贫困综合调查——县域脱贫攻坚与区域发展数据信息采集表（调查年度：2018 年）。

图 10–1　富裕县村集体经济收入规模

从村庄数量上来看（见表 10–2），全县 90 个村庄中，年集体经济收入 5 万元及以上村庄数量在不断增长，从 2014 年的 52 个上升到 2018 年的 60 个；年集体经济收入为 0 的村庄数量从 2014 年的 11 个减少到 2018 年的 0 个。从贫困村来看，由于扶贫资金的支持，富裕县贫困村的集体经济发展速度加快，2017 年 46 个贫困村均增加 4 万元，全面消除了集体经济收入“空壳村”。有集体经济收入贫困村的数量从 2014 年的 41 个增长到2018年的46个，46个贫困县都有了集体经济收入，80%贫困村年集体经济收入超过了5万元，超过了全县的平均水平。但是从调研的10个村庄来看，2017年村集体给贫困户直接补贴的村庄数量不多。从村集体扶贫作用来看，村级对象主体性作用发挥不明显。今后，富裕县在完成农村集体经济产权改革基础上，需要进一步研究如何发挥村级扶贫对象主体性作用问题。

表10-2　富裕县村庄集体经济发展情况

指　标	2014年	2015年	2016年	2017年	2018年
集体经济年收入5万元及以上村庄数量	52	54	40	35	60
集体经济年收入为0的村庄数量	11	13	28	28	0
贫困村有集体经济收入的数量	41	41	40	46	46
集体经济年收入5万元及以上贫困村数量	39	36	35	32	37

资料来源：中国农村贫困综合调查——县域脱贫攻坚与区域发展数据信息采集表（调查年度：2018年）。

另外，贫困是动态的，贫困的标准会随着我国经济的发展、收入水平的提高，以及社会环境的变化而不断提高。因此，提高贫困人口自身发展能力，才是最有效的脱贫方式。

黑龙江省是农业大省，富裕县是产粮大县，其传统产业是种植业和养殖业，因此很多贫困户只是掌握基本种田、养殖技术，对现代科技不了解，缺乏适应现代市场经济的谋生技能，无力走出村庄。一些贫困户也缺乏学习新技能的信心和耐心，即使给他们学习和培训的机会，也不愿意学。有些贫困户不愿走出村庄过背井离乡的打工生活，宁愿维持现有的贫困生活状态。那些因病、因残、缺少劳动力等贫困户要提高自身能力很难。因此，如何激发贫困主体的内生发展动力，放弃“等要靠”思想，激发他们自发、自愿、自觉的致富愿望，激发他们敢于创业、敢于拼搏的精神，如何增强贫困户的自我脱贫能力、自我发展能力，面临着挑战。

（二）扶贫对象的组织化程度较低

1. 农户参与新型农业经营主体的比例较低

贫困户本身属于弱势群体，自身发展力量不足，需要依托于市场竞争力较强的企业、合作社等组织改善弱势地位，实现抱团发展。由于贫困地区的乡村能人稀缺，缺少能人带动使富裕县合作社等新型农业经营主体发展相对滞后，土地规模经营与现代农业的结合不够紧密。从 10 个村子的调查结果来看，在被访农户中，16.38% 的农户加入了农民专业合作组织，13.30% 的家庭有龙头企业带动，发生土地流转（包括流入和流出）的家庭只有 20.08%（见表 10–3、表 10–4）。

表 10–3 富裕县被访农户组织化程度调研

否		是否加入农民专业合作组织				是否有龙头企业带动			
		是	合计（户）	否	参加合作社农户所占比例（%）	是	合计（户）	否	有龙头企业带动的农户所占比例（%）
是否贫困户	否	53	7	60	11.67	57	4	61	6.56
	是	95	22	117	18.80	106	21	127	16.54
合计		148	29	177	16.38	163	25	188	13.30

资料来源：调查组问卷分析数据。

贫困户和非贫困户比较来看，贫困户参加合作社和龙头企业带动的比例都比非贫困户高，土地流转的比例也高（见表 10–4），说明富源县合作社、龙头企业在带动贫困户增收方面发挥了积极的作用，但组织带动效应受益更多的是贫困户，而非贫困户，参与度较低。

表 10–4　富裕县被访农户土地流转情况调研

否		土地流转情况			
		是	合计	否	有土地流转的农户所占比例（%）
是否贫困户	否	87	11	98	11.22
	是	108	38	146	26.03
合计		195	49	244	20.08

资料来源：调查组问卷分析数据。

从全国来看，家庭承包耕地的流转率已经超过了 1/3，农户参与合作社的比率已经接近 50%，各类产业化经营组织辐射带动农户超过全国农户总数的 50%。黑龙江省家庭承包耕地的流转率也超过了 1/3，农户参与合作社的比率已经接近 50%。全省龙头企业带动种植业基地面积达到 1.4 亿亩，超过全省耕地面积的 50%。可以看到，与全国和黑龙江省相比，富裕县在土地流转的比率、农民参加合作社的比例、龙头企业带动的比例都比较低，扶贫对象的组织化程度较低。分散的小农户在科技推广、市场销售、产业化经营等方面都没有优势，难于与现代化大农业衔接。如何培育新型农业经营体系，扶持新型主体的发展是富裕县今后需要关注的问题。

2. 村集体经济组织实力较弱

从富裕县村集体经济收入来源看，主要来源于机动地、五荒地的土地流转金，其他收入较少。例如，在富裕县 90 个村级集体经济收入中（除去转移收入和政策性资金以外的收入），“土地发包收入（含五荒土地发包收入）”占村集体经济收入的 79.8%；“其他经济收入（包括县扶贫资金打包投资每年给每个贫困村集体分红 4 万元）”占 19.6%；资产出租和股权分红合计仅占 0.5%。从这一数据可以看到，村集体领办的合作社尚未成为壮大村集体经济的主要载体和平台，在带动乡村产业发展方面的作用没有体现出来。

产业的发展直接影响着地方经济的发展、农民的收入和贫困户的永久脱贫。对富裕县来说，无论前期的脱贫，还是今后的致富，其支撑着力点都要靠产业。在国家和地方扶贫资金的扶持下，在各级扶贫队伍的直接参与和帮助下，富裕县已经基本建立起粮食仓储、奶牛养殖、生猪养殖、特色种植、乡村旅游、水田开发、光伏电站等七大扶贫产业。对于贫困县、贫困村，产业创建不容易，但要做大做强就更难。特别是今后在扶贫队伍一旦撤出的情况下，贫困村如何依靠自身力量将已经建立起来的扶贫产业做大做强，将面临严峻的挑战。

从目前来看，富裕县建立的七大扶贫产业和《富裕县十三五规划》提出的“集中围绕水稻、玉米、大豆、马铃薯、杂粮、蔬菜、乳品和肉类等八大类绿色食品基地建设，谋划生成新的大项目”，主要是围绕着农业建立起来的，总体上以种植业、养殖业为主，产业体系偏重于第一产业，属于传统产业体系。地区经济的发展还需要培育壮大更多农村新产业新业态，促进农村一二三产业融合发展。对于富裕县来说，如何调优产业结构，构建支撑高质量发展的现代产业体系，是今后面临的挑战。

（三）农户从业结构单一，致贫返贫风险较大

从富裕县农户就业来看，无论贫困户还是非贫困户，多数家庭都参与了发展生产。参与发展生产最多的两项是种植业和养殖业，超过 90% 的

农户参与了种植业发展，将近 15% 的农户参与了养殖业发展。73.9% 的被访者为全职务农，除去约 15% 的儿童或在校生以及不到 1% 的退休人员以外，从事非农就业和兼业的农户合计只占 6% 左右（图 10–2）。但从表 10–5 的数据可以计算得出，贫困户中从事种植业、养殖业所占比例分别为 91.5% 和 69.2%，非贫困户中从事种植业、养殖业所占比例分别为 89.5% 和 30.8%。贫困户从事种植业、养殖业所占比例比非贫困户高。通过 SPSS 统计分析方法中的卡方检验对“贫困户与其就业状态是否有关”分析发现，全职务农的纯农户是贫困户的可能性远大于非农就业农户。说明纯农户要想脱贫还需拓展自身就业状态与结构。富裕县贫困户至贫的最主要原因是“因灾致贫”，占受访者的比例最高，约占 35%。被访农户的 3/4 全职从事种植业，从业产业结构过于单一，一旦发生自然或市场风险，农户经济收入受到的影响较大，致贫的风险也较大。如何引导农户改善产业结构，构建更加合理的从业结构，是今后发展中需要解决的问题。

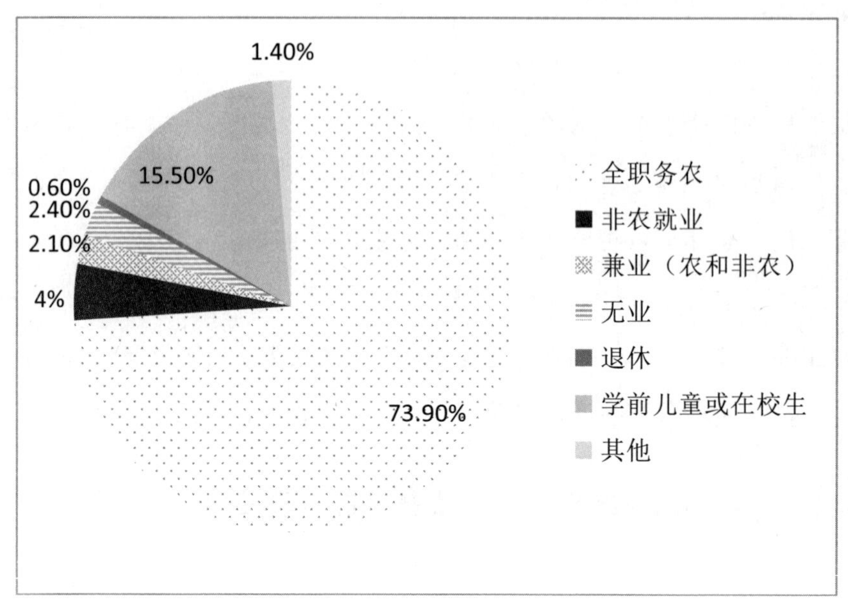

图 10–2　富裕县被访农户从业类型调查

表 10-5　农户从业类型调查

		2014 年以来　种植业			2014 年以来　养殖业		
		否	是	合计	否	是	合计
是否贫困户	否	8	68	76	68	8	76
	是	9	98	107	89	18	107
合计		17	166	183	157	26	183

资料来源：调查组问卷分析数据。

（四）扶贫产业发展缺少稳定支撑

1. 扶贫产业选项难问题

从扶贫资金投资来看，全县已经投资的大项目有光伏、畜产品加工业、酒业、粮食仓储库项目等。但是，因为地区产业结构单一，合作社、企业等新型农业主体发育较慢，大项目、好项目少，致使扶贫产业面临选项难问题。目前扶贫资金选择的一些项目，短期能够让扶贫资金获利，实现有效增值，起到扶贫效果，但是从长远来看，并不能实现产业持续发展和振兴。例如，有些地方将贴息贷款扶贫资金作为投资某些没有发展前途的企业或合作社，因为这部分扶贫资金是贴息贷款（金融扶贫），所以将这部分资金投资给合作社或企业，后者要支付 6% ～ 10% 的利息。合作社相当于从银行贷款了。这种方式，对合作社来说从银行贷款和使用扶贫贴息贷款是一样的。对于贫困户来说，可以拿到相当于利息的投资回报。但这种回报，类似于借贷利息回报。一旦贴息贷款扶贫资金还给银行，这一扶贫产业便消失。因此，如何能够选择到发展稳定、效益好、可持续的扶贫项目是今后发展中的一个重要问题。

2. 很多扶贫产业起步晚、产业链短

从2014年开始，富裕县重点发展粮食仓储、奶牛养殖、生猪养殖、特色种植、乡村旅游、水田开发、光伏电站等七大扶贫产业。《富裕县十三五规划》提出，未来五年要集中围绕水稻、玉米、大豆、马铃薯、杂粮、蔬菜、乳品和肉类等八大类绿色食品基地建设，谋划生成新的大项目。从这些产业类型来看，基本处于产业链的初端，并且产业链短，距离建成完整产业链条还差很多环节，产品销售对外部市场的依赖性较大，导致获利环节少，利润率低，市场风险较大。

3. 乡村产业持续发展还缺少稳定支撑

从全县来看，很多乡村的特色产业还没有培育出来。已经建立的产业多数才刚刚起步，规模小、实力弱。由于技术、市场营销、管理等各类人才短缺，影响了扶贫产业进一步做大、做强，也影响了扶贫产业今后的持续发展问题，造成依赖这些产业脱贫的农户在实现持续增收上还缺少稳定支撑。

二、对富裕县巩固提升脱贫攻坚成效的建议

富裕县作为我国打响脱贫攻坚战以来第三批宣布脱贫摘帽的贫困县，脱贫摘帽早，但是要继续巩固发展脱贫成果，确保全面完成攻坚任务，经得起历史和人民的检验，不仅需要加大对剩余贫困人口的帮扶力度，还要警惕和防止返贫和新增贫困人口，面临经济新形势和脱贫攻坚中存在的问题与持续减贫尚需迎接的挑战，县委、县政府的压力不减反增。除了国家和省继续给予扶持，在脱贫攻坚期内，原有扶贫政策保持不变，县也要继续抓好脱贫攻坚各项工作，继续实行最严格的扶贫考核评估，强化监督管理，防止出现松劲、懈怠，始终保持攻坚态势，同时，还要多走多看多想，

借鉴国内外减贫经验，结合富裕县当地实际，动态调整持续减贫的努力方向和政策措施，确保脱贫退出的稳定性和可持续性。对此，有以下建议可供研究参考。

（一）扶持关口前移，加强预防性减贫

巩固脱贫成果，需要防止返贫，减少新增贫困人口。预防性减贫是一个努力方向。除了现有扶贫政策保持不变，尤其在产业扶贫中重视持续性增收机制和路径之外，在具体举措上，能将扶持关口进一步前移的政策和项目，也应成为巩固脱贫成果的核心措施。例如，改进"减贫大数据"系统，完善对贫困户、边缘户的主动发现机制，进一步健全托底救助体系、畅通救助渠道，把困难群体健康筛查和其幼儿的营养、健康、教育纳入帮扶体系，建立培育和有利于农民、村级自治组织、集体经济组织发展的政策，继续加强不同职能管理部门乃至党的领导机构之间的制度统筹衔接，严格扶贫领域的监督、执纪、追责、问责，预防和严惩"微腐败"。

（二）大力引才聚才，增强发展后劲

面对富裕县乡村本土人才流失严重，乡土人才培育力度不足的问题，应把引才聚才放在巩固脱贫成效、振兴乡村的突出重要位置，聚焦农村实用人才、农业科技人员、下乡返乡创业人员、乡村教师和乡村医生、村"两委"成员及村集体经济组织带头人、党组织带头人和党员等六类乡村人才，实施农村引才聚才育才政策，强化贫困地区持续发展的人才支撑。（1）强化人才意识，建立县域人才统筹使用制度。分类建立人才库，聚焦贫困村和农业产业发展需求，整合八类下乡人才和社会扶贫力量，结合县域经济社会发展实际与目标，开展柔性引智等多种形式的人才应用。（2）加大培训力度，培育乡土人才。扩大培训规模，应培尽培，提高标准，整合资源。

健全培育体系，改进培训内容，提高培训的实效性和针对性。以需求为导向，产学结合，学有所用。健全职业农民制度，建立职业农民的认定、使用、政策、管理制度。全面建立新型职业农民制度。（3）增加吸引人才的平台和手段，留住人才，做好下乡返乡创业创新文章。加强顶层设计和城乡对接。按主导产业，搭建更多引才聚才用才平台。针对难点问题，加大政策支持力度。落实人才支持政策。（4）深化农技推广体制改革。深入探索公益性与经营性业务融合发展机制，增强技术人才下沉、服务农业农村的动力，通过公开招录、定向培养、特聘计划等多种方式充实新生力量。提高人员待遇，稳定基层队伍。（5）加强基层治理和公共服务队伍建设，补充基层服务管理人员。对村“两委”，实行“选、育、用、派”相结合，增加学历教育机会，作为后备干部培养，提高村干部待遇，健全养老保险，拓宽上升渠道，允许纵向流动。针对乡村教师，开展定向培养，建立服务期制度，交流轮岗，优化布局。针对乡村医生，健全养老保险，建立医疗责任保险，建立退出机制。（6）利用好三区人才和科技特派员政策，发挥好他们的作用。

（三）聚焦市场，振兴乡村产业

脱贫攻坚体现了我国国家体制和制度的优势，政府动员和投入了大量的资源、力量，包括通过组织、政策、资金，撬动市场力量参与扶贫，使市场需求通过各种渠道更多地与乡村产业联结，其他市场资源也更多地向贫困区域倾斜，促进了乡村产业的建立、形成和发展，在脱贫攻坚中发挥了重要作用。但是，相较于政府力量，市场还属于扶贫格局中的辅助力量，贫困区域和贫困群众的市场能力还很不够，市场与贫困区域的联系、合作的可持续性还有待观察。未来，富裕县还需要以此为着力点，通过培训各类本乡本土人才使其成为经营管理人员，鼓励他们创新创业，吸引更多各类人才返乡投资兴业，探索更好的投资、利益分配、监管机制，提供更好的服务环境和条件，让市场更多地渗透到农村，让渠道长久地下沉到农村，让企业战略扎根到农村，形成市场资源与乡村“绑定”的局面，带动村集体经济和困难人群创业就业、发展经济。

鉴于科技是促进农业农村振兴、武装和提高农民的关键要素，并且仍然是农业农村发展中的稀缺要求，建议县政府在未来的工作中，继续强化科技服务，促进科技资源下沉至村，使其与村级产业精准对接，促进乡村产业兴旺。第一，持续加强科技推广、实用技术、经营管理经验、法律政策知识的培训力度，支持新型职业农民的快速培养。第二，充分挖掘农技推广人员、科技特派员、三区科技人才、地方职业教育及大专院校的技术人员的价值，借鉴“科技特派员 + 科技服务站 + 龙头企业 + 基地”的模式，孵化或开发、引进科技人员为“带头人”的农林牧副渔致富项目，带动更多贫困村、困难人员创业或就业。第三，研究建设、申请黑龙江省现代农业产业园、农业科技园区、国家星创天地等项目，争取更多的政策、资金支持，打造本地农业科技创新平台，增强地方农业科技创新创业能力。

（四）推进农村综合改革，消除减贫制约因素

脱贫攻坚过程伴随着一定程度的农业农村综合改革。随着农业农村发展形势、减贫形势、涉农改革要求的变化，还需要不断深化农村改革，消除减贫工作中存在的障碍，以满足持续减贫的需求。例如，富裕县在脱贫攻坚工作中，遇到的部分村庄已经在衰落、村集体债务阻碍集体经济发展、粮食价格低且市场风险大、村自治组织能力需要加强等问题，就需要通过开展农村宅基地制度改革、集体经营性建设用地入市、农村集体产权制度改革、农产品价格保险和收入保险、农村基本经营制度的自我完善、村“两委”工作经费补贴制度、优秀村干部待遇和晋升制度改革、农村基础设施

和公共服务设备设施管护机制等方面开展或深化改革，消除减贫面临的制约性因素。

（五）与乡村振兴衔接，巩固脱贫成果

脱贫攻坚与乡村振兴在目标上高度重合，也符合乡村振兴的发展需要，但是，在“两大战略”相遇、重叠的这个特定时间段上，确实存在衔接上的挑战。从富裕县案例看，脱贫攻坚取得的成效已经为乡村振兴准备了更好的物质基础，提供了更好的制度建设、治理体系安排、人力资本、市场资源、生态环境、社会力量与氛围等条件，为如何进行乡村振兴探索了重要的思路、方法、经验和借鉴。现阶段，应思考、研究和总结本地脱贫攻坚在制度、政策、工作、合作、开发等方面取得的实践经验以及背后的理论思维，如何用于乡村振兴，如何调整、固定下来，与乡村振兴相衔接，最终，通过乡村振兴和农民自身的发展，从根本上解决长效减贫问题。

第十一章　发展要素系统性提升：衔接乡村振兴的富裕模式

富裕县之所以赢得脱贫攻坚战，其核心经验是找到了适合本地、切实可行的、能够最大程度上协调配置各类城乡资源，以更低的成本、更高的效率注入农村的机制与路径。其结果是扶持了农村产业，壮大了集体经济，向农村输入了各类人才，改善了农业生产和农民生活的生态与环境，促进了绿色发展，发扬了勤劳致富、诚实守信、尊老敬老等传统乡村文化，强化了乡村基层组织治理乡村的作用，正与乡村振兴的“五个振兴”（产业振兴、人才振兴、文化振兴、生态振兴、组织振兴）一一对应，从而形成了脱贫攻坚做法与乡村振兴战略主动衔接的形势，甚至可能发展成为乡村振兴的一种机制、路径或模式。

富裕县在脱贫攻坚中实现了两大战略在实现机制路径上的相遇相通，大致可概括为以下几个方面。

一、脱贫嵌入区域发展的理念

富裕县按照《中国农村扶贫开发纲要（2011—2020 年）》的总体部署，从制订《富裕县区域发展与扶贫攻坚规划（2011—2020 年）》和《富裕县区域发展与扶贫攻坚实施规划（2011—2015）》开始，就注重了将扶贫攻坚工作纳入同期国民经济与社会发展五年规划框架下开展，并与相关行业规划、行动相衔接。2014年开始进入精准扶贫和脱贫攻坚阶段之后，富裕县继续坚持了这一发展理念，在行动方略上有所调整，将脱贫攻坚作为全局工作中的重中之重，充分利用美丽乡村建设、农村集体产权制度改革、农业经营制度调整、新型职业农民培育、现代农业产业体系构建、现代农业发展、农业一二三产业融合、宅基地制度改革、农村环境三年整治行动等惠农支农政策和农村改革的机遇，为脱贫攻坚扫除制度障碍，提供资金、人力、物质条件，同时，也发挥脱贫攻坚对上述“三农”工作的引领作用，推动了政策的落实和改革的推进。乡村振兴战略提出后，富裕县客观上吸收了乡村振兴的思想理论，并结合当地实际，将乡村振兴的目标要求融入脱贫攻坚方案的设计和实施过程，在产业扶贫中突出帮扶壮大村集体经济；在驻村帮扶中，着重培养村“两委”和集体经济组织带头人，打造一支带不走工作队，进一步提高乡村治理和自我发展能力；在交通、电信、水利等基础设施建设上，结合乡镇、村产业发展的需求，统筹规划，个性定制，优先建设，并体现超前意识，为满足乡村未来发展需要留足空间；在帮扶力量安排上，对贫困村和非贫困村全覆盖；在资金投入上，本级财政加大对非贫困村的投入，防止形成新的村际发展不平衡，使全域农村在缩小与城市差距的同时，共同迈向乡村振兴。

二、五个要素：两大战略的主动衔接

（一）振兴产业带动增收的方案

大量扶贫资金投入在了农村基础设施建设上，包括新修村务服务中心、电商服务站、文化广场、村村通道路、停车场、村屯环境整治。如此大的农村基础设施建设投入，为农村环境卫生整治的常态化、制度化、规范化打下了坚实的基础，干净卫生的生产生活环境是招商引资、乡村产业和三产融合发展的前提；道路条件的改善为公共服务的配套和市场资源进入农村提供了条件，促进了行政村公共交通便利化和物流进村的加速实现。农村经济社会发展短板明显减少。

产业也是脱贫攻坚扶贫资金主要的投入方向。通过产业扶贫实践中的思考、尝试、调整、探索，富裕县从产业发展可持续、产业扶贫资金长效利用、壮大村集体经济、扶贫扶志等方面发力，促进了乡村产业的形成与发展，初见成效。例如，大棚种植和畜禽养殖产业扶贫项目在托管、租赁或者分红协议到期解除后，经营主体要将政府扶持给予贫困户作为资产投入到经营主体的财物，同质同量同价地返还给贫困户，使贫困户在失去经营主体的带动后，仍旧有创业增收的资本。同时，村干部在宣传、落实政策时，反复向贫困户强调，政府扶持的大棚、畜禽等不能一次性卖掉而不顾明年的生产和收入，要把这一年的收入拿出一部分作为第二年的生产资料，以保证年年能增收。

（二）建队伍、稳人才的适用办法

脱贫攻坚工作也是“三农”工作，在脱贫攻坚中磨炼培养出一批优秀的农村干部队伍，就是为乡村振兴战略的实施准备人才支持。做好农业农村农民工作，深入基层驻村还不足够，需要的是一支真正“一懂两爱”、有办法的农村干部队伍。为了培养出能够满足工作需求、达到“心中有情、脚下有路、手中有招”的“三农”工作队伍，富裕县设计了一套具体办法，开展学习、培训，要求驻村帮扶要做到“三有”：心中有情，把贫困户当作亲人来看待、来相处，把老百姓的难当成自己的苦；脚下有路，脚下沾满泥土，经常走进百姓家中，发自内心为百姓干实事、做好事；手上有招，编制了政策手册，驻村工作队对涉及百姓切身利益的各项政策都烂熟于心，灵活运用，贫困户也都能看懂、记得住、好操作，认可满意。这不仅教会了下派干部和村干部如何做好农村工作，同时，也规范了农村工作的基本方法和内容。

（三）党的领导上下贯通的组织机制

党的领导体现了国家体制机制优势，是脱贫攻坚的根本保证。富裕县建立和完善了县、乡（镇）、村三级书记一起抓的工作格局，通过一个“作战指挥部”，统筹整合协调人财物及政策制度各类资源，组织动员乡镇村涉农或非农部门与人员、党内外、国有和私营、本土和外地等各种力量，瞄准方向，形成合力，打赢了脱贫攻坚战，也让乡村建设水平得到了显著提升，给乡村注入了活力，让乡村焕发了生机，为下一步乡村振兴留下了宝贵的组织、领导体系建设基础和经验。

在县级，县委领导下成立扶贫领导小组，成立作战指挥部，12 个权力部门归其统筹，研究政策，统一讨论决定重大政策出台和确定重要事项，变“九龙治水”为“一龙治水”，政策得以较好的协调、衔接，资源得到整合，指挥系统更加有力，政策更加有效。在村级，下派精干力量组成 90 个驻村工作队，由县直各单位“一把手”任总领队，发挥工作敬业、经验丰富、协调能力强的优势，在乡镇党委的领导下，负责村里所有工作，将扶贫政策落实到户到人。驻村帮扶实行“345”工作机制，包乡到村的县级领导每月驻村不少于 3 天 3 夜，乡镇党政正职和驻村工作队长原则上每周驻村不少于 4 天 3 夜，其他驻村干部每周驻村不少于 5 天 4 夜。为了加强对帮扶人员的管理，在严格落实乡镇党委、驻村工作队、帮扶责任人三级领导关系的基础上，每个村都成立扶贫党支部，由驻村总领队任书记，用党员的纪律和标准要求帮扶责任人听从统一指挥，让帮扶责任人尽心尽力、尽职尽责。为了加强基层组织建设，建立村级党组织考核、调整备案制度，对不胜任、不尽职的及时进行调整撤换；建立村组织书记报酬、村级组织经费动态调整机制，探索村书记养老保险政策，激发村书记干事热情；加强村基层组织生活建设，让村书记成为村里的致富带头人。要求全县党员干部走出机关大院，深入基层，扎根扶贫一线，结对帮扶贫困户，转变作风。要求非公企业和“两代表一委员”等社会力量开展定点帮扶，结对帮扶，开展捐款捐物、认领微心愿、安排就业、提供市场销售渠道等。

（四）健康的文化增添发展的内生动力

农民是乡村建设、乡村文化、社会主义新农村建设发展的重要支撑。健康的、先进的乡村文化可以转化为促进乡村社会经济发展的物质力量。如何构建健康的、先进的乡村文化，树立起文明的乡风、良好的家风、淳朴的民风，改善农民精神风貌，也是乡村振兴中必须直面和解决的一个新课题。

富裕县在脱贫攻坚中通过提供小额无息扶持资金、自主脱贫奖励资金、村内公益性岗位等方式，建立起劳动致富、多劳多得、多劳多奖的正向激励机制，鼓励弱劳动能力贫困群众积极参与生产和建设，防止“养懒汉”，激发他们自立自强自尊，增强他们通过个人的成长和发展实现脱贫致富的内生动力。

富裕县还重视具有地方特色的漫画文化、地方曲艺文化以及尊老敬老、重视教育等传统文化习俗，建设提供活动场所，发掘本村文艺人，尤其是发挥妇女作用，指导其带领村民开展多元、活泼、健康向上的文体活动，宣传勤劳致富、干净卫生、懂法守法、知识就是力量、尊老爱幼是美德等“生活观”和“价值观”，并通过文艺节目讲故事的形式，倡导新风尚，讲解新政策。

有的村已经把看望慰问高龄老人、奖励村民接受高等教育和继续教育、奖励慰问军人军属等明确写入村规民约，并认真执行，在乡村治理中发挥着重要的导向性作用。

经过脱贫攻坚，贫困户再苦再难也坚持让子孙接受教育；留守妇女守持一个干净整洁的家、为需要照看的五保老人提供公益服务；留守老人也积极参与力所能及的劳动，或参加广场舞、大秧歌等有组织的文化娱乐活动。村中不赡养老人的少了，光棍少了，信教的少了，家庭、邻里更加和睦了，干群关系改善了，农民脸上笑容多了，越来越多的农民关心政策、法律，农民和乡村的精神风貌有了明显改观。更有活力、更加阳光、更有秩序的乡村文化，将有力推动乡村的建设发展，对乡村振兴的各项决策产生重大影响。

三、促进两大战略衔接的建议：富裕启示

（一）将脱贫攻坚经验制度化

城乡资源配置不均衡，重城轻农的政策制度安排是重要原因之一。而脱贫攻坚过程是将人、财、物、社会关系、市场力量等各类农村稀缺要素输入农村的过程。这个过程依赖政策制度的引导、鼓励。因此，这个过程也是补齐“三农”政策制度缺陷的过程。其中，经脱贫攻坚实践检验证明有效的非正式制度，也要固定下来，或经进一步完善提高配置资源的效率再转变为正式制度，以加强对乡村振兴的制度供给。

（二）部分脱贫攻坚机制固化

乡村振兴是一项长期战略，在实施中，综合性更强，涉及面更广，任

务更重，需要强有力的体制机制做保障。富裕县在脱贫攻坚过程中已经建立了一套上下一体、合力攻坚的体制机制和工作方式，并经实践证明了它的有效性和高效性，可直接应用在到乡村振兴战略实施中，为乡村振兴的实现提供有力支撑。

（三）用好脱贫攻坚人才队伍

脱贫攻坚不仅锤炼了一大批干部，还组织动员了众多人才下沉到了农村。但是，县乡干部驻村办公完成本职工作、兼顾村基层工作，不能成为常态。人才回流又以乡村产业有一定程度的发展为前提。脱贫攻坚结束后，哪些人才会继续留在农村，为乡村振兴贡献力量，还需要认真研究，分类施策，吸引有技术、懂市场、会经营、能力强、关系广、资源多的人才，尤其是本土人才，到农村任职、兴业，在乡村振兴中实现价值与自我发展，同时，补齐人力资本这个乡村振兴中的短板，促进乡村振兴。

（四）加强兜底，保障共建共享

持续减贫是乡村振兴的应有之义。乡村振兴除了带来生产生活的改善，农民人均可支配收入的全面提高仍将是乡村振兴评价的重要内容。有劳动能力的可以通过产业振兴带动增收，无劳动能力者还要依靠兜底保障。脱贫攻坚中建立起来的兜底保障体系对贫困户的保障力度很大，没有劳动能力的贫困户，其收入中除了部分产业扶贫项目分红补贴外，基本为社会保障和其他福利补贴收入。然而这些政策针对贫困户，边缘户和非贫困户并不享受。且贫困户和非贫困户在产业扶贫项目分红补贴、医疗保障、社会保障上的待遇差别较大。例如，老年贫困户除了与非贫困户享有同等的养老金收入，还按照不同的年龄段每年享有额外的收入补贴，贫困人口中更为贫困者还可获得社会临时救助。2020 年以后，这些老人的劳动能力更弱，如果这些补贴和救助不能继续发放，他们有可能返贫。边缘户年龄渐长，“造血”能力偏弱，现阶段不享有贫困户政策，很容易因病因灾等原因成为贫困户。因此，进一步加强对农村老年人和边缘户的兜底保障是保证未来持续减贫的重要手段。

附录

附录1　富裕县二道湾镇脱贫攻坚案例

一、二道湾镇简介

二道湾镇位于富裕县西北，东邻忠厚乡、富海镇，南与富裕牧场相邻，西与友谊乡为界，北与讷河市团结乡接壤，是一个农业和牧业发展基础良好、相互促进、协调发展的乡镇。镇直距离县城19公里，交通较为便利，齐北、齐加铁路以及齐加公路、G111国道贯穿境内。全镇辖区面积303平方公里，其中，耕地面积25.3万亩（其中水田6万亩）、草原3.18万亩、林地3.1万亩。

全镇下辖10个行政村，35个自然屯，其中包括3个贫困村、7个非贫困村。全镇农业人口总户数6959户、20273人，常住户4003户、9713人，有贫困户1536户、贫困人口3767人（其中，因灾致贫占2%；因病致贫占17%；因残致贫占5.4%；因学致贫占10%；缺劳力占24.8%；缺土地占5%；缺技术占23.1%；缺资金占11.7%；自身发展动力不足占1%）。

目前，全镇现已实现全部脱贫，2018年动态调整，重新识别新增5户、13人，贫困发生率由2014年的16%降至0.064%。

二、脱贫道阻寻支点，扎实推进搞产业

脱贫要从“输血”转向“造血”，产业扶贫是关键和核心。而产业扶贫的成效如何，是评判扶贫工作的重要标尺之一，也是保持脱贫成果、乡村振兴的重要保障。产业扶贫，不同于过去的资金扶贫、物质扶贫。送钱、送物只能解决燃眉之急，发展产业才可以形成可持续扶贫态势。近年来，二道湾镇党委政府根据本地实际，把发展种植、养殖产业作为脱贫攻坚工作的重要环节来抓，逐步形成了以辣椒、水稻、杂粮种植和肉羊、生猪养殖为重点的多项扶贫产业。尤其是辣椒产业以长兴现代农机合作社为龙头，已初步形成集种植、加工、销售于一体的扶贫产业链，带动贫困户及其他农户持续增收，为全镇巩固提升脱贫成效、防止返贫提供了保障。

（一）立产业、促脱贫，全力打造“辣椒小镇”

二道湾镇产业扶贫工作紧紧围绕区域经济发展规划和产业布局，通过产业的培育、发展和壮大，不断深化产业结构调整和升级，提高产业扶贫水平，壮大村级集体经济，结合当地辣椒产业的优势，引导贫困户依靠发展产业实现增收脱贫，取得了良好成效。

1. 电商结合，培育辣椒产业龙头

镇党委政府谋划把辣椒等经济作物的种植与销售打造成扶贫产业，经过深入调研、反复研究，确定生产上以合作社规模经营为主体，农民分散经营为补充，经营上充分利用电子商务，打造广州、成都、西安等南方各大城市，部分红辣椒还远销到了韩国，“富裕长远”牌红辣椒适应当前的新销售模式。由镇里牵头出资设计了精包装，并注册了“富裕长远”红辣椒品牌，并在网上注册了“鑫江湾”和“裕丰”两个农产品销售网站，主

要销售辣椒和其他绿色有机农产品。从2016年秋季开始，通过电商平台平均每天销售红辣椒等农产品1000余单，产品销往上海，红遍了大半个中国。

2. 政策激励，全力推动辣椒产业

镇政府依托长兴现代农机合作社与吉林省洮南市九鑫椒业有限公司签订了辣椒收购合同，秋后保底收购红辣椒。干辣椒保底收购价每公斤7元，鲜辣椒每公斤1.6元。这样，线上线下同时销售，确保辣椒产销两旺。形成新的扶贫产业后，辣椒从移栽、管理、收获、晾晒、加工、销售全过程共安置贫困人口1400多人就业，带动了全镇510个贫困户脱贫。

3. 延伸链条，全力做强辣椒产业

为把辣椒产业进一步做强做大，带动贫困户和其他农户通过参与辣椒种植得到持续增收，把二道湾镇打造成驰名中外的辣椒小镇，二道湾镇一是委托省农科院在海南进行辣椒种子提纯育种，提纯后的辣椒种子今春即可在新建的育苗大棚内育苗，进而提高辣椒品牌的优良性和知名度；二是从辣椒生产源头抓起，新规划72亩土地建设辣椒育苗基地，已建成育苗大棚16个，改单纯依靠购苗为自行育苗，降低生产成本，提高辣椒栽植的成活率；三是辣椒种植品种向多元化方向发展，除继续与吉林洮南九鑫椒业有限公司合作种植“金塔”辣椒品种外，还与海伦市“向秋蔬菜生产专业合作社”达成合作协议，增加麻椒等菜椒种植品种，联合对外销售；四是依托长兴现代农机合作社，在111国道旁新建一处多品种辣椒栽植对比试验示范园区；五是加强辣椒产业化宣传工作，在乡村振兴基础建设项目中融入辣椒元素，借助111国道升级改造竣工开通的时机，在国道两旁设立宣传牌，营造出打造“辣椒小镇”的浓厚氛围；六是完善辣椒深加工环节，目前已成功注册辣椒深加工产品小作坊许可证，即将规模生产辣椒酱、辣椒面、辣椒片和泡菜等深加工产品，进而增加辣椒的附加值，延伸辣椒的产业链。

（二）走专业合作之路，架农户增收之桥

现阶段，我国正处于社会经济转型的重要历史时期，在这一过程中，作为我国第一产业的农业，必然面临产业模式的改革。农村合作社能有效地整合农村先进生产力、强化农业组织水平、提高抵御自然灾害的能力、增加广大农民的收入。对于扶贫工作，也是一个行之有效的途径。

1. 调整种植结构，发展现代农业

富裕县长兴现代农机专业合作社成立于 2010 年 8 月，位于二道湾镇直政府路东段，占地面积 20000 平方米，其中场库棚面积 3280 平方米。专业技术人员 13 人，各种农机具 45 台（套），资产总额 1780 万元，2015 年 8 月被评为省级规范社。

合作社成立初期，主要利用大型农机对外代耕，合作社种植作物主要以玉米为主，经营效益随着市场波动一直在微利和亏损之间徘徊。2016 年，在镇党委政府的指导下，合作社开始调整种植业结构，大幅度减少玉米种植面积，改种绿色无污染的水稻和一些杂粮、杂豆以及辣椒等经济作物，当年种植玉米 1600 亩、甜玉米 500 亩、药材 1100 亩、杂粮 900 亩、甜菜 1100 亩、水稻 500 亩、辣椒 200 亩、总计 5900 亩。同年 10 月，合作社与上海源生态食品贸易有限公司签订协议，在该公司旗舰店上销售合作社的各类农产品。同时，合作社在淘宝网上注册了“鑫江湾”“江湾裕丰”两家旗舰店，主要销售红辣椒、玉米碴、玉米面、大米、杂粮、杂豆等绿色农产品，累计销售金额 96 万元。2016 年，合作社扭亏为盈，实现利润 72 万元。影响本村和周边的农民纷纷以土地和资金入股，入股社员由原来的几户猛增到 38 户。

2017 年，随着电商业务的不断扩大和消费者的需求变化，合作社再次大幅度调整种植结构，种植金花瑞硬质玉米 1000 亩、水稻 1400 亩、

杂粮1000亩、甜菜4000亩、药材1260亩、西瓜360亩、辣椒800亩，总面积达到9820亩。在继续扩大电商业务的同时，合作社还在二道湾镇和富裕县城建立了两家淘宝实体店，线上线下同时销售各类绿色农产品。安置外出务工返乡人员和退伍军人9人在淘宝实体店就业。当年合作社实现利润165万元，社员人均获分红10余万元。通过电商业务的发展壮大，带动了周边各乡镇电商业务的开展，让贫困户共享现代化农业网络发展成果。

2. 内联外扩，壮大销售市场份额

为把“种得好”转化为“卖得好”，由“卖得好”促进“种得好”良性推动，实现高质量发展。二道湾一是严把质量，扩大经营范围。合作社充分利用农产品电子商务成本低、信息量大、交易灵活便捷的优势，除销售合作社自己的农产品外，还为全县周边的农户代销灵芝酒、农家酱、黏豆包、煎饼、大鹅、速食早餐等10余个品种，平均日销售近400单，2018年销售额突破200万元。二是打造平台，接纳八方来客。与此同时，合作社争取扶贫整合资金420万元，新建二道湾镇电商销售平台一处，现已交付使用，预定的烘干加工设备将陆续投产达效，加工许可手续办理完毕。县城内淘宝实体店销售火爆，接纳慕名而来的吉林及周边县镇实体和农户400余人次。三是借鉴经验，壮大营销队伍。通过参加哈洽会、绿博会不断开拓视野，并多次到泰来等地参观学习借鉴经验，增强发展质量观念，树立营销理念，打破原有思维定式。

合作社通过电商业务的不断发展壮大，带动了周边各村乃至各乡镇电商业务的开展。引导各项扶贫产业以电商为平台，立足本地特色资源，对接市场潮流，嫁接互联网络，努力实现千家万户的小产品与千变万化的大市场有效对接，让广大贫困户也能共享现代化农业网络发展成果。

（三）打造“一村一品”发展肉羊养殖

二道湾镇把产业扶贫作为脱贫攻坚的关键之举，形成了“因地制宜发展扶贫产业，以产业发展带动脱贫致富”的思路，因地制宜，适应市场，发展肉羊产业，使农民有了稳定收入，实现了“人销号、户脱贫”的目标。

1. 适应市场需求，确立肉羊养殖产业项目

发展立村产业，涉及千家万户，农民承担不起较大的风险，稳定收入才是关键，选好一个项目很难，二道湾镇政府反复研究相关文件，进行多次市场调查和农民发展意愿调研发现：一是我国羊肉消费市场火爆，养羊业因实行严格的禁牧政策，养殖规模逐年萎缩，出现了严重的产销失衡现象，特别是在东北地区，冬季天寒地冻，人们都有吃火锅、吃牛羊肉的习惯，仅富裕县内的羊肉还需从县外运进；二是养羊收入较高，市场上成年活羊每只 1400 元左右，在只喂青贮不喂精饲料的情况下，从羔羊饲养到出栏只需 6 个月的时间，每只肉羊饲养成本仅 540 元，纯收益达 300 元，经济效益十分可观；三是二道湾镇有多年的养羊经验，肉羊最好的饲料是玉米青贮，而本地农民具有多年种植青贮的经验和习惯，农民有很高的饲养热情。经综合分析，发展养羊业，条件适宜，风险最小，收入较高，最终确定把肉羊养殖作为立村产业之一进行推进。

2. 引进“湖羊”，建设“润盛肉羊养殖场”

经实地考察，专家探讨，“湖羊”体态匀称、肉质鲜美，深受消费者青睐，其羊肉产品在江、浙和深、广一带供不应求，而且适应环境能力极强，即适合规模养殖，也适合农户散养，优良肉羊“湖羊”被确定为饲养品种。

2017 年，在镇党委政府的协调指导下，永生村通过招商引资的方式，总投资 2000 万元，租赁村集体 175 亩地势低洼的盐碱废弃地用于养羊，分三期（三年）建设，计划建设标准化羊舍 30 栋，羊总存栏可达 1 万只，建设 1200 平方米的肉羊屠宰场及鲜肉加工车间一个，建设 1000 平方米的

冷藏库一处，建设占地面积 50000 平方米的牲畜交易市场一处，全力打造黑龙江省西部地区最大的牲畜交易中心。

目前，已投资 800 万元建成标准化羊舍 9 栋，每栋 500 平方米，建成钢筋水泥青贮壕一座、钢架结构草料间一座，硬化场区水泥路 300 延长米，引进了太湖流域优良肉羊品种“湖羊”300 只，通过近一年的繁殖和购进，存栏已达 1000 多只。

3. 创新经营模式，巩固提升脱贫攻坚成效

为了让永生村的贫困户、农户都参与到肉羊养殖项目中来，分享红利，确定了以润盛肉羊养殖场领办，永生村青贮玉米生产合作社协办，贫困户和其他村民积极参与的“企业 + 合作社 + 贫困户”的经营模式，在多方受益的前提下，重点让贫困户和其他村民收入稳步提高。订购青贮稳增收。润盛肉羊养殖场与青贮玉米种植合作社及其农户签订青贮回收合同，回收保底价每吨 300 元，1 亩可收入 900 元；10 户贫困户组建青贮玉米生产合作社，种植青贮 350 亩，5 户农户自行与养殖场签订合同，种植青贮 50 亩。领养统销稳增收。村“两委”协调贫困户，到润盛肉羊养殖场领养羔羊，养殖场把羔羊按每市斤 24 元的价格赊销给贫困户养殖，并负责免费防疫灭病和防疫技术指导，待成羊时以每斤同样的价格回收，贫困户也可留母羊继续饲养繁殖。今年 10 名贫困户作为示范户，领养羔羊 50 只，贫困户在代养中得到了收入，养成后，扣回所赊销的羔羊款和养殖成本，每只获利 350 元，如果留母羊继续繁殖，预计每只效益可达 1000 元。2019 年在示范户获得利益的前提下，我们将在全村推开肉羊养殖业，劳转就业稳增收。

三、党员干部驻村入户，局村联手精准脱贫

打通脱贫攻坚“最后一公里”，根基在基层党组织，关键在基层党组

织，长久以来农村有致富能力的年轻人，大量外出务工创业，村庄空心化，农户空巢化，农民老龄化现象严重，缺少群众微信高、作风过硬、有经济头脑的村级组织带头人，村书记更是难找、难选、难培养，导致村里无人管事、无人干事。为此，中央出台了下派第一书记和驻村工作队的相关规定，旨在加强基层党组织建设，助力脱贫攻坚，鼓励后备干部、优秀年轻干部等担任第一书记。脱贫攻坚是习近平总书记最关心的事之一，是最大的政治责任和第一民生工程，是一场不能输也输不起的战役。经过实践摸索和实际探索，在所有行政村下派工作队和第一书记的基础上，充分发挥各单位“一把手”政治素质高、协调能力强、执行能力强、工作经验丰富、善于研究政策的独特优势，担任90个村的驻村工作队总领队，统筹负责落实扶贫政策、助力发展经济为民排忧解难、抓党建促扶贫等任务。

（一）落实政策，解决户“两不愁三保障”

二道湾镇坚持从群众需求出发，从群众中来，到群众中去，深入了解群众实际情况，分析贫困群众致贫原因，对症施策，找准增收减支路子，落实各项政策，使二道湾镇的百姓分别在医疗救助、教育扶贫、社会保障兜底、转移就业、危房改造、两贷一补等各个方面得到实惠，稳步增收，较少支出，摆脱贫困，实现“两不愁三保障”。

1. 爱心服务队，温暖你我他

二道湾镇按照《富裕县村级公益性岗位设置暂行办法》规定，结合实际制订方案。全面完成村级爱心服务队岗位设置，实现农户中“无法离乡、不能从事重体力劳动且热心公益事业”的困难人群稳定增收，提升村级公共服务水平。

驻村工作队、村“两委”全面调查，核实农户家庭情况，列出无法离乡又不能从事重体力劳动的困难家庭名单，结合困难人群身体状况、劳动技能、村情实际设置相应岗位类目，实现贫困户、边缘户稳定就业。

（1）村内道路保洁岗。选取有责任心，身体状况较好的村民。主要是负责村内道路、边沟清扫，垃圾集中处理，达到每日清扫、全天保洁。负责清理占道堆放、制止破坏道路行为。

（2）关爱留守老人岗。选取有爱心、有热情，有从事家庭清洁和照料能力的村民。主要负责帮助孤寡老人、重病留守家庭解决生活实际困难（如就医送药、跑腿传话），达到改善老人生活状况，室内外整洁，衣着干净，被关爱人满意的效果。

（3）村屯治安巡逻岗。组织收入不达标的边缘户家庭成员，成立了村屯治安巡逻队。负责防火防盗、禁止焚烧秸秆、治安巡查管理等工作，村里以务工补贴的形式给予相应的报酬，增加他们的家庭收入。

（4）其他岗位：环境监管、涉农设施看护、集贸市场管理、公益设施看管、纠纷调解员、民风宣传教育等。

爱心工作队有完整的监督保障。明确职责。乡镇成立以于振伟为组长，刘建龙、安晓丽为副组长，各村总领队、包村领导为成员的领导小组，王艳郁为具体责任人，各村书记为直接责任人的领导组织。以行政村为单位，驻村工作队与村“两委”商议的结果报乡镇政府审核，乡镇审核合格后召开村民代表大会，在村内公示 7 天无异议后报乡镇农经中心备案。坚持标准。坚持因事设岗，因岗选人，岗人匹配原则，根据农业生产和爱心劳务兼顾，公益服务和适当补贴相结合的原则，明确各岗位工作范围、工作时间、职能职责、考核评价办法等，确定爱心服务岗位年务工补贴。严格考评。把各村“爱心服务队”设置工作作为考核内容，对与村干部有血亲关系的聘用人员要严格把关，对不按规定设置、设置不合理、不认真、偏亲向友、引起群众不满、造成资金浪费等问题的，对违法违规相关责任人，给予通报等相应处理。

2. 加大宣传力度，确保政策全知晓

二道湾镇通过工作队、村干部入户宣传，村屯大喇叭宣讲，下发扶贫政策宣传册等形式，广泛宣传县里出台的六大攻坚战政策，让贫困户广泛知晓，充分利用政策激发内生动力促增收。

落实金融贷款政策，全镇共发放扶贫小额贷款584户、1042万元，其中，用于发展种植业173户、328万元，养殖业411户、714万元。落实“以奖代补”政策，全镇“以奖代补”380户，发放金额357600元，其中，种植业15户、9600元，养殖业365户、348000元。落实劳转政策，各村享受培训就业补助1198人、59.9万元；交通补助362人、10.86万元；意外伤害保险2425人、72750元。

3. 主动服务，确保脱贫政策应享尽享

驻村工作队和村“两委”入户认真调查政策收益群体，符合政策条件的一户不落统计上报，确保贫困户减少支出。落实教育政策，幼儿园补助129人、6.45万元；小学83人、4.15万元，初中261人、163.125万元，高中184人、18.25万元，大学28人、5.6万元，普高免学费146人、4.44万元。落实医疗政策，接受癌症筛查和治疗的人数1869人，减免金额235349元，住院报销477人、4693626元，享受市级慢病60人、31.8万元，县级慢病969人、53.05万元。落实兜底保障政策，贫困中低保576户、1142人，五保户29人，残疾人326人，失能老人32人，半失能老人22人，15人享受计生奖扶。

4. 扎实工作，真心帮扶，提升村民收入

为了实现带动贫苦户脱贫增收，必须加快立乡立村产业，构架产业带动贫困增收，努力构建“一乡一业、一村一品”产业格局。水田、生猪养殖、辣椒种植成为立镇产业，各村产业也都初具规模，全镇有水田7.5万亩。通过土地流转和务工带动贫困户增收，河南牧原生猪养殖项目落户二道湾镇，一期40万头，将雇用230个贫困劳动力务工增收，年收入达到3.5万元。出台打造辣椒小镇扶持奖补办法，利用小院种植辣椒每亩补助400元，规模种植辣椒100亩以上，带动贫困户务工增收20人以上的，每亩补助200元。全镇贫困户“一户一亩园”种植辣椒128户，户增收1700元。全镇10个村规模经营种植辣椒产业1100亩。带动400户贫困户务工增收2000元。林业村村集体领办的850万头奶牛扶贫项目，实现分红30万元；兴安、力合、东胜、平安、永生、联富、富兴7个村建立村级光伏产业项目；永生村3000头肉牛养殖项目正在建设中，4栋羊舍已竣工。入栏500头，带动贫困户务工10户，年工资3万元；兴安、联富、力合、龙生村2018年新增旱田改水田10860亩，流转贫困户180户土地，户增收700元；平安村成功引进坤健公司种植30栋灵芝大棚，带动26户贫困户，户均增收5000元；二道湾村长兴农机合作社，种植面积6800亩，16户贫困户以扶贫资金入股，带动户均增收1600元，2户以资金入股，户均增收5万元，用工带动200户，户均增收3000元。大力发展电商带动扶贫模式，长兴农机合作社利用电商平台，销售农产品；带动贫困户增收，产业带动贫困户增收和提供务工需求能力大大增加。

（二）驻村真情办实事，精准帮扶解民忧

按照“五级书记抓扶贫”的总体要求，二道湾镇认真落实主体责任，严格对照责任状要求，主动认领工作任务。统一镇村干部思想，凝聚共识，干部精力往扶贫工作上使，财力往扶贫工作短板上投，全镇工作围绕脱贫攻坚干。自二道湾镇脱贫攻坚战打响以来，各驻村工作队坚持围绕中心、服务大局，动真情、办实事、解民忧，积极服务民生、广泛凝聚民心，充分发挥表率作用、职能作用、代表作用，在推脱贫攻坚工作中展现了新担当、新作为。

1. 扶贫政策“落地生根”，赢得群众“好口碑”

二道湾镇平安村驻村工作队总领队、教育局局长侯平就是其中的一员，面对下辖3个自然屯，常住人口202户、486人，贫困户135户、385人，分别占比66.8%、79.2%的“深度”贫困现状，他顶住巨大压力，在镇党委的有力领导下，发挥“头雁”效应，带领驻村工作队和村“两委”班子，始终坚持“脚下有路，心中有情，手上有招”，用非常之力，尽非常之责，落政策，谋产业，解困难，抓党建，驻村经验多次在省市新闻媒体交流，为平安村打造了一支永远不走的工作队。

为了让扶贫政策精准落到每家每户，确保政策应想尽享、应得尽得，平安村驻村工作队内部有条严格的铁律，就是除县里制定的扶贫政策外，凡是涉及“三农”的政策规定，务必每个成员做到了然于胸，融会贯通，熟练运用，只有这样才能做到因户因人精准施策。

2. 兵马未动，教育先行

作为从事教育的工作者，工作队深知教育是阻断代际传递的根本之策，让每个孩子都不因贫辍学，不输在起点上，是每个工作队员内心的最大愿望。通过全面系统地梳理上级教育扶贫政策，在原有补贴政策的基础上，创新出台了对幼儿园和大学阶段学生的补助政策，实施了营养餐食堂供餐改革，构建了“助、贷、免、补”的政策体系，兜实兜准了教育扶贫的政策“网底”。发挥教育党委的作用和优势，为平安村37名贫困中小学生，组织了捐资助学活动；为让平安村百姓过一个温暖的冬天，组织开展了“秋日暖阳”捐衣活动，共捐赠御寒衣物2400余件；积极协调七大医学部学生与18名留守儿童结对帮扶，关注照顾好身体和心理的双重健康；为村里20名小学生安排了校车，定点接送，保障了学生交通安全。

3. 斩断“病根子”

疾病是贫困人口致贫、返贫的主要原因之一，也是工作队最担心、最惦记的事情。但考虑到农村“小病拖，大病扛”的实际情况，为了让全村百姓了解自身健康情况，又减轻因此造成的支出，借助全县医疗巡回免费体检和癌症筛查的契机，用大喇叭反复宣传时间地点，同时对年龄大、住得远的农户，工作队员挨家挨户宣传告知，对外地住院回来报销或行动不便的贫困户，主动担负起“跑腿代办”等职责，从四处奔奔波波“跑钱”，变成了在家安安心心“等钱”，共帮助 50 户、74 名贫困户及时报销了医疗费用，人均节约支出近 4600 元。同时，发挥自身人脉广、联系力强的优势，协调市建华厂医院，市医学院附属二院、三院的科主任，到村里开展大型义诊活动，对卧病在床、无法行动的农户，邀请专家到家里进行义诊，让老百姓不出家门口，就能享受到市级专家的医疗服务。

（三）多元并举，致力脱贫攻坚

兴安村驻村工作队积极为群众办实事解难题，抓党建促扶贫，采取各项措施，以多元并举，全面完成脱贫攻坚任务。

1. 加强工作队管理，打造永远不走的工作队

二道湾镇严格落实《富裕县驻村扶贫工作队及驻村干部管理办法》《定点驻村扶贫工作经费使用管理办法》《富裕县扶贫干部激励机制》等文件，确保驻村干部下得去、待得住、干得好。一是建立“345”工作制度。县级领导包镇到村入户，每月驻村不少于 3 天 3 夜；镇党政正职和县直部门一把手带队驻村，每周驻村不少于 4 天 3 夜；驻村工作队员脱钩驻村，每周驻村不少于 5 天 4 夜。要求驻村干部必须全天候驻村工作，全身心为群众办实事解难题，让群众认可满意。二是实行请假补勤制度。驻村干部在请假时必须制订补勤计划，明确拟补勤时间，并按计划进行补勤。每月 16 日，公布请假人员和拟补勤时间，凡是在 16 日前请假并完成补勤的不予公布，如没能完成补勤，则要公布；次月初通报上月出勤情况，对出满勤和超出规定驻村天数的予以表扬，超出规定驻村天数且排在前 5 名的点名

通报表扬，未达到规定驻村天数的，按实际缺勤天数，点名通报批评。三是成立扶贫干部党支部。在严格落实乡镇党委、驻村工作队、帮扶责任人三级领导关系的基础上，村村成立扶贫干部党支部，把全镇所有驻村干部和帮扶责任人共 308 人全部纳入党支部进行统一管理。发挥党组织的政治优势和组织优势，用党员的纪律和标准要求帮扶责任人听从统一指挥，变松散型管理为紧密型管理，定期组织开展帮扶活动，集中力量解决重点难点问题，切实履行扶贫干部工作职责，提升群众认可度。

2. 抓村级党建，促进扶贫攻坚

为加强村级党组织建设，提高基层组织活力，驻村工作队积极参与村党总支各项党务活动，积极组织“三课一会”，参加村里各项会议活动，讲党课、设定固定党日活动主题和内容，村级党组织及村委会换届选举等各项活动，推动村级党建工作稳步提高，做到以党建抓能力、聚民心，全面促进扶贫工作有效进行。

2017 年 12 月组建扶贫工作党支部，形成驻村工作队、村“两委”成员、各单位帮扶责任人三位一体的大支部，共同致力精准扶贫工作，支部成立以来，先后多次召开支部会，具体研究部署工作任务，指导帮扶责任人开展活动。开展“送温暖”活动，各帮扶人到贫困户家里帮助打扫卫生，并送去节日生活用品。组织帮扶责任人开展“心连心”活动，和百姓一起吃饭聊天，了解农民最深的需求。

3. 办实事，解难题，提高满意度

驻村工作队坚持从群众需求出发。从群众中来，到群众中去，深入了解群众的实际情况，做实事，解需求，急群众之所急，想群众之所想，踏踏实实，竭尽全力为群众解决实际的问题，满足群众在各个方面的需求。

兴安村驻村工作队在工作期间，先后为 69 人次的群众解决不方便出门办理残疾人证、没钱购置生活所需辅助器具等问题，极大地解决了弱势群体所急需办理的事情，提高了群众满意度。为有需要的村民办理残疾人证，为方便村里群众，邀请卫生鉴定部门来到村里，先后为有残疾的28名村民入户办理残疾人证，还为10名符合条件的残疾人进行了升级办理，现在全村残疾人110人，二级以上74人，均享受到相关政策。其次为残疾人发放辅具。赠送轮椅20台、坐便椅3台、助听器18台，给群众的生活带来了方便。落实残疾人无障碍改造项目。两年来，投入9万元共为30户没有鉴定上C级、D级危房的残疾人贫困户、低保户进行无障碍维修改造；2017年9月投入资金1.5万元协助村里改造幸福大院；安置10户危房户入住，极大地改善了百姓的住房条件。不仅如此，县红十字会还开展博爱进家园活动，为兴安村36名五保户、贫困户捐赠崭新T恤衫，为村民送去温暖和关怀。

（四）扮靓村容村貌，建设美丽乡村

新农村要有新面貌、新气象。村容整洁是新农村建设的重要组成部分，是新农村建设成效最具体、最直观的外在体现。围绕“三通三有一整洁”，突出3个贫困村兼顾7个非贫困村，保证全镇10个村“三通三有一整洁”全部达标。二道湾镇各村内农户的水电设施得到改善，自我管理意识得以加强，初步构成了环境优美舒适、文化特色鲜明的宜居新村。

1. 加大危房改造力度，确保住房安全

2017年，共鉴定处C级、D级危房444户（其中，贫困户326户、非贫困户94户、其他三类24户），新建92户（含幸福大院一处10户）、维修324户（集中维修新兴学校一处8户）、置换5户，分散建设5户。为最大程度地避免改造过程中发生互相攀比的问题，工作队坚持把工作做实、做细、做到位，协调镇里聘请了市里专业鉴定机构，对全村的疑似危房进行了全覆盖、拉网式鉴定，并将结果及时在村里进行了公示。

2. 保障饮水安全，确保吃上安全水

在全镇农民都吃上安全水的前提下，对三个村 7 个屯的老管线进行了改造升级，全镇铺设主管线 1629 米、支管线 24967 延长米，入户管线 1066 户，新打饮水井 4 眼，安装净水装置 36 台（套）。

3. 开辟希望路，圆百姓出行梦

从 2016 年秋开始，采取向上争取项目、镇级财力下沉、村级挖掘等形式加强基础设施建设。争取县委宣传部、交通、文广、卫计、民政等部门资金 936 万元，镇级下沉资金 353 万元，村级自筹资金 277 万元，总投入 1566 万元。新建文化广场 9 处、文化活动室 3 处、卫生室 3 处，维修卫生室 7 处，硬化道路 22.51 公里。补齐“一整洁”短板，三年来县、镇、村共投入环境卫生整治资金 400 多万元，修路、整形、排水、下涵管、下砂石、栽植树木，开发公益岗管护，确保村屯干净。全镇 10 个村，整修砂石路 58000 延长米，修挖边沟 274400 延长米，上砂石 12000 立方米，安装路灯 20 盏，栽植绿化树 69770 株。

四、加强精神文明建设，助推物质精神双脱贫

近年来，二道湾镇大力推进文化扶贫，在完善文化基础设施、丰富群众文化生活、弘扬文明新风尚等方面下功夫，充分发挥文化在脱贫攻坚工作中“扶志”和“扶智”的作用。坚持“文化引领、道德育人、改善风气、共同致富”的工作思路，因村制宜开展文化扶贫，促进贫困户转变思想，主动想办法脱贫，挖掘文艺能人和文化爱好者，组建文化大院，镇文化站逐村指导健美操、广场舞排练和文艺节目创作，全镇 10 个村均组建了文化大院，3 个起步较早的村在文化大院成立了党支部，在群众中举办“扶贫扶志，思勤思变”为主题的文艺活动，调动了群众与扶贫的热情，激发主动脱贫的内生动力。

（一）接文化“地气”，为振兴“铸魂”

乡村振兴战略是一项长期而繁重的工作，是做好“三农”工作的总目标和总抓手，要把乡村振兴的各项任务落在实处，尤其是推动产业振兴、人才振兴、文化振兴、生态振兴、组织振兴等，各地区各组织都在积极探索着、努力着。具体实践中，富裕县把文化振兴作为乡村振兴的总灵魂和根本动力，绵绵用力，持续发力，进一步提高农民文化素质，丰富群众文化活动，既让百姓富“口袋”，也让百姓富“脑袋”，在过上好日子的同时，也让精神世界更丰富，文化生活更多彩，让农民与时代同步。

二道湾镇文化工作坚持“文化引领、道德育人、改善风气、共同致富”的思路，采取政府购买服务方式，通过逐村指导排练和创作节目，挖掘、培育文艺能人和文化爱好者，发挥“草根文艺人”熟悉百姓、了解基层的优势，带领群众开展喜闻乐见、贴近生活的休闲文体活动，让农闲时节的“推杯换盏”“麻将声声”，变成了现在村里的“歌舞升平”“其乐融融”……

在平安村，针对一些农户薄养厚葬、婚庆低俗、天价彩礼、好逸恶劳、酗酒赌博等不良陋习，把教育引导和约束管理相结合，推动移风易俗，加强农村社会治理，努力形成良好村风民风家风。平安村形成196个字的《平安村村规民约》，宣传卫生保洁，抵制铺张浪费，推动勤俭持家，激励勤劳致富，并制订了《平安村“五个关爱”实施方案》，大力倡导勤俭自强、助人为乐、诚实守信、尊老爱幼等传统美德，培育文明道德风尚。组建爱心服务女子小分队，为孤寡老人打扫卫生，义务劳动，积极参与社会公益事业，形成讲爱心、肯奉献、正能量的道德价值导向。

（二）文化的“艺术人”，活动的“领路人”

二道湾村紧紧抓住“人”这一核心，在镇里文化站的牵头下，邀请县文广局协助，挨个村走访遍寻群众眼中的“文艺人”，谁最活跃，谁能组织，谁唱歌好，谁跳舞棒，等等，都是他们筛选、考察的目标和对象。经过走访、挖掘、筛选，一个个文艺人脱颖而出，站在了农村文化活动“舞台”中央，比如，二道湾村的赵景英、张秀荣、赵淑兰、赵继英、周玉兰等 5 人，自小就爱好文艺活动，在村里人缘较好，能力强，在她们的带动下，近 40 人的文艺爱好者队伍建立起来了，还自发组建了业余文化演出队伍，定期排练文艺节目，在本村和附近几个村，都有她们演出的足迹和身影，影响力越来越大，名声也越叫越响，不断吸引更多的村民自愿加入，目前经常参与活动的人数已经达到了 80 人，大到七八十岁满头白发的老人，小到六七岁刚刚上学的孩子，农村文化活动的大潮逐渐形成，不断向前集聚推进……

（三）政府建“舞台”，助力圆“梦想”

文化活动“如火如荼”，原有场地变得“捉襟见肘”，二道湾村向镇里打请示，做汇报，在县文广局和镇政府大力支持下，1000 平方米的文化活动广场建起来了，100 平方米的文化活动室盖起来了，桌椅、投影机、电脑、音箱、电视、音响等设备配齐了，唢呐、二胡、葫芦丝、琵琶、鼓、锣、腰鼓等乐器奏响了，100 多套演出服装伴随着广场舞、健身操、三句半、锣鼓快板、二人转、拉场戏、豫剧、黄梅戏等节目闪亮登场……自编自演的拉场戏《入社》上了“富裕小春晚”，两对二人转演员参加了黑龙江电视台举办的《欢乐英雄传》比赛，表演的二人转小帽《小拜年》《月牙五更》和正戏《包公断后》《墙里墙外》得到评委好评，双双进入 30 强；编排的《美丽乡村好》《中国梦》《开门红》等节目，受到县五保供养中心、驻富部队、县《周末大舞台》和县老年大学等热烈欢迎；有 5 个节目进入“富裕县草根文艺人电视大奖赛”前 10 强；等等，这些农民自编自演的节目，每年都有新变化、接地气、跟得上形势，老百姓愿意看、喜欢看，赢得了老百姓的共鸣。

五、经验与启示

扶贫开发，利国利民。实施扶贫攻坚战，使农村贫困人口脱贫脱困，走向奔小康的道路，是中国共产党对中国人民的庄严承诺。

二道湾镇在脱贫攻坚的工作中注重把“输血”与“造血”结合起来，把“雪中送炭”与“授人以渔”结合起来。不断加大投入，科学配置资源，以技能培训“拔穷根”、以产业带动“换穷业”、以扶贫搬迁“挪穷窝”，坚决打好扶贫开发攻坚战，帮助贫困群众解困、增收致富，推动扶贫工作不断迈向新的台阶、取得新的成效。

扶贫工作就是一项解决民生实际问题，联系群众最直接最根本的工作，开展扶贫工作，实现贫困地区脱贫奔小康，离不开党的关心和支持，更离不开地方自身凝心聚力，不懈奋斗。而富裕县就恰恰有这样一支肯干、敢干、实干的工作团队。富裕，让我们看见了一群为百姓干实事的领导干部，是真心地为百姓干一些实实在在的事情，他们将推动本职工作作为开展活动的着力点，从实际情况出发，不仅突出特色，更注重实际。不是只做表面功夫，为了应付上级检查，做一些虚头虚脑的表面文章，大搞一些劳民伤财的“政绩工程”和“形象工程”，最终损害了群众的利益；而是时刻以“群众得实惠”为出发点，坚持做到“从群众中来，到群众中去”，凡事以群众的利益优先，切身解决百姓的实际困难。也正是如此，富裕干部才得到群众理解，受到群众拥护，他们这样的党员才是真正的优秀，这样的基层党组织才是真正的先进，他们赢得了我们所有人的尊重和敬佩。

附录2　富裕县繁荣乡脱贫攻坚案例

一、繁荣乡基本乡情

（一）环境情况

在广袤无垠的黑龙江土地上有个名为富裕的县城，而位于县境西南部，乌裕尔河东岸的繁荣乡就是我们此次扶贫脱贫情况调研的终点。繁荣乡距富裕县城75公里，南与大庆市林甸县接壤，西与齐齐哈尔市隔乌裕尔河相望，北与繁荣种畜场相邻。全乡辖区面积45.8万亩，其中，耕地面积21万亩，草原面积11.6万亩，水面面积6.5万亩，林地面积6.7万亩，森林覆盖率10.5%。繁荣乡辖10个行政村，26个自然屯，共6749户、18419人，属农业乡镇，土质肥沃，粮食产量高，农村经济以种植玉米、水稻为主，养殖牛、羊为辅。

（二）贫困情况

2001年，富裕县被黑龙江省确定为省级贫困县，2011年，又被确定为大兴安岭南麓特困片区县，2011年以后，被划分进大兴安岭南麓集中连片特困区。繁荣乡身为富裕县内主要贫困乡更加值得关注。繁荣乡各村村民大多是山东移民，基础设施落后，经济基础差，交通不便利，虽有其自身的文化底蕴，但也成为扶贫工作的难点之一，其基本贫困情况如下。

1. 贫困人口情况

全乡农村户籍人口中共有贫困户1250户、3147人，贫困发生率17%。按致贫原因分析，其中，因灾致贫649户、1849人，因病致贫169户、654人，因残致贫111户、287人，因学致贫48户、173人，因缺劳动力207户、343人，缺资金16户、53人，缺技术22户、48人，缺土地17户、57人，自身发展动力不足3户、9人。从问卷调查报告来看，是否贫困与受教育程度、年龄、性别和就业状态都有关。受教育程度越高，越不容易贫困；年龄越大，越容易贫困，县内65岁以上老人并不很多，然而65岁以下的老人较多且患病的居多，易贫困；女性比男性更易贫困，劳动力和受教育程度远远不如男性；全职务农的纯农户是贫困户的可能远大于非农就业农户，说明纯农户要想脱贫还需要拓展自身就业状态与结构。脱贫任务应该根据不同的致贫原因，不同的人群对症下药，不应一概而论，当然繁荣乡就是这么做的，而且做得很好。

2. 贫困村情况

繁荣乡管辖内共10个行政村，其中贫困村就有6个。不仅生产生活落后，基础生活文化设施也落后，导致村民没有生活热情，实地调查访谈的过程中，大部分村民都提到过“对付着过呗”“差不多得了”这类语句，所以农忙之余的娱乐放松也是至关重要的，对村民身心健康均有好处。贫困村老弱病残是导致贫困的主要原因，之后的扶贫政策和行动也都将基于此展开。

二、扶贫历程

（一）主要流程

精准扶贫以来，繁荣乡主要脱贫攻坚概况，如图1所示。

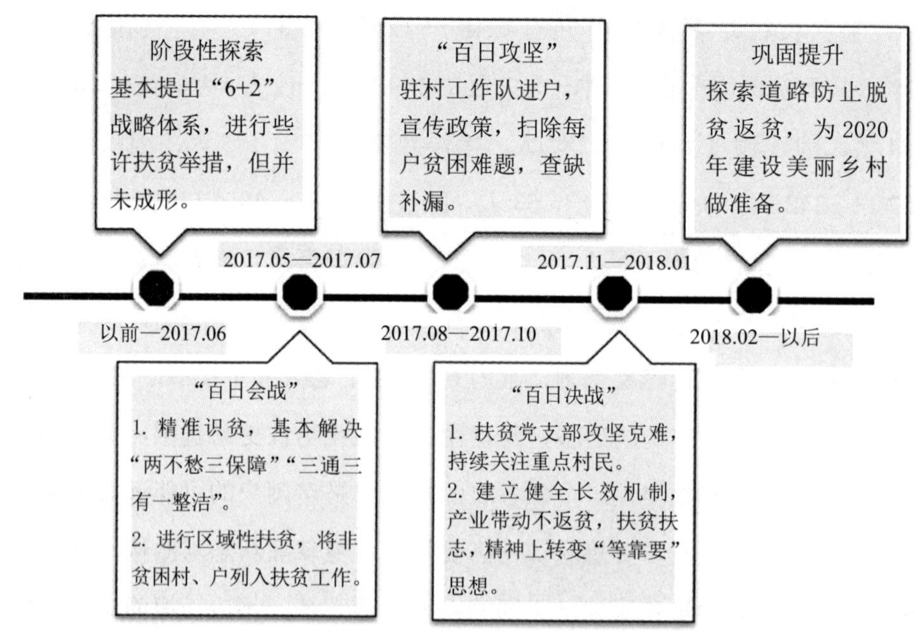

图 1　繁荣乡脱贫攻坚主要流程

（二）三大战役

习总书记强调:“脱贫攻坚任务重的地区党委和政府要把脱贫攻坚作为‘十三五’期间头等大事和第一民生工程来抓，坚持以脱贫攻坚统揽经济社会发展全局。”富裕县政府响应号召，根据各乡镇共性讨论并制定出一系列政策，繁荣乡政府积极配合，抓紧落实，从各个方面实行扶贫举措。

2017 年 4 月以来，按照党中央“六个精准”“五个一批”的基本方略，按照新一届省委“四个落实”的总体部署，繁荣乡始终以脱贫攻坚统领经济社会发展全局，紧紧围绕“两不愁三保障”，针对主要致贫原因，坚持以精准识贫为基础、以精准扶贫为核心、以精准脱贫为目标，创新出台了产业带动、转移就业、教育扶贫、医疗救助、保障兜底、基础设施公共服务，以及赢得群众满意、强化基层党建等“6+2”脱贫攻坚战略体系，举全县之力，汇全民之智，全面打响了脱贫攻坚战役。下面主要讲述“三大战役”。

1.“百日会战”

脱贫攻坚和小康社会是密切相连的，繁荣乡政府坚决以习总书记所说的区域性脱贫为目标，扶贫问题不仅仅针对贫困村、贫困户，更是整体的脱贫和改善。

（1）精准识贫，完成基本脱贫任务

2011 年以来，贫困村、贫困户的识别标准和脱贫标准与从前已大不相同。所以，什么样的村是贫困村，什么样的户是贫困户呢？国家分别对贫困村和贫困户规定了衡量标准，繁荣乡政府严格履行国家拟定标准，运用适合本乡乡情的独特识贫方法进行精准识贫，解决“扶持谁”的问题，制订精准脱贫措施，“对症下药”。

a. 贫困村

对于贫困村国家制订的衡量标准，理论上，按照“一高一低一无”的标准识别，即行政村贫困发生率比全省贫困发生率高、全村农民人均纯收入低于全省平均水平 60%、行政村无集体经济收入，必须具备这三个条件才是贫困村；实际上，还要看“三通三有”是不是出问题了，即通硬化路、通宽带、通广播电视，有卫生室、有医生、有文化活动场所是否出了问题。

在贫困村治理方面，抓实“三通三有一整洁”，村里差的硬件基础设施补上，让村屯环境整洁干净，达到了“三通三有一整洁”的验收标准。村支部是一个村的核心，分钱分物不如一个好支部，繁荣乡政府下功夫培养了一些干实事的好支书，领导壮大村集体经济。村里带头致富，村里有收入，老百姓还富裕，借助现有政策，通过种植和养殖，让村集体经济有了收入。

b. 贫困户

按照国家对贫困户衡量的标准，年人均纯收入是否低于贫困标准，在“两不愁三保障”上是不是有问题，房子是不是危房（鉴定为C级、D级的），家里是不是有重病大病的，有没有上学负担重的，要慎重甄别，然后经综合考虑确定是不是贫困户。

繁荣乡政府根据国家衡量的标准，按照贫困户精准识别“一二三四五”工作方法，进行精准识别工作，找准致贫原因对症下药。制订了一系列针对性的政策办法，严格落实习总书记说的靶向治疗，如因病致贫的贫困户享有大病补贴医疗保险、因学致贫的贫困户享有助学资助、有劳动能力的贫困户可以进行“两贷一补”、没劳动能力的贫困户享有低保补助和资产性收益等。

（2）区域性扶贫及举措

习总书记所说的区域性脱贫问题是难中之难，坚中之坚。繁荣乡政府在扶助贫困村、贫困户的同时，还照顾到了非贫困村、贫困户，并结合区域特点实施了五条保障措施，实现了整体区域性脱贫，使扶贫工作成为统领社会发展全局的重要举措。这一举措，不仅安抚了非贫困村、贫困户的不平衡心里，维护了社会治安的稳定，还加强了党建工作，拉近了党与民的距离，发展了经济，使整体富起来。具体措施是将非贫困村、贫困户列入扶贫工作，平衡双方。

繁荣乡有4个非贫困村，这些村对照贫困村，差在哪里都研究补上，非贫困村道路、卫生所、活动场所、集体经济等差什么？支部建立什么样？也都照着要求贫困村的标准进行了弥补，贫困村达到，非贫困村也得达到，做到两方平衡。针对非贫困户要反复核实，看他是否达到贫困户的标准，是不是给人家漏了。同样向非贫困户普及扶贫政策，有困难帮着解决问题，让非贫困户也满意。甚至于有能力的非贫困户可以带领贫困户致富，可以将其发展为党员，培养成村干部。

总体实行“6+2”扶贫战略，首要进行产业扶贫，将资金打捆使用，增强贫困村、贫困户内生动力。随着扶贫工作不断往前推进，遇到许多新的情况，逐步研究出台新的政策。比如，为有劳动能力贫困户提供公益岗，使其有收入，又比如，为付不起学费贫困户提供助学补助。

“百日会战”成绩巨大，来之不易。百姓的生产生活发生了大变化，“两不愁三保障”“三通三有”都已基本落实，道路直接通到村，房子得到了改善，喝上了安全水，看病和大病得到了及时救助，娱乐文化设施也基本普及。通过扶贫，干部的能力也得到很大提升，党群干群关系更加和谐，基层党建更完善。

2.“百日攻坚”

“百日攻坚”的任务艰巨，仍需努力。扶贫工作最难的事，最硬的骨头就是到户工作，所以攻坚的重点除了将前期残留的任务完成，重中之重就是将入户工作进行到底，无论是扶持贫困户还是非贫困户都在扶贫工作的任务中，工作量巨大，根据每户需求进行帮扶，精力耗费巨大。对此有如下措施。

（1）设有驻村工作队

繁荣乡政府在富裕县政府安排下，在省市要求的三人组合工作队的基础上，加入了总领队、副总领队一职，保证驻村工作队最少五人。实行“一帮五”甚至“一帮六”办法，吃住办公在村里，做到每家每户都有人帮扶，有问题都能解决。

（2）张贴脱贫进度表

张贴进度表是为了让帮扶人员清楚村民的贫困状况，具体到家庭收入，享受到了什么政策，还有什么困难没有解决，什么政策不了解，“百日会战”时期的“两不愁三保障”“三通三有一整洁”是否到位，及时发现问题并解决。

3.“百日决战”

扶贫攻坚战结束了，但是仍然要建立长效机制，持续关注“八类人”“三留”人员，使后期的管理制度化。利用产业带动将扶贫、扶志相结合，使群众在思想上“脱贫”。主要措施如下。

（1）逐村落实立村产业，带动农户增收脱贫

发展水稻、木耳、中草药、青贮、黏玉米、黏高粱种植；发展肉鸡、和牛、生猪养殖，带动贫困户脱贫，增强其内生动力。

（2）设立扶贫党支部

所有在村里的帮扶责任人都是这个党支部的党员，按照党员的标准要求开展扶贫工作，规范工作队员，逐户逐项进行对标核查，严格执行“八个步骤”，确保贫困人口真脱贫、真认账，专攻还不符合脱贫标准的贫困户，将脱贫攻坚的最后一站守好。

（3）开展精神扶贫建设

强化对村民的教育引导，建立书屋供村民学习；通过漫画宣传正确世界观、价值观；开展“幸福之星”，广场舞等活动；设立“红白”理事会；组建爱心服务队，重点帮扶重病患者及年老者和特殊家庭。

（三）成效

至2018年，繁荣乡所有贫困户、贫困村均已脱贫。全乡村民人均收入达到6156元（其中贫困户人均纯收入5029元），村集体经济年收入达6万元，分别提高34%（其中贫困户85%）和50%。

三、战略举措

（一）繁荣乡六大脱贫攻坚战略

繁荣乡通过实施六大脱贫攻坚战略，使农村生产生活环境大为改观，农村公共服务基本完善；通过扶贫整村推进、立村产业发展等项目，使全乡农村贫困人口人均年可支配收入达到国家扶贫标准以上；通过项目扶持小额信贷等系列帮扶措施，让贫困户脱贫致富，内生动力不断增强。具体战略政策措施及成效如表 1 所示。

表 1　六大脱贫攻坚战略举措及成效

	措施	政策	成效
产业带动	“抓两头，带中间”，其中小头发展家庭产业，中间发展村级特色产业。 1. 资金打捆使用投资盈利分红； 2. 发展自身产业； 3. 发展种植养殖。	1.《两贷一补扶贫政策》； 2.《贫困户发展家庭产业以奖代补政策》； 3.《贫困户小型稳定规模经营补贴政策》；（2、3 不可兼得） 4.《种植业政策性保险补贴》。	1. 全乡贫困人口 3147 人，共得 146.21 万元红利； 2. 发放贷款 515 户、1265.42 万元；带动 726 户贫困户，年均户增收 3000 元左右； 3. 种养植补贴 420 人、35.92 万元。其中，种植业 100 户、1474 亩，补贴 5.72 万元；养殖业 320 户、10653 头，补贴 30.2 万元。
转移就业	1. 把转移就业作为脱贫的直接途径，通过搞培训、强技能，找门路、拓渠道，使有劳动能力、有致富愿望、有一定技能的贫困户，增加务工收入，实现就业脱贫； 2. 对外转移；对内转移；务工培训。	1.《贫困劳动力转移就业政策》： 2. 培训就业补助； 3. 交通补助； 4. 意外伤害险。	全乡共转移就业 2062 人。 1. 对外转移年户均增收 8000 元； 2. 对内转移年人均增加收入 4000 元； 3. 务工培训 834 人、补贴 38.56 万元；务工交通补助 215 人、补贴 6.45 万元；享受意外伤害险 918 人、2.754 万元。

（续表）

	措施	政策	成效
教育脱贫	1. 对本科及以下学历富裕籍建档立卡贫困学生全资助； 2. 通过“助、免、贷、改”综合措施，让教育资助政策全覆盖；开展营养餐食堂供餐，实行“学校食堂 + 合作社 + 贫困农户”模式。	《教育扶贫资助政策》： 1. 学前教育； 2. 义务教育； 3. 普通高中教育； 4. 中等职业教育； 5. 高等教育。	1. 学前教育：共资助 418 人次、20.9 万元； 2. 义务教育（在校寄宿）：共资助 575 人次、44.725 万元。低保生，就餐补助每人每年 500 元，共资助 17 人、8500 元；残疾学生，生活补助每人每年 1250 元，共资助 7 人、8750 元； 3. 普通高中教育：共资助 100 人次、20 万元，免收学费 97 人次； 4. 中等职业教育：共资助 9 人次、4.5 万元。
医疗救助	针对贫困人口建立三道防线： 1. 没病的防好：哈医大附属肿瘤医院每年对十个行政村进行一次免费肿瘤筛查和体检，并建立健康电子档案； 2. 慢病的看好：确定了冠心病、糖尿病等 10 种农村常见的小慢病人员，纳入县级慢性病报销范围，并给予补贴。 3. 大病治好：构建了 6 条保障线，基本医疗在原有基础上报销比例提高 5%，而且实现合规费用在乡内达 95% 以上。	《农村贫困人口医疗救助政策》： 1. 疾病预防； 2. 门诊待遇：门诊统筹，门诊慢性病； 3. 6 条保障线； 4. 简化报销流程。	全乡每个贫困人口、低保、五保户个人缴费部分全额补贴，参合率达到了 100%。 1. 防病：完成 3147 人的健康电子档案； 2. 慢病：补贴 835 人、44.69 万元。实行家庭医生慢病签约服务； 3. 大病：已为 365 位住院贫困人口患病者报销 14.22 万元，人均支出减少 400 元。

（续表）

	措施	政策	成效
保障兜底	1. 将符合贫困条件的低保户及时纳入贫困户，将符合低保条件的贫困户及时纳入低保户，实现“两线合一”； 2. 贫困人口采取其他措施无法脱贫的贫困户，力争纳入低保范围，实行政策性保障兜底。	1.《农村低保政策》； 2.《贫困户保障兜底政策》：（1）60 周岁以上体弱多病的；（2）丧失劳动能力的；（3）患有 17 种重特大疾病的；（4）重度残疾人；（5）高中以上因学致贫且承包地人均低于 8 亩的；（6）贫困人口采取其他措施无法脱贫的贫困户。以上 6 种纳入低保户。	全乡实现低保兜底的贫困户有 263 户、531 人，占贫困总人口数的 17%。
基础设施和公共服务	1. 危房改造：只要鉴定为 C 级、D 级的农村危房。对建档立卡贫困户、低保户、分散供养五保户、贫困残疾人家庭 4 类重点对象，采取房屋新建、修缮加固、租赁等 3 种方式进行改造； 2. 饮水安全：入户安装管线，检测水质以达标； 3. 村屯：道路上，通硬化路，修复破损路面；卫生整治上，集中治理脏乱差，改善村容村貌，让贫困户屋里、院里干净。	1.《农村危房改造政策》； 2.《农村安全饮水实施方案》； 3.《美丽乡村环境卫生专项整治工作实施方案》。	1. 贫困户共修缮、翻建、购置房屋 501 户，其中，翻建 133 户，修缮 366 户，购置 2 户； 2. 全乡安装自来水 2927 户，主管线 8160 米，支管线 65640 米，入户线 28705 米，新打饮水井五眼，涉及 24 个村屯，已实现全乡全部饮用自来水； 3. 全乡六个贫困村全部通硬化路，通宽带、广播电视。各有标准的卫生室和 2 名医生，且文化活动室、文化广场体育器材均配齐全。

（二）两大创新战略决策

1. 加强基层党建，成立驻村工作队和扶贫党支部

繁荣乡实行“四个到位”扶贫保障体系，通过宣传引导、驻村帮扶、督查巡查，社会帮扶，使措施到底、责任到人、帮扶到位，进而保障六大脱贫攻坚战役取得胜利。宣传到位：从面上，利用电视、广播、报纸和网络全方位进行宣传，在乡村主要街道路口制作图板、悬挂条幅和标语，让扶贫宣传无死角。从点上，乡村包扶队伍、乡镇村干部结合对接帮扶，入户宣传，把扶贫政策贴在墙上，把《扶贫手册》送到贫困户手中，做到家喻户晓。组织到位：干部走村入户，实行“345”工作机制，设立驻村工作队和扶贫党支部。巡查到位，成立了专门督查组，深入到村屯，检查监督驻村干部工作情况和具体扶贫近况。社会扶贫到位，组织非公企业和“两代表一委员”等社会力量参与到扶贫攻坚上来，让他们帮助发展产业、安置贫困户就业、帮助贫困户子女就读等。

（1）设立驻村工作队

繁荣乡实行“国标贫困户一帮四”干部帮扶行动，每周至少开展 1 次入户定向帮扶工作，与贫困户处亲戚、交朋友，解难题、办实事，全覆盖性地派遣驻村工作队蹲点驻村抓扶贫（见图 2）。省市要求工作队由 3 人组成，第一书记兼工作队长，带领两名工作队员，3 人组合。突破和创新在哪儿呢？就是增加了一个总领队和一个副总领队，工作队伍至少是 5 人组合。乡镇党政正职和驻村工作队队长原则上每周驻村不少于 4 天 3 夜；其他驻村干部每周驻村不少于 5 天 4 夜；驻村工作队和驻村乡镇干部是“战斗员”，围绕“两不愁三保障”、精准识贫率、漏评率、退出率、错退率和群众满意度等指标逐户走访调研，摸清问题，查找原因，拿出解决问题的办法，在思想上、行动上、感情上真帮实扶，使农户真理解、真认账、真满意。

图 2 财政局驻永丰村村工作队驻地队旗

繁荣乡丰年村就有一位身患重病的七旬老人，妻子儿子均有精神疾病，一度失去生活乃至生存希望，驻村工作队了解情况之后，帮助老人收拾庭院，看病增收，在驻村干部的帮扶下重拾生活信心，将国旗高高挂起；开展“亮身份”行动，党员家门口悬挂“我是党员，不忘初心、牢记使命”标牌，群众代表悬挂“我是群众代表，代表群众利益”标牌，通过亮身份、做表率弘扬正能量，把党心和民心牢牢地贴在了一起，带动党员、村民代表周围群众踊跃开展特色种养，积极输出劳务，拓展增收渠道。

（2）成立扶贫党支部

为了进一步明晰驻村工作队、村“两委”帮扶责任，解决帮扶责任人数量多、管理难的问题，繁荣乡建立扶贫党支部，按照党员的标准规范约束帮扶责任人，筑起扶贫攻坚的战斗堡垒，确保打赢脱贫攻坚战役。扶贫党支部由乡镇党委直接领导，党支部书记由驻村总领队担任，将扶贫干部纳入党支部管理，形成了“乡镇党委 + 扶贫干部党支部 + 帮扶责任人 + 帮扶对象”的包保帮扶体系，从组织上保证了脱贫攻坚战役。

帮扶责任人每月入户四次，每次入户之前到驻村工作队报到，驻村工作队针对各帮扶时期的要求，统一安排部署；建立帮扶干部入户帮扶考勤制度，对帮扶干部入户次数、解决问题等工作情况进行记录，发现问题督促整改。

2. 出台办法，实施赢得群众满意的方案

围绕“两不愁三保障”和国家第三方评估的具体标准和要求，为了让贫困户和非贫困户都满意，繁荣乡出台了《关于深化打赢六大脱贫攻坚战赢得群众满意实施方案》，开展“六再六提升”工作，回到原点再识别，提升群众对精准识贫的满意度；改房改水再扩面，提升群众对居住条件的满意度；环境卫生再整治，提升群众对村容村貌的满意度；通村公路再延伸，提升群众对方便出行的满意度；产业到户再精准，提升群众对家庭增收的满意度；驻村帮扶再深入，提升群众对干部作风的满意度，通过落实扶贫政策，确保脱贫任务如期完成、群众真正满意。

四、特色扶贫

（一）发展中草药产业，带动区域经济发展

1.“协会 + 合作社 + 农户”庭院经济的联合发展模式

永丰村在财政局驻村工作队的大力帮扶下，成为繁荣乡扶贫工作产业带动增收的典型案例。财政局驻永丰村以来，始终把发展产业作为壮大集体经济、农民稳定增收的第一要务，想方设法，借助人脉资源，深入挖潜提效，团结带领村“两委”班子成员和全体村民用心谋事、踏实干事。根据土壤特点，合理种植中药材防风、柴胡和赤芍，发挥村民多年种植中草药的技术优势，引导村党组织与华润医药对接，成立华润齐齐哈尔医药公

司、永丰村、财政局联合党支部，组建华润永丰中草药协会，联手打造道地药材基地，确立了“协会 + 合作社 + 农户”的发展模式，为永丰村中草药产业发展打下了坚实的基础。此外，永丰村还注册了“富裕小蒿”特色中草药品牌。这样解决了两个问题：一是种植技术问题，老百姓通过庭院种植，积累草药的种植技术。二是市场问题，草药产出种子，不光药材卖钱，还留了种子，为今后大田播种降低成本奠定了基础，所产出的药材，华润医药照单全收。

永丰村是 1956 年移民村，农户房前屋后庭院面积大，经过驻村工作队、村“两委”和村民代表大会的认真研究，确定了引导农户进行房前屋后小园的中草药种植，且庭院种植中草药优势较大：

（1）庭院有房屋和院墙挡风作用，小园内的土地的积温高于大田，可以有效提高产量；

（2）家庭成员在闲暇之余，特别是一些老年人都能够参与庭院草药种植，有效提高劳动效率；

（3）庭院种植中草药的经济效益远远高于其他经济作物，可以有效提高经济效益。

鼓励农户利用房前屋后的庭院空地发展庭院经济，进一步积累中草药种植经验，逐步向大田种植规模化和标准化、基地化发展，计划用三年左右的时间，发展种植面积 1 万亩，使中草药种植产业成为有一个立村特色的产业。截至目前，庭院中草药种植有 23 个小园 44 亩，大田达到 1260 亩，在两年一个种植周期后，每亩比种植玉米增收 1000 元，将种植的中草药卖种子，每亩效益将达万元。至今种植防风、柴胡 1665 亩，每亩年纯收入 700 元，使 27 户贫困户受益，户均增收 7900 元。

2.“党领办 + 地入股 + 拿奖补”产业发展模式

近两年来，繁荣乡丰年村在脱贫攻坚实践中，在乡党委打造药材小镇战略指引下，借助葵花药业入驻的大好机会，与大企业达成共识、联手共创道地北柴胡种植基地。将种植结构逐渐从玉米调到药材上来，逐渐将药材种植打造成立村产业和特色品牌，依托大集团资源，引领农户对接市场，降低风险，提高效益，增加收入，使药材种植产业成为推进适度规模经营、带领农民脱贫致富、带动集体经济壮大的有力支撑，初步探索出了一条符合发展方向的“党引领 + 地入社 + 拿补贴”产业模式和农业新路。

（1）“党领办”，党带领群众共同致富

为了既让集体富，也让农民富，村里对原有的丰年十五种植合作社进行“红色改造”，转型为村集体领办的股份制合作社，让村书记苏成海担任理事长。注 100 万元扶贫资金入合作社，购买了拖拉机、药材打秆机、药材收获设备，折资入股合作社，使集体股份占居主导地位。合作社作为法人代表直接跟葵花药业沟通，合作社管前端的生产，企业管终端的销售，企业与合作社在产业链条上形成了利益紧密相连的“契约关系”。

（2）“地入股”，带地入社，农民变为股民，土地变成股份

为了改变一家一户分散经营，改变土地流转“一转了之”的普遍现象，通过“地入股”，使集体和农民成为真正意义的风险共担、利益均沾的股权型新型经营主体。采取“保底收益 + 按股分红”的办法入社，农户与合作社签订入股协议，到年底，每亩地保证 450 元的收益，在此基础上进行二次定额分红，每亩 150 元，这样每亩地仅入股收入就达到了 600 元，风险小，经营好，收益高。农民参与到药材种植产业当中来，共享全产业链条带来的增值红利。丰年村带地入社的农户有 106 户（贫困户 64 户），占村民总数 227 户的 46%。

（3）“拿奖补”，保证入社农民直接收益

入社农民每亩地除了股份收入（经营性收入 + 资产性收入）外，还有转移性收入。给予以奖代补，凡是中草药种植规模达 5 亩以上的贫困户，

县里每年秋后给予800元奖补；给予小型稳定规模经营补贴，凡是种植药材达到20亩以上的贫困户，县里都给予3000元的经营补贴。丰年村2018年共有31户得到了补贴。

通过乡村领导干部的努力和村民的配合，产业带动初见成效。

a. 土地规模经营

在企业龙头的带动下，调整了种植结构，发展了特色种植，对接了市场，见到了效益，带动了农民分散的土地向合作社集中，实现了连片种植和规模经营，使土地产生了规模效应，农业生产的机械化、科技化和标准化水平大大提高，土地的劳动生产率、产出率和综合生产能力不断提升。丰年村规模最大的地块达到1000多亩，100亩以上的规模地块近10片。

b. 集体致富了

通过集体领办的合作社，村级集体经济收入有了可靠的来源，主要有三项收入：在服务收入上，葵花药业以每公斤3元的标准给合作社服务费，以每亩收获70公斤柴胡计算，每亩可得210元，4150亩柴胡全部收获后，村集体增收87万元；在劳务收入上，合作社的拖拉机以及药材播种、收药设备，每亩机械耕种可获净收入50元，4150亩可获利20万元；在补贴收入上，按照《富裕县2018年贫困户小型稳定规模经营补贴政策》规定，对当年规模经营面积占全村耕地总面积50%以上，且能带动本村30%以上贫困户参与的村集体，给予20万元补贴。

c. 村民有钱了

通过带地入社、实现规模经营、参与药材特色种植，百姓的收入增多了。每亩地既有保底收入，还有定额分红收入，远远高于玉米种植收入。除此以外，农民还可以在合作社打工，实现务工收入，合作社年用工近50人，每人每天劳务费120元，每年工期40天，人均年收入可达到4800元。

（二）调整种植业结构，流转耕地旱改水

繁荣乡利用扶贫资金对村集体机动地实施旱改水，引进大户集中经营土地，引导百姓积极参与流转土地。以永丰村为例，2016 年旱改水项目，在县扶贫办的亲切关怀下，投入资金 193 万元，吸收全体贫困户加入村集体领办的富裕县繁荣乡永丰农业生产专业合作社，利用扶贫资金 109.35 万元，购买村集体机动地 810 亩，用 83.65 万元把 810 亩旱田改造成水田，形成了一个产业扶贫项目，也作为永丰村主要立村产业带领贫困户脱贫。全体贫困户入社，每个贫困人口分红 240 元，村集体分红 5.2 万元。

繁荣乡其他行政村也实行这种措施。祥发村流转耕地旱改水 4380 亩，每亩流转增收 220 元，受益农户 271 户，贫困户通过内转在水田打工 61 人，人均增收 2100 元；建设村流转水田 6917 亩，每亩流转增收 220 元，受益农户 328 户。

（三）扶贫扶志扶智，文化振兴乡村

1. 补助老人和学生，聚民心铸未来

老人有人养，孩子有人教才是解决贫困能够发展的重要问题。家和万事兴，孝心聚民心，但是一度发展落后的永丰村和他的村民一度丢弃了他们最宝贵的东西，人们一心想富却不愿意付出努力，等靠要的思想渐渐与对贫困的不满互相滋长，村委会为了让孝文化的传统更好地继承和发扬，经村民大会通过，对全村家中有 60—69 岁的老人，每年补助 100 元；70—79 岁老人，每年补助 200 元；80—89 岁老人每年补助 300 元；90—99 岁老人每年补助 500 元；100 岁以上老人每年补助 5000 元。更是优秀村民以身作则，村民陈平以“小家”之孝感染着永丰人讲孝、重孝、尽孝的“大家”之孝，为村民久久传唱，争相效仿。又有村里交口称赞的好心人村民李海龙，年仅 35 岁的他，接过父亲照顾老人的班，照顾孤寡老人单成群 8 年之久。

治贫先重教，发展教育是脱贫的根本之举。为了进一步鼓励村里年轻

人的向学之风。村里对考入二本的大学生一次性补助500元，考入一本一次性补助1000元，对考入提招本科一次性补助2000元，对考上的硕士生一次性补助4000元，博士生补助8000元。永丰村先后培养大学生78人，硕士研究生6人，博士生1人，在西昌卫星发射中心、空军某飞行学院等重要岗位上为国家做着贡献。

2. 建立村规民约，正民风助脱贫

永丰村在2015年修订完善了6章36条的《村规民约》。其中提倡遵纪守法、敬老爱老、爱护环境、维护公德等行为，严明奖惩规则，实行村民自治。村规民约中针对大操大办、奢侈浪费、盲目攀比、酗酒赌博、薄养厚葬、封建迷信等不良风气通过严格规定给予坚决抵制。在永丰村的村规民约中，传家训立家规扬家风，作为一个重要的组成部分，以期用好家风支撑起好村风好民风，倡导健康、文明、科学的生活方式。

通过《村规民约》的规定，永丰村采取有效措施治理“天价彩礼”“薄养厚葬”、大办学子宴等不良风气，建立移风易俗“红黑榜”，定期公布名单，在坚持正面宣传教育为主的同时，对挑战道德底线的行为及恶劣案件旗帜鲜明地予以鞭笞批评和曝光。

3. 建成室内外文化活动场所

乡村振兴战略是一项长期而繁重的工作，文化振兴是乡村振兴的总灵魂和根本动力。绵绵用力，持续发力，进一步提高农民文化素质，丰富群众文化活动，既让百姓富“口袋”，也让百姓富“脑袋”，在过上好日子的同时，也让精神世界更丰富，文化生活更多彩，让农民与时代同步。

（1）室内建立综合文化活动中心

繁荣乡各村均建成文化活动室，为村里各种娱乐活动提供场所。开展过“迎接十九大、讲文明树新风”活动，广泛宣传文明礼仪，倡导文明的社会风气；开展“房前屋后清洁好”“庭前院后美化好”“尊老爱幼家风好”“邻里团结和睦好”“子女成才家教好”“政策法规学习好”“经济发展富裕好”“移风易俗风尚好”等“八个好”文明户的评选活动。通过举行道德讲堂、文娱活动，既满足了村民的精神文化生活，又打造了思想道德建设的阵地。

（2）修建广场，完善基础设施

2015 年以来，繁荣乡各村改造了危房、建设了围墙、安装了农户大门、铺设了桥涵、硬化了道路、安装了路灯，固化了边沟、绿化了街道，实现了美化、硬化、香化；筹建了厕所和浴池；建设休闲文化广场，安装健身器材、篮球场地、羽毛球场地等。基础设施不断完善，使村容村貌发生翻天覆地的变化，既方便了出行，又改善了整体人居环境。村民夏季在广场跳舞，举办“草根文艺人”，锻炼身体好不热闹。

富裕县原本就是漫画之乡，繁荣乡各村借助移民垦荒文化、“孝文化”等全力打造了代表移民垦荒精神的村标，与二十四孝漫画墙、移民题材漫画作品交相呼应，形成了多角度、多形式、全覆盖的浓厚文化氛围和宣传教育意义。

五、巩固提升

为防止脱贫不返贫，巩固很重要，为了 2020 年之后的乡村振兴计划，提升同样很重要。

（一）立足扶贫产业带动脱贫

繁荣乡形成具有自身特色的产业之路，带动贫困户和全村农户持续增收。发展好乡村特色产业，正在进行中的任务更是要保障顺利完成。就像永丰村，在现有基础上，2019 年由庭院种植逐渐向农田发展，增量达到 2000 亩，全村草药规模达到 3500 亩，2020 年全村草药种植达到 5000 亩，实现纯效益 1000 万元。促进家庭持续增收，2018—2020 年，每年以 20%

的增量促进农户家庭产业发展。

（二）落实劳转政策，促进劳务增收

繁荣乡主要是通过内转和外转两个方面促进劳动力转移增收，在内转方面，主要是引导在家的群众通过在周边打零工增加收入，在田里打工增加季节性收入；在外转方面，主要是通过劳务技能培训，对适龄青年进行劳务技能培训，使其拥有一技之长，利用县劳转部门和本乡在山东、大连等地务工的人脉资源，促进青年走出去、闯世界、长见识、增技能、谋发展，实现一人就业全家稳定脱贫，提高贫困户家庭的生活质量。

（三）落实好民生保障，保持脱贫成果

现有的政策不仅要落实还要继续发挥其作用，政府领导应事先考虑好扶贫任务结束之后，能够维持政策实施的资金来源。民生是重中之重，是必须要保障好的，各个方面都要保证不掉队。

（四）基础设施建设不断巩固提升

繁荣乡在加强基础设施管护的基础上，进一步完善基础设施建设，提高公共设施服务能力。以永丰村为例，2018 年建设道路 2.1 公里，计划投入 107.1 万元，屯内道路硬化率达 100%。2019 年安装路灯 114 盏，投入 57 万元，村内边沟整理铺设六棱砖 6120 延长米，共计 141 万元。陶粒院墙 10200 平方米粉刷涂料，计划投入 25 万元，绿化补植 17 条街 5 万元。利用闲置旧校舍，修建红白理事会和公共浴池各一处，投资约 130 万元。之后的修缮和维持需要持续关注。

（五）紧抓党建促扶贫

一是强化党支部的战斗堡垒作用，发展好农村党员，尤其是青年党员，在扶贫一线中发挥作用；二是创新党组织形式；三是引导成立新型合作社党组织建设，通过对村里农民合作社、农机合作社等带动能力强的经济组织中的优秀的人才进行培养，适合地重点发展，在扶贫产业等工作中发挥作用。

附录 3　富裕县塔哈镇吉斯堡村脱贫攻坚案例

一、吉斯堡村的基本现状及贫困特征

吉斯堡位于美丽富饶的乌裕尔河西岸，地处松嫩平原北部，地势北高南低，东高西低，海拔 146 ～ 224 米，最高海拔 225 米。嫩江、乌裕尔河由东向西横贯全境，北部引嫩，中部引嫩两条人工河由北向南缓缓流过，县域属寒温带大陆性季风气候，春季多风少雨，冬季严寒枯燥，年平均气温变化剧烈，夏季高温多雨，最冷月是一月份，平均气温 –21.6℃，极端最低气温 –40.3℃；最热月为 7 月份，平均降水量为 444 毫米，7 ～ 8 月降水量占全年的 51.4%，年平均日照 2742.8 小时，平均无霜期 125 天。

这里有辽阔的地域，肥沃的良田，肥美的水草，一江一河将村庄环抱其中，家乡的水就像母亲的乳汁一样，养育着一代又一代的子子孙孙，这里民族聚集散落，有达族、蒙古族、满族、柯族、布依族、汉族……他们能够相安无事，和平共处，体现出了民族团结的凝聚力，他们勤劳、好客、豪爽而又淳朴，祥和地享受着富庶的美好生活，在社会主义和谐的大家庭里其乐融融。

吉斯堡村隶属黑龙江省齐齐哈尔市富裕县塔哈满族达斡尔族镇管辖，吉斯堡村在中华人民共和国成立前叫“巨资宝”，有三百年的历史，与齐齐哈尔市的老卜奎并存，原始的公路是由日本人修建的，还有一棵生长了三百年的“神树”也与村落并存，村民们供奉它为敖宝神树。追溯到80年前，刘八胖、刘九胖是吉斯堡村的原始创村人，又名为吉斯堡，吉斯堡村因此而改名。吉斯堡是达语“容颜或相貌”之意，吉斯堡村位于塔哈镇东南部6公里。有耕地30004亩、林地3762亩，全村农户总数568户、1476人。吉斯堡村是2014年建档立卡贫困村，吉斯堡村的贫困主要呈现以下特征：一是因灾致贫，将近一半农户因2013年发生严重内涝致使农作物减产或绝收损失较大，所以因灾致贫成为吉斯堡村主要致贫原因；二是因病致贫，近1/3农户因残疾和家庭成员患重病支出较大造成贫困；三是因缺劳动力致贫，近1/5家庭因年老体弱缺少劳动力收入微薄造成贫困；四是因历史原因造成缺少土地导致缺少主要收入来源造成贫困。经2017年精准识别、精准退出“回头看”，确定贫困户103户、235人，现已全部脱贫。2017年11月，吉斯堡村获评“第五届全国文明村镇”。吉斯堡村先后获得全国文明村、省级生态村、市级美丽乡村十佳示范村和市劳动模范先进集体等荣誉称号。

二、吉斯堡村的扶贫路径

（一）发展立村产业带动增收，打赢产业脱贫攻坚战

吉斯堡村结合村屯实际情况和镇政府共同谋划形成了光伏发电、入股仓储、农机合作社、民俗农家乐、农户庭院的村域产业布局，实现产业带动贫困户受益全覆盖。

1. 光伏产业。吉斯堡村抢抓国家光伏电费补贴政策，由村集体牵头投资850万元成立了富裕吉晖光伏有限公司，采取租用村民屋顶方式，新建1MWp屋顶光伏项目，项目以屋顶租赁方式给予安装户每块每年100元租金。目前村民屋顶最少的已安装11块左右，最多的已安装28块，安装户中包括16户贫困户，其中贫困户共在屋顶安装了307块光伏发电组件，

年可直接增收 3. 07 万元。项目安装施工区域不符合安装条件和未在施工区域的 87 户贫困户，吉斯堡村按照每户每年 500 元的标准，从村集体收益部分提取分红，每年合计增收 4. 35 万元。吉斯堡村在 117 户村民和 6 处村集体房屋屋顶总计安装 3640 块多晶硅光伏发电组件年发电收入 104 万元，通过房屋屋顶租赁和产业分红，村集体年增收 46 万元，纯利润 10 万元，实现光伏带动全覆盖。

2. 打造综合农家乐项目。为了让绿水青山变成金山银山，吉斯堡村进军服务产业着力打造爱飞客通航集聚示范区旅游产业。吉斯堡村针对有劳动能力的贫困人口，挖掘民族民俗文化资源，在 2017 年 5 月吉斯堡村引资 300 万元兴建集餐饮住宿、民俗展示、旅游娱乐、农户采摘、电子商务于一体的大型综合农家乐项目达斡尔人家，动员 10 户农户发展各具特色的小型农家餐馆，并给予 10 户贫困户每户 1 万元的启动资金支持，带动发展小型农家乐，实现经营增收，实行以奖代补政策，达到开业标准并实现正常运转，年底奖励 5000 元。村委会将农家乐所占村委会集体土地作价入股，每年收取利益分红 5 万元；项目投产后，村集体每年租赁费用收入可达到 5 万元。农家乐每年向村集体缴纳 3 万元发展资金，用于发展壮大村集体经济和开展村屯公益事业。驻村工作队还组织 60 户有发展意愿的农户到梅里斯种植基地参观学习，并组织村民成立众帮蔬菜种植合作社，吸纳社员 19 户，其中贫困户 7 户，引导村民通过种植有机蔬菜发展庭院经济，打造绿色菜园子，并积极开拓电商及市县农副产品市场帮助农户销售。吉斯堡村计划通过农家乐项目吸引过往游客驻足，先带动 10 户村民发展家庭式农家乐和庭院经济，拟形成“1+ 10+N”的民俗农家乐旅游模式，让来到吉斯堡村的客人既能看到特色光伏小镇，又能品尝到地道的民族特色风味餐饮。

3. 入股投资仓储。吉斯堡村集体抓住商机，在当地多种不同项目进行考察并选择比较，最后吉斯堡村集体投入200万元扶贫专项资金，入股富海镇粮库仓储企业合作经营，村集体每年直接获得分红收益20万元，村集体和贫困户按2:8分成，村集体每年分4万元、贫困户每年分16万元。

4. 村集体领办500万元现代农机专业合作社。吉斯堡村秉承着“壮大村集体，建设新农村”的理念，采取聘用专人管理、村“两委”监督、账目由镇农经托管的方式实现规范运营，通过与其他大型合作社合作，使用一套管理队伍和机耕操作手，实现低成本经营，两年实现收益50万元。实现利益分红到户，收益中租赁村集体场库棚3万元租金直接向贫困户分红。通过以上项目，贫困户可享受到村级政策待遇以及县级产业分红，为稳定脱贫和长远脱贫奠定了基础。

（二）补齐“三通三有”短板，建设整洁优美的人居环境

心要净化，屋要亮化，路要硬化，山要绿化，村要美化。近年来，吉斯堡村在县委、县政府，镇党委、镇政府的正确领导下，认真贯彻落实习近平总书记系列重要讲话精神，坚持物质文明与精神文明两手抓，深化美丽乡村建设，推进农村移风易俗，努力建设村庄秀美、环境优美、生活甜美、社会和美的社会主义新农村。按照城乡一体化建设要求，因地制宜建设美丽乡村，2015年4月，吉斯堡村启动美丽乡村建设三年行动计划，由表及里、梯次推进。

1. 补齐“三通三有”，实现“一整洁”。吉斯堡村按照精准扶贫“三通三有一整洁”要求，投入1393万元，在原有的基础上补齐了“三通三有”短板，现已全部达标。其中包括硬化道路10.4公里，新建1处标准化卫生室、配备2名村医，新建1处总面积590平方米集幼儿园、卫生室和达斡尔族民俗馆于一体的综合服务场所，并且全村人口都吃上了自来水、安全水；在村里整洁方面，驻村工作队与村里共同研究制订环境卫生管护长效机制，成立由22名党员、以贫困户为主体的40名公益岗

及22名护林员组成的环卫管护组织，协调派出单位县林业局出资5000元配发统一的工作服，由工作队和村“两委”对环卫人员进行统一管理，实现日常分段管护；实行保洁常态化管理，在环卫设施上，沿街设置垃圾箱95个，垃圾清运车每天按时清运；在长效机制上，实行“门前三包”，引导村民自觉保持村屯街路环境，发挥女子护林员作用，对三纵九横12条街路实行分段管护，村屯环境卫生实现了屋里、院内、院外“三个干净”。

2. 实施“美房子、美庭院、美街路、美广场”工程。吉斯堡村作为市县“美丽乡村”示范村，整合项目资金近2000万元陆续实施“美房子、美庭院、美街路、美广场”工程。对村内房屋、院墙、道路、边沟、休闲广场、幼儿园等进行了集中改造。通过实施“美房子”改造房屋376栋；实施“美庭院”工程，通过集中会战，修建边沟、改造院墙各2.2万延长米，利用村内4条主要街路的院墙手工绘制的以达斡尔族民俗、社会主义核心价值观、文明乡风家风、传统德孝文化为主题的漫画墙；实施“美街路”工程，共铺设涵管1670节，共3340米，栽植银中杨、灌木花卉12.5万株，安装以鹰的造型展示达斡尔族的图腾胡路灯310盏；实施“美广场”工程，修建总面积为6390平方米的5个广场，并在面积为590平方米中心广场建设幼儿园、卫生所和达斡尔民俗馆。

3. 重点结合改厕，打造综合服务中心。为贯彻落实十九大精神，推进乡村振兴战略实施，吉斯堡村投资300万元打造了集党建活动室、环卫于一体化服务中心、电子商务服务平台、公共洗浴、公共卫生间“五位一体”的综合便民服务中心。该服务中心建筑面积1100平方米，布局有五大功能区，其中主要功能之一是结合改厕工作。2018年吉斯堡村响应国家政策号召启动了厕所改造惠民工程，在推进乡村振兴实施过程中，把改厕作为重点推进工作之一，先后到青岛市、吉林省延边市、图们市及黑龙江省的密山市、虎林市等地学习参观改造方式，结合吉斯堡村自然条件，探索出冻期、非冻期交替使用模式。吉斯堡村采取三方投入相结合方式，由县里出大头、乡镇补部分、村和农户拿一点，对改造户进行补助，达到县里拿得起、乡镇可负担、农户肯接受的目的。改厕工作按照室内、室外两种标准推进，其中室内改厕为标准冲水座便，设化粪池排污。室外改厕为冲水座便和旱厕蹲便相结合，地面建筑面积 2.2 平方米，地下配套安装 2.0 立方米容量的化粪池和冻期储污池双功能储瓮，在冻期使用旱厕蹲便，排泄物存入冬季储污池，解冻后厕污可自行进入化粪池储存，非冻期正常使用冲水座便。通过改厕，可以达到灭虫、杀菌、阻污染源的目的。改厕完成后吉斯堡村将在邻村大哈柏村规划建设粪污处理厂，进行有机、无害化处理，制成有机肥。通过驻村工作队和镇村干部的广泛入户动员宣传和样板间直观展示，群众改造意愿强烈，已完成室内改厕 109 户，室外改厕 114 户正在施工，另有 28 户已达成改造意愿，处于待建状态，全村改厕率达到 84.4%。吉斯堡村综合服务中的环卫一体化服务中心，总面积 543 平方米，包括 73 平方米的厕污改造电子信息服务平台和 470 平方米的环卫车辆库房两部分。其中厕污改造电子信息服务平台是通过电子屏展示全村户厕改造平面图，改厕户可通过 APP 数据信息服务功能上传厕污信息，所上传的信息直接显示在电子屏上，工作人员接收到各户厕污信息后，及时派出服务队和吸污车抽取粪污，统一运至粪污处理场，进行无害化处理。环卫车辆库房主要是用于吸污车、清雪车、铲车等 8 台车辆存放、维修、养护，确保车辆常年正常运转。除此以外，综合服务中心还有四项功能：一是面积为 160 平方米的党群活动室，主要解决现有活动场所空间狭小的问题，建成后用于党建工作展示、上党课、开展农民大讲堂等活动，活动室旁还放置有台球、乒乓球、各类棋牌等休闲设施，便于群众开展休闲、健身等业余活动；二是面积为 75 平方米的电子商务服务平台，主要功能是收集、销售村民农副产品，并为村民提供网上购物服务；三是面积为125平方米的公共浴池，设男女浴室各一间，每间安装喷头6个，每周六、周日对村民开放，收取较低的成本价格；四是面积为55平方米的公共卫生间，建成后主要为到村观光的游客、在民族广场附近休闲健身的村民等提供便捷服务。吉斯堡村还计划不断扩充功能设置，将陆续增加治安监控平台、农村消防队、服务群众代办点等服务项目，而且计划在有条件的村逐一推行。

（三）围绕中心抓党建，抓好党建促发展

吉斯堡村按照塔哈镇党委“镇队共建、队村携手，合力推进扶贫攻坚”的工作指示，成立了有党员54名、积极分子15名的村党总支下辖两个党支部。驻村工作队由富裕县林业局选派，总领队由局党委书记、局长刘青担任，副领队由镇党委副书记李风光担任，第一书记兼队长姜海滨为林业局副科级干部，两名队员均为林业局业务骨干。通过发展立村产业、改善人居环境、推进基层党建、培育文明乡风等措施，脱贫攻坚工作取得阶段性成果；选好“领头雁”建设新农村，村领导协调引进松涛养殖有限公司，与5户农户签订购销合同，以赊购的方式投放黑仔猪幼崽50只，鼓励村民发展特色养殖，通过示范引领，拟逐步扩大养殖规模，形成特色产业；吉斯堡村秉承着做率先发展的带头人，当人民群众的贴心人的理念，针对生活困难、家里情况紧急的贫困户，村“两委”向社会群体筹资6000元，为贫困户购买了35套家具、粉刷房屋48栋；为推进基层党建，吉斯堡村结合“两学一做”学习教育，驻村工作队和村党组织开展了以党员亮身份、做表率为主要内容的“三争做”主题实践活动，组织引导党员争做发展壮大村集体经济的领路人、争做脱贫攻坚的贴心人、争做美丽乡村的管护人，让党员充分参与到党务、村务各项工作中，让支部成为坚强的堡垒，让党员成为鲜红的旗帜。

（四）制村规，约村风，振村兴

美好乡村怎么建，要由群众说了算。吉斯堡村紧紧围绕“建设经济发展、生活宽裕、乡风文明、村容整洁、管理民主”的社会主义新农村的目标，继续加大基础设施建设投入，扎实推进思想道德建设和文化建设，努力提高村民的综合素质和社会文明程度，深入开展群众性精神文明创建活动，营造良好的社会环境。

1. 重视思想教育，加强公民道德建设。吉斯堡村利用村内 4 条主要街路院墙，绘制达斡尔族民俗、社会主义核心价值观、文明乡风家风、传统德孝文化为主题的漫画，引导村民自觉树立社会新风。为进一步约束村民思想和行为，村里根据实际情况制订了《吉斯堡村村规民约》，并不断完善村规民约，推动家与家关系融合，在尊老爱幼、邻里关系、爱护环境、抵制非法组织和邪教活动、不沾染“黄赌毒”等方面进行规定和约束。并且通过在中心广场、村部广场等两处人员密集场所醒目处绘制《吉斯堡村村规民约》展示墙，让村民在健身、休闲、娱乐的同时将《吉斯堡村村规民约》入心入脑，村民规范遵守程度、保护环境意识等有了极大的提高。同时为了真正把村里好的典型“晒出来”，让落后的村民“红红脸”，通过精心组织，形成了村民学先进、比先进的良好风气。在营造文化氛围方面，吉斯堡村将家庭邻里关系、移风易俗、言行举止文明等要求编成七字歌，让百姓熟记于心并应用到生活中。吉斯堡村还成立了红白理事会，着力破除婚丧嫁娶中铺张浪费、愚昧落后的陋习，做到婚事新办、丧事简办，提倡文明、健康、科学的生活方式。从文明礼仪、公共秩序、村环境卫生等方面入手，大力倡导文明健康的生活方式和行为习惯，加大宣传教育力度，着力解决不文明待人、不爱护环境、不规范服务、不遵守秩序等突出问题，强化广大群众的道德意识。切实抓好村民教育，经常性组织礼仪、法律、计生、卫生知识讲座，有效地提升了村民素质。

2. 加强文化阵地建设，深化文明创建活动。“文化是民族的血脉，是人民的精神家园。”弘扬优秀传统民族文化，繁荣发展少数民族文化事业，是县委、县政府发展建设少数民族居住村的一贯要求。充分发挥村里文化能人的作用，积极配合和组织有关部门来村里开展各种形式的活动，借此来增进全体村民的文化科技知识，推广实用技术，医疗卫生知识，丰富百姓的精神文化生活。利用“民族文化广场”，为村民创造欢聚的机会，吉斯堡村组建了30多人的广场舞队、40多人的“吉斯堡达斡尔族”罕伯舞队，在民族文化广场为群众提供了音响设备，傍晚时分，少数民族村民跳起罕伯舞，汉族跳起广场舞，少数民族与汉族在一起其乐融融，不仅增进了民族团结还使人与人之间相互沟通、增加友谊、净化心灵、抵御不正之风；近两年村里30多名文艺骨干在全县草根文艺人大赛中，荣获多项大奖。村文艺骨干赵桂红花费两年时间，执笔编撰了5万字的吉斯堡村村志。

3. 开展争创“文明家庭”活动。吉斯堡村以党的十八大重要精神为指导，引导村民建设“生产发展、生活宽裕、村风文明、村容整洁、管理民主”的文明和谐吉斯堡，从而实现村民自我教育、自我约束、自我管理、自我提高的目的，助力精准扶贫和推动我村精神文明建设，为全面脱贫建设小康村创造良好的环境，吉斯堡村开展争创“文明家庭”的活动。“文明家庭”活动以致富星（积极拓宽家庭增收渠道，广开致富门路，家庭人均收入1万元以上）、卫生星（室内整洁卫生，院内干净整齐，房屋周围没有乱堆乱放，没有垃圾死角，室外有花草树木，保持院外路两侧卫生并做好冬季清雪工作）、诚信星（认真履行、兑现各种经济合同和承诺，诚实守信，不欺诈、遵守村规民约）、和睦星（夫妻和睦，孝老敬亲，邻里友善）、文教星（重视文化教育，子女能够完成义务教育，有良好家风家教，积极参加村文体广场活动、农家书屋开展的学习活动和乡镇、村组织的各种学习培训活动，积极传承达斡尔族文化）为标准，坚持公平、公开、公正的原则，最终评选出赵德军、师亮等130户“星级文明家庭”。在争创全国文明村过程中，驻村工作队还牵头组织评选了“五星级文明户”，共评选出28户，除了颁发荣誉证书，在各户门前悬挂文明户门牌外，吉斯堡村还投资4万元制作宣传牌悬挂在沿街每个路灯杆上，展示文明户先进事迹，营造出向上、向善风气。吉斯堡村利用争创“文明家庭”活动，增强集体凝聚力、号召力，扎实开展农村“家庭清洁活动”，形成尊老爱幼、男女平等、夫妻和睦、勤俭持家、邻里团结的良好风尚。

4. 推动文化交融，践行传统美德。吉斯堡村在传承民族优秀文化的基础上，多民族文化也在这里交汇碰撞，不同民族文化之间相互借鉴，取长补短，形成了一体多元、融合开放的现代文化、民族文化的交融，推动了民族融合，凝聚了发展合力，焕发出勃勃生机。由于各民族之间，在语言、宗教等互相尊重的基础上，在吉斯堡村许多不同民族家庭结为亲家，形成了你中有我，我中有你，彼此交融的局面，不同民族家庭之间的通婚，也成了民族团结融合的标识。

三、吉斯堡村的脱贫成效

按照县委、县政府“打赢六大脱贫攻坚战”的战略部署，吉斯堡村结合了村里的实际情况制定了精准的扶贫政策，取得了明显的效果。吉斯堡村通过光伏项目村集体每年屋顶租金收入7.4万元，每户每年可通过屋顶租金增收至少1100元，103户贫困户通过光伏项目户均年增收500元以上；通过驻村工作队组织60户有发展意愿的农户到梅里斯种植基地参观学习，并组织村民成立众帮蔬菜种植合作社，引导村民通过种植有机蔬菜发展庭院经济，打造绿色菜园子，并积极开拓电商及市县农副产品市场帮助农户销售。每户农户年均增收 800 ～ 1000 元；通过入股仓储，村集体每年直接获得分红收益 20 万元，村集体和贫困户按 2:8 分成，贫困户人均年分红 247 元；通过村集体领办 500 万元现代农机专业合作社，实现利益分红到户，收益中租赁村集体场库棚 3 万元租金直接向贫困户分红，贫困户户均年增收 233 元。通过以上项目，贫困户可享受到村级产业分红均超过 1200 元，加上县级产业分红，户均产业分红增收将超过 1800 元。除此之外，吉斯保村运用金融手段支持贫困户发展特色种养业、给外出务工人员劳务补助、开发 62 个公益岗、实行兜底保障并认真落实十三五期间脱贫攻坚的目标，为稳定脱贫和长远脱贫奠定了基础。到 2018 年吉斯堡村已全部脱贫。吉斯堡村扶贫成效汇总如表 1 所示。

表 1　吉斯堡村扶贫效益表

政策内容	政策扶贫效益
国家光伏电费补贴政策	通过屋顶租赁费、日常维护就业等方式，带动村集体增收 1080 万元，农户增收 780 万元，缴纳税金 220 万元。
产业分红	实现所有贫困人口全覆盖，贫困人口每人年收益超过 1200 元、低保贫困人口每人年收益 1600 元。
运用金融手段支持贫困户发展特色种养业，发放小额贷款	累计发放小额贷款 22 户、59 万元，给予 15 户生产奖补 15000 元，户年均增收 3500 元。
劳务补助	给予 35 人劳务补助 17500 元，为 120 人缴纳意外伤害险 3600 元，促进转移就业 91 人、劳务收入 62.4 万元。
兜底保障	全村纳入低保贫困户 45 户、97 人，占贫困人口的 41%，据实差额发放低保金 14.8 万元。
开发道路保洁、护林绿化、关爱护理等公益岗位	建设公益岗位 62 个，每年人均岗位补贴 3600 元，合计 22.3 万元。

（续表）

政策内容	政策扶贫效益
教育扶贫政策	全村享受“助、免、贷、改”教育扶贫政策，累计 34 人、2.6 万元。
医疗保障政策	贫困人口参加新农合率 100%，免费体检并建立健康电子档案 38 人，纳入县级慢病 19 人，补贴资金 9800 元，通过基本医疗保险、大病保险、大病兜底保险、商业补充保险、大病救助、慈善救助 6 条保障线，为贫困患者报销医药费 82 人（次）54 万元，人均减少支出 6585 元。
住房保障政策	累计改造农村危房 46 户，发放补助资金 92.2 万元，户均减少支出 2 元。

四、巩固提升扶贫成果，共享和谐美好生活

吉斯堡村认真贯彻落实县委、县政府和镇党委、镇政府关于脱贫攻坚有关要求部署，进一步解放思想、转变观念，创新思路、强化措施，大力实施脱贫攻坚巩固提升和后续帮扶战略，巩固脱贫攻坚成果，使全村所有脱贫户、贫困户与全县人民一道同步迈入全面小康社会。吉斯堡村继续深入实施精准扶贫、精准脱贫战略，2018 年全村 4 户未脱贫户全部实现脱贫；吉斯堡村将持续推进产业扶贫建设，建立稳定的利益联结机制，提高脱贫户的自我积累、自我发展能力；完善落实各项脱贫政策保障机制，巩固脱贫成果，确保脱贫不返贫。截止到 2020 年底，吉斯堡村力争实现全村基础设施建设明显加强，公共服务水平明显提升，人居环境明显改善，贫困人口人均可支配收入持续增长，脱贫户致富能力明显增强，与全县同步迈入小康社会。

（一）持续做好产业带动脱贫

第一个是围绕脱贫户稳定增收这一核心，根据调查汇总和吉斯堡村实际情况，吉斯堡村持续组织有发展意愿的农户到外地基地参观学习，对农户调整种植业结构进行引领和带动，确定了土豆、西瓜、香瓜等经济作物为种植调整方向，发展黑猪特色养殖，庭院地栽木耳等特色经济，为兴办农家乐打基础，拓展贫困户脱贫致富的能力。第二个是投资 800 万元建设屋顶光伏扶贫项目，安装光伏组件 3580 块，覆盖贫困户 16 户，户年均增收至少 1000 元。目前安装的多晶硅光伏发电组件，使用寿命最长达到 25 年，可实现带动贫困户持续稳定增收目的。第三个是挖掘民族民俗文化资源，招商引资 300 万元建设的农家乐项目，先带动 10 户贫困户发展小型农家乐，后又可带动更多贫困户可持续发展。第四个是专项资金入股分红脱贫，将整村推进 200 万元扶贫专项资金入股富海仓储，可稳定增加收入。

（二）持续做好转移就业脱贫

加强技能培训，加大全村脱贫人口培训力度，吉斯堡村对有产业发展、就业意愿的脱贫户，通过组织参加“阳光工程”等农业实用技术培训，确保每个有劳动力的贫困家庭至少掌握一门致富技术。开发转移就业岗位，充分利用富裕县劳动力转移政策，县内组织引导有劳动能力、有致富愿望、有一定技能的脱贫户到企业、合作社务工，增加工资性收入；对“三留守”人员等弱势群体，采取开发村内公益岗位等方式，实现稳定持续增收；县外采取经纪人介绍、投靠亲朋好友等方式，依托县外劳务基地，打通有规模、有组织外出务工大门，实现一人就业带动全家稳定脱贫，有效提高脱贫户家庭生活质量。

（三）持续做好民生事业扶贫

在医疗上，吉斯堡村实现新农合参保率达到 100%，保障病有所医。

落实好疾病筛查预防、“6条保障线”、慢病报销、“一站式”服务等医疗扶贫政策；完善村级卫生室运行机制，健全村医队伍管理机制，提高公共卫生服务水平，做实家庭“签约医生”医疗服务，力争到2020年基本实现常病不出乡、小病不出村。在教育上，吉斯堡村继续落实好对幼儿园到大学的贫困学生进行“一条龙”资助有关政策，让义务教育阶段的孩子不因贫辍学，阻断贫困代际传递。在文化上，吉斯堡村加强对已建成的村文化活动室、文化活动广场以及农家书屋的有效管理，逐步将其打造成文化知识传播、文体娱乐活动、法治科普教育、致富技能培训的集中平台；组建和壮大健身操、秧歌队、广场舞等活动队伍，开展好群众喜闻乐见的文体活动。

（四）持续抓好基础设施建设

在居住条件上，结合美丽乡村建设，吉斯堡村将借助“厕所革命”等有利政策契机，逐步推进改灶、改厨、改圈、改厕等工作，健全村级自来水管护运行机制。在环境整治上，开展以农村“五乱”现象为主的人居环境整治工作，加强垃圾清运等工作，做到村内、院内、屋内“三个干净”；要特别注重边远小西屯的环境卫生整治，组织动员村屯干部、驻村工作队和环卫人员对关山屯环境卫生进行专项整治，彻底解决小西屯长期以来难以解决的脏乱差问题。建立村保洁制度，开发公益岗位，优先聘用贫困人口，稳步提升全村人居环境水平。

（五）持续做好社会保障水平提升

吉斯堡村将不断完善社会救助体系，按政策提高低保标准，规范申请核查环节，努力让符合条件的人应纳尽纳，发挥政策兜底作用；继续开展残疾人精准康复，落实残疾人救助政策；探索“三留守”人员关爱机制，加强对村内留守儿童、留守老人、留守妇女等群体关爱服务；落实好临时救助和慈善救助政策，对突发性的因灾等贫困群体，实施好生产生活救助，帮助渡难关、解忧愁。

（六）持续做好党建扶贫

吉斯堡村将按照县委组织部安排部署，认真落实“三会一课”制度，抓好主题党日活动，增强党性观念。进一步加强村级党员队伍建设和“两委”班子建设，进一步夯实基础，转变观念，不断提高全心全意为村民服务的工作本领和组织管理能力。重视发展年轻党员，培养村级后备人才，让村里的事业薪火相传、后继有人。借助农村集体产权制度改革契机，通过资源发包、资产盘活、创办经营实体、领办合作社、入股分红等多种途径壮大村集体经济，努力让广大农民在村集体里有更多的收获感和幸福感。

（七）持续做好乡风文明建设

吉斯堡村将以农村精神文明建设为主线，以“五星”文明户各类评选活动为基础，树立跟农民思想顽疾和陈规陋习斗争的长远思想，结合实际，创新载体，注重细节，久久为功，持续发力，强化村规民约建设，持续推动移风易俗，着力培育文明乡风、良好家风、淳朴民风，消除贫困户“等靠要”、不满足思想，激发贫困户自身发展动能。开展好法治扶贫工作，健全自治、法治、德治相结合的村级治理体系。

五、吉斯堡村面临的问题与挑战

（一）农村老龄化严重

随着教育水平的不断提高和农民思想的转变，吉斯堡村大多数农民选择让自己的子女去大城市读书，这样的观念在农村人的心中已经根深蒂固，很少有农民子女回村里去种地。并且因为种田苦，种田累，种田收入低，导致农村种地的大多都是老人，从而导致吉斯堡村留守村民年龄偏大，发展动力不足，所以农村老龄化现象严重。

（二）外出务工人数过多导致养殖业力不从心

吉斯堡村在册人口 1476 人，在富裕县实施精准扶贫政策后，发动外出务工人员 300 余人全部为青壮劳力，造成留村从事种养殖业人员力不从心。

（三）经济结构不合理，严重依靠种植业

吉斯堡村产业结构配置不合理，严重依靠种植业，劳动生产率低。二、三产业发展不足，并且农田水利设施滞后，“靠天吃饭”现象严重。

（四）村民“等靠要”思想严重

吉斯堡村由于部分村民思想教育落后导致“等靠要”思想意识严重，缺乏创新创业意识，缺乏主观能动性。

六、对策建议

（一）重视农业发展，造就更多乡土人才

2018 年中央一号文件《中共中央 国务院关于实施乡村振兴战略的意见》的发布，为如何有效实施乡村振兴提供了路径，指明了方向。其中，人才被认为是乡村振兴的重要支撑，提出“要把人力资本开发放在首要位置，畅通智力、技术、管理下乡通道，造就更多乡土人才，聚天下人才而用之”。吉斯堡村应加强惠农政策落实，鼓励年轻人留村发展农业，留住人才造就人才，多渠道来构建和培育乡村振兴的人才体系，一方面要加大新型职业农民的培育力度，实施新型职业农民培育工程。另一方面还要加强农村专业人才队伍建设，如乡村教师队伍建设、农业技术队伍建设、农业服务人才队伍建设等；同时应加强农村基础教育建设，农村多数教育水平落后，导致人才外流严重。此外，要借助高校、科研院所的科研技术力量，服务农业发展，施行农技推广服务特聘计划。与此同时，还要鼓励社会各界投身乡村建设，吸引更多人才投身农业。

（二）调整经济结构，加大农田水利设施建设

吉斯堡村贫困主要原因是因灾致贫，农田水利设施是农民增收的保障，本来就很脆弱的水利基础设施在自然灾害面前就更不堪一击，因此要加大农田水利设施建设。首先要健全组织领导机制，各级政府应高度重视农田水利设施建设，明确目标任务，认真落实实施；其次要健全政府投入机制，政府应不断增加投入建设农田水利设施。除此之外要大力调整农村产业结构，把产业链条调长、大力发展二三产业，加速推进农业产业化，实现农村一二三产业协调发展，逐步加快农业工业化和农村城镇化进程。

（三）加强宣传教育，提高村民自身发展动力

村干部应加强农民思想素质教育宣传，多组织素质高、自身觉悟高的农民进行演讲等一系列活动来带动其他农民提高自身素质，并且村干部应深入农户家中了解农户想法并进行思想教育，增强贫困户主观脱贫意念，从根本上解决等靠要思想。

七、结语

产业融合，奠定文明基础，物质文明建设是精神文明建设的支撑。吉斯堡村因地制宜，依托当地资源，发展特色经济，通过产业融合发展努力壮大村集体经济，增加农民收入，让贫困群众摆脱贫困，推动了精神文明与物质文明的协调发展；吉斯堡村尊重群众、相信群众、依靠群众，发挥农民群众建设美好乡村的主体作用，秉承着一切从实际情况出发，科学的管理观念，扎实开展美好乡村建设工作，把道路建成风景线、把村庄建成景区、把庭院建成景点，并制订了一系列精准脱贫政策，让农民从根本上摆脱贫困，真正地实现了村庄有规划、环境美如画、产业特色化、生活传佳话！

附录 4　富裕县扶贫大事记

一、1950—2000 年

1950 年 9 月 6 日，富裕县召开党员代表会议。会议号召全县人民生产自救，节约度荒，结合秋收，搞好打鱼、编席、熬碱等副业生产。

1951 年 3 月，富裕县出动 560 辆大车，1045 人，修筑哈满公路；出动 364 人，投工 5520 个，修筑塔哈和二道湾机场。

1952 年 4 月，陈俊生代理县委书记。10 月 4 日，县委下发陈俊生写的《加强党对贫困户工作的指导——富裕县长兴村贫困户问题的调查研究》调查报告。

1953 年 2 月，全县推行四区团结村任永贵农业生产合作社章程。章程主要内容包括：土地入社，统一经营，年满 16 岁男女劳动农民遵守社章均可入社，入社自愿，退社自由，实行入股分红。

1954 年 5 月 22 日，县委下发《关于提高薄弱村工作计划》，强调加强基层党组织的战斗力，改变贫困村面貌。

1955 年 2 月 28 日，为了适应生产发展的需要，培训农具技术 450 名，农业技术手 1000 名，畜牧技术手 300 名。

1956 年 4 月，从山东嘉祥县、邹县、滕县陆续迁入垦荒移民 5 万多人，全县先后建立 67 个移民村。

1959年6月10日，富裕县委、县人委在富路公社召开畜牧现场会，要求领导人员重视畜牧业生产，做到农牧并重。

1971年4月，全县掀起群众性养鱼高潮，养鱼水面超过万亩。

1972年10月，县乳品厂建成日处理30吨鲜奶的立式压力喷雾塔。

1974年，龙安桥灌区管理站建成，灌溉面积达3.35万亩。

1975年11月，县外贸收购转运站建立，当年出口肉牛700头。

1977年10月，富南灌区主体工程基本建成，有效灌溉面积4万亩。

1977年12月，富裕县建草籽生产良种场，繁育饲料良种。

1979年1月，富裕老窖酒被评为省地方名牌产品。

1979年4月，全县65个生产队推行联产计酬承包到组生产责任制。

1979年11月，全县用冷冻精液改良黄牛15000头，占黄牛总数的80%，被评为全国商品牛基地建设先进县。

1980年1月6日，富裕县第八次代表大会召开，做《全党动员发展生产，为改变负与不负的面貌而奋斗》的工作报告。

1980年6月，全县羊存栏总数突破10万只大关。

1980年10月10日，联合国“国际农业发展基金会评估组”一行8人，到富裕县富路公社考察草原及畜牧业情况。

1980年10月，塔哈公社大哈柏大队在全县第一个推行包产到户生产责任制。

1981年3月，县政府召开全县厂长会议，调整企业生产方向、生产规模和生产布局，集中力量进行挖、革、改。

1981年8月，富裕县发生涝灾，330万亩农田和120万亩草原被淹。

1982年1月，富裕县农村普遍实行联产承包责任制，广大农民生产积极性空前高涨。

1982年7月5日，富裕县40万亩农田和草原遭受虫灾。

1982年10月，县委、县政府制订畜牧业发展规划。

1982年12月，黑龙江省委副书记陈俊生来到富裕县，调查了解实行农业生产责任制情况。

1982年，乳品厂生产的松鹤牌巧克力奶粉被评为省优产品，行销全国。

1982年，公交企业主要生产指标刷新历史纪录，工业生产总产值完成5051万元，占年计划的101%。

1983年12月，富裕县农村出现130个万元户。

1983年12月26日，繁荣乡祥发村农民利用本地资源生产的工艺芦苇远销日本。

1984年3月4日，县委、县政府落实中央一号文件精神，采取十项措施解决延长土地承包期出现的问题。

1984年7月12日，富裕县发生严重涝灾。

1984年12月，县委、县政府组成11个调查组，深入农村，总结发展商品生产经验。

1985年3月，省委、省政府确定富裕县为牧业县。

1985年3月，县政府顾问牛树贤深入乡镇，为500多家专业户传授养鸡、养兔、种西瓜、庭院葡萄等技术，深受农民欢迎。

1985年8月19日，富裕县发生严重涝灾，47万亩耕地受灾，全县倒塌房屋1511间，淹死大牲畜13头（匹），家禽8000只，经济损失2000多万元。

1985年，全县大牲畜存栏达51599头，改良牛打20000头，牧业产值1878万元。全县养鱼水面达22464亩，渔业总产值368万元。

1989年，富裕县实行县级领导联系乡（镇）厂、经济杠杆部门联系企业，22个局包贫困村和组织支农服务队的工作制度。投放四股力量，分城乡两条战线，抓好全县改革和经济建设等项工作。

二、2001—2018年

2001年，富裕县被定为省级贫困县。

2011年12月，富裕县被确定为大兴安岭南麓特困片区县。

2014年5月，富裕县政府制订了《2014年全县建档立卡工作实施方案》。

2015年10月12日，富裕县委印发了《下派优秀干部到贫困村和软弱涣散村任第一书记工作实施方案》的通知。

2015年12月7日，富裕县召开了全县建档立卡动态调整会议，会议强调把握关键，务必保证开展建档立卡动态调整工作的准确性。

2015年12月10日，富裕县绍文乡的绍文村、立新村、团结村、胜利村、全好村、民乐村6个行政村的村民委员会与富裕县扶贫开发服务中心签署了专项扶贫资金使用协议书。

2016年1月5日，富裕县召开贫困村第一书记建档立卡工作培训会，对贫困户精准识别和精准建档工作做出安排。

2016年4月28日，富裕县委召开十六届七十六次常委会，会议讨论并原则通过了《富裕县精准扶贫帮扶工作实施方案（征求意见稿）》，强化精准扶贫结对帮扶工作的措施和加大工作力度。

2016年6月22日，富裕县与华润电力（风能）开发有限公司签订了塔哈500MWp集中地面电站项目和吉斯堡1MWp屋顶光伏项目合同书。

2016年6月29日，县委书记刘海城到联系点富路镇就如何在脱贫扶贫中发挥党员领导干部先锋模范作用开展调研，提出“坚决打赢六大扶贫攻坚战”的要求。

2016年8月13日，富裕县召开全县精准扶贫结对帮扶工作推进会，要求各乡（镇）、包扶部门、包扶责任人要提高认识、明确职责、制订脱贫措施要具体，可操作，能复制。一村一业、一村一企或一村一社要务求实效。

2016年8月15日，富裕县委召开十六届八十六次常委会。会议讨论并原则通过了《富裕县2016年打赢产业带动脱贫攻坚战实施方案》《富裕县2016年转移就业脱贫攻坚战实施方案》《富裕县2016年打赢教育脱贫攻坚战实施方案》《富裕县2016年打赢医疗救助脱贫攻坚战实施方案》《富裕县2016年打赢保障兜底脱贫攻坚战实施方案》《富裕县2016年打赢基础设施和公共服务脱贫攻坚战实施方案》。

2016年8月19日，富裕县委召开了打赢"六大脱贫攻坚战"推进会议，实施三年脱贫攻坚计划，完成中央提出的脱贫目标。

2016年8月23日，《富裕县"进百村走千屯入万户"脱贫攻坚督查巡查工作实施方案》印发。

2016年11月19日，富裕县召开扶贫对象动态调整和贫困退出启动大会，按标准全面完成动态调整数据采集工作。

2017年4月中旬，富裕县组织干部前往全国率先脱贫的河南兰考、江西井冈山进行考察学习，认真学习和吸取他们扶贫脱贫的好经验和好做法。

2017年5月18日，富裕县"百日会战、千人帮扶、万户脱贫"扶贫工作"百日会战"启动大会在富裕县南体育馆召开。

2017年5月19日，富裕县召开全县脱贫攻坚包扶责任人培训会议。同日，富裕县人民政府扶贫开发领导小组下发了《关于成立富裕县脱贫攻坚指挥部的通知》。

2017年6月4日，富裕县召开精准识别精准退出"回头看"现场推进会。10个乡镇党委书记、90个驻村工作队总领队（或第一书记）、90个村支书等200余人参加了会议。

2017年6月25日，齐齐哈尔市脱贫攻坚农村危房改造工作推进会在富裕县召开。

2017年9月28日，富裕县委召开了扶贫攻坚百日推进会议。会议的主要任务是总结第一个“百日会战”的成绩，安排后两个战役的任务。

2017年10月27日，富裕县在二道湾镇平安村召开脱贫攻坚现场推进会，各乡镇和驻村工作队负责人一起参会，全面了解平安村在推进脱贫攻坚中的做法和经验。

2017年11月18日，黑龙江省扶贫开发领导小组印发《2017年黑龙江省国家级贫困县退出实施方案》。富裕县按照此方案的要求，实施了贫困人口、贫困村、贫困县的退出工作。

2017年12月21日，富裕县召开精准脱贫“百日决战”大会，会议总结前段脱贫攻坚工作，安排下一步工作。

2017年12月22日，在“百日决战”启动后的第二天，富裕县委办公室印发了《富裕县扶贫干部激励机制》。

2018年3月10日，富裕县委召开了全县打通“最后一公里”决胜大会。会议明确了下一步三个方面的九项任务。

2018年4月28日，全县脱贫攻坚决战决胜大会召开。会议下发了《富裕县脱贫攻坚决战决胜实施方案》。

在2018年7月2日，县委召开第十七届35次常委会议，通过了《驻村工作队及工作队员、帮扶责任人管理办法》。当日，县委组织部下发了《关于进一步做好驻村工作的通知》。

2018年6月15—21日，由国家扶贫开发领导小组委托第三方评估组来到富裕县，采取随机抽查和入户访谈的形式，对10个乡镇、29个村户进行了评估。

2018年7月26日，国务院扶贫开发领导小组办公室给黑龙江省扶贫开发领导小组办公室反馈了富裕县等五县市退出贫困县专项评估检查结果。

2018 年 8 月 9 日，黑龙江省政府公布了《同意甘南县等五县市脱贫摘帽的批复》（黑政函〔2018〕61 号）。富裕县正式退出大兴安岭南麓特困片区县。

2018 年 8 月 16 日，黑龙江省委、省政府召开了全省打赢脱贫攻坚战三年行动电视电话会议，富裕县等五个县市区在会上作了表态发言。

2018 年 9 月 30 日，富裕县召开 2018 年度扶贫对象动态管理工作培训会。

2018 年 11 月 1 日，富裕县委组织部、富裕县扶贫开发服务中心联合下发《关于下发脱贫攻坚"巩固提升"阶段帮扶任务清单的通知》。

2018 年 12 月 27 日，县委书记刘海城主持召开扶贫开发领导小组会议。听取了关于 2018 年统筹整合使用财政涉农资金的汇报，讨论了《富裕县 2018 年度县级扶贫产业暨村级光伏扶贫项目收益分配办法》。进一步强化帮扶队伍、帮扶干部的责任感和使命感，补齐工作短板，再接再厉、扎实工作，推进乡村振兴。

后 记

党的十八大以来，以习近平同志为核心的党中央把解决好“三农”问题作为全党工作的重中之重，把脱贫攻坚作为全面建成小康社会的标志性工程，组织推进人类历史上规模空前、力度最大、惠及人口最多的脱贫攻坚战。2018 年，随着脱贫攻坚工作的日益深入，各地陆续实现了脱贫摘帽。

为了真实记录脱贫攻坚波澜壮阔的生动实践，全面宣传脱贫攻坚的历史成就，深入评估县域脱贫攻坚的多方面影响，为丰富发展中国特色扶贫开发理论提供案例支撑，2018 年，国务院扶贫办组织实施了“贫困县摘帽案例研究”项目。经严格遴选，我团队承担了黑龙江省齐齐哈尔市富裕县摘帽案例研究的工作。虽然我团队之前在“扶贫研究”领域有过一定的积累，主持过中国社会扶贫网的方案设计、技术开发和运营，参与过万达帮扶丹寨、贵州农村淘宝电商扶贫、腾讯筑梦新乡村项目、甘肃陇南电商扶贫的调研和研究，但是面对这次任务还是有一定的压力和挑战性。

按照项目的总规划，本项目在收集整理富裕县脱贫攻坚工作的各种资料的基础上，记录富裕县脱贫攻坚战的具体实践，以展现全国脱贫攻坚的伟大成就；并通过对富裕县扶贫工作历程的整理，分析脱贫攻坚战对县域发展与县域治理产生的多方面效应；研究在中国东北贫困地区脱贫攻坚工作的经验、特点、模式，为脱贫攻坚与乡村振兴战略衔接提出建议；凝练观点，推进中国特色社会主义扶贫开发理论的丰富发展。

本次“贫困县摘帽案例研究”所配置的团队，分成三个专业领域，第一为人民日报社从事农村、扶贫报道的资深记者，专注于工作经验的研究总结和宣传。第二为国内高校和研究机构的工作人员，他们一直从事专业研究工作，学术素质扎实。第三为汉纬咨询北京工作室的工作人员，除了负责项目的研究执行之外，还负责项目的联络、保障工作。

依照编写方案和调研掌握的材料，我们将本书分为五篇，共十一章。第一篇包括第一章、第二章，从历史维度上对富裕县中华人民共和国成立以来的扶贫工作进行了梳理和回顾。第二编包括第三章、第四章、第五章，总结了富裕县脱贫攻坚的主要做法，对富裕县“6+2”扶贫体系、扶贫工作队伍的组织创新、科学运筹资金进行了介绍和总结，这也是富裕县脱贫攻坚的秘诀和法宝。第三篇包括第六章、第七章，主要总结了富裕县以脱贫攻坚统领经济社会发展全局和取得的成效。第四篇包括第八章、第九章，主要总结了富裕县脱贫攻坚的经验和启示，从富裕县的脱贫攻坚实践看，社会资源（或社会资本，指社会关系、荣誉、名望等）对贫困地区的重要性，政府、市场、社会大扶贫格局的减贫优势，社会保障在减贫中的地位和潜力，脱贫攻坚对乡村振兴需求的满足，得到了典型性的体现，这为成功摘帽后的县域减贫方案提供了经验和启示。最后一篇包括第十章、第十一章，为下一步衔接乡村振兴提出了一些观点和看法。

本书由侯崇智总体负责编写和统稿，其中凝聚了团队集体的汗水和力量。首先，感谢富裕县工作在一线的“扶贫人”，他们身在基层，为我们提供了丰富生动的一手资料。其次，感谢蒋亚平教授以及人民日报社的各位专家对书稿结构和写作方式的指导；感谢中国农业科学研究院的丁琳琳副研究员、黑龙江省社会科学院的陈秀萍副研究员为本书提供了学理性阐述；感谢东北农业大学的研究生王宏蕾、刘兵、王雪撰写的三个乡镇案例。最后，感谢国务院扶贫办全国扶贫宣传教育中心原主任，现为中国扶贫发展中心主任黄承伟研究员对本书定位、结构、内容的指导、把关和多次亲改。还有许多为此书付出过辛勤汗水的人员，在此一并表示感谢。

因种种原因，本书难免存在不足，恳请有关专家和读者批评指正。